二战名将解读（二）

《时刻关注》编委会·编

中国铁道出版社有限公司
CHINA RAILWAY PUBLISHING HOUSE CO., LTD.

图书在版编目（CIP）数据

二战名将解读 . 二 / 《时刻关注》编委会编 . — 北京：
中国铁道出版社，2017.1（2022.1 重印）
ISBN 978-7-113-22410-3

Ⅰ . ①二… Ⅱ . ①时… Ⅲ . ①军事家－生平事迹－世界－
现代－通俗读物 Ⅳ . ① K815.2-49

中国版本图书馆 CIP 数据核字（2016）第 235774 号

书　　名：二战名将解读（二）

作　　者：《时刻关注》编委会

责任编辑：田 军　刘建玮　　　电　　话：（010）51873005

装帧设计：艺海晴空

责任印制：赵星辰

出版发行：中国铁道出版社有限公司（北京市西城区右安门西街 8 号　邮编 100054）

印　　刷：永清县晔盛亚胶印有限公司

版　　次：2017 年 1 月第 1 版　　　2022 年 1 月第 2 次印刷

开　　本：787mm×1092mm　1/16　印张：18　字数：450 千

书　　号：ISBN 978-7-113-22410-3

定　　价：69.80 元

前 言 | 二战名将解读（二）

　　第二次世界大战已经离我们过去了 70 多年。每当我们想起这一场亘古未有的世界大战时，一些领袖、将军英姿飒爽的模样，还有令所有人胆寒的纳粹集中营惨案也会历历在目，仿佛亲身经历过一般。

　　事实证明，这次世界大战并没有轻易地离我们而去，使我们轻易地忘记，而且，事实上，它从来不会离去。我们今天的和平就得益于世界反法西斯同盟的胜利，今天的世界格局也是第二次世界大战的产物。

　　每个人对于第二次世界大战的印象都是不同的，这取决于每个人获取信息的渠道。有很大一部分人是从历史课本中得到的，也有不少人是从课外读物和电影、电视剧中得到的。毋庸置疑，其中最令人心潮澎湃的部分是大规模的会战，以及各个参战国的将领的排兵布阵和胜败得失。

　　每个人的历史都是复杂的，每个人的人生都有可以咀嚼回味的地方，更何况是第二次世界大战中这些经历各异、性格不同的名将们。也许正是通过对他们的回忆，才能构成关于整个第二次世界大战的恢弘画面。

　　当我们想起马歇尔时，就会想到第二次世界大战中的美国。罗斯福总统纵然是美国的象征，但是马歇尔却是真正地具体地领导着第二次世界大战的美国人。当然，令马歇尔青史留名的还有以他命名的"马歇尔计划"。

　　当我们想起山本五十六时，就会不可避免地提及神秘莫测的"偷袭珍珠港"，山本五十六作为日本海军的灵魂人物，几乎一手主导了日本海军与美国太平洋舰队的历次重要战役。当然，我们也会很快想到他在所罗门群岛上空被美军飞机击落的一幕，那预示着日本海军的覆灭。

　　当我们想起邓尼茨时，就会想到令英美闻风丧胆的"U 型"潜艇，

想起了这位德国海军领袖对于英美运输队的致命威胁，当然，我们还会想起这位当了 21 天的德国总统。希特勒死后，把满目疮痍的帝国留给了邓尼茨，这令他成为世界关注的焦点。

是的，我们正是通过对这些"二战"名将的人生的回忆才能在脑中勾勒出第二次世界大战的关键一幕、转折时刻，以至于整个脉络。

这使得我们不至于很快就忘记历史，忘记曾经为了世界和平而牺牲的将士们；这使得我们不至于"数典忘祖"，忘记历史曾经给国家和世界留下的教训和经验。

珍爱和平，更要回首战争。两者不可分割。

除了"二战"名将们的经典时刻，在这本书中，我们将了解到更多的细节和故事。名将之所以成为名将，靠的不是运气，而是他们一步步积累而成的。

名将们有他们各自不同的童年，有的人早慧，有的人默默无闻。他们有不同的青年经历，有的人早早参加战争，有的人则在学校里苦修。他们有挫折，有的人长时间默默无闻，有的人则也有过一两次重要战事的惨败。他们的晚年也不同，有的人老骥伏枥，有的人则退居幕后。

总而言之，他们的人生是丰富的，他们的故事值得我们去发掘与品味。我们也将从他们的人生中吸取很多养分。

中国是第二次世界大战的主要参战国，中国人民为世界和平做出了卓越的贡献。所以，我们更要纪念"二战"，纪念来之不易的和平，保卫我们的胜利果实。

目 录 | 二战名将解读（二）

第四章 "空战专家"阿诺德

"二战"中，他参与指挥了盟军空军对德意法西斯的空中打击，并组织和领导了美国空军参加太平洋战场的军事行动，指挥了对日本本土实施的战略轰炸，并且制订了原子弹轰炸日本的作战计划和选择打击目标。他组建了美国空军……

第五章 "苏联英雄"崔可夫

他，出生时是奄奄一息的"小男孩"，在壮年之后竟成为一名驰骋疆场并一度主宰东德命运的元帅。他是苏联卫国战争中最后一位流血负伤的高级将领，他是集军事家和外交家于一体的"全能将军"，他就是"苏联英雄"崔可夫……

第六章 "进攻将军"科涅夫

科涅夫元帅，和朱可夫、罗科索夫斯基并称苏联陆军的野战"三驾马车"。他早年从政，后期从军，并在抗击德国法西斯的卫国战争中立下了汗马功劳。他在战场上叱咤风云，却在政治斗争中差点沦为牺牲品……

第七章 "逆境英雄"罗科索夫斯基

母亲眼中的"希望"，工友眼中的"叛逆"，长官眼中的"将才"，众多女性眼中的"风流种"……这些标签都可以贴在罗科索夫斯基身上。他与德军殊死较量，战功赫赫，连斯大林都对他极其青睐，并予以"特别照顾"……

第八章　"海上狼王"邓尼茨

邓尼茨研制的"狼群战术"，曾给英美等国的海上运输造成极大威胁，被盟军称为"面目狰狞的海底魔王"。他是希特勒的贴心将领，甚至一度将成为希特勒的"接班人"，但却又在最后时刻背离了希特勒……

第九章　"纳粹爪牙"伦德施泰特

出身军人世家的伦德施泰特，有着在战场上建功立勋的荣誉感。他喜欢看侦探小说，却又厌恶这是一种低级趣味。他身为纳粹将领，却时常和希特勒争论。作为军人，他有时表现得很高尚，有时又表现得很龌龊……

第十章　"战争赌徒"山本五十六

山本五十六，是日本"海军之花"，被日本人认为是"二战"中最卓越的海军将领，而在同盟国眼中他则是不折不扣的一个"赌徒"。他一手导演了"珍珠港事件"，把美日拖向了战争的深渊，最终命丧所罗门群岛……

第一章

"伯乐将军"马歇尔

　　乔治·卡特利特·马歇尔，在"二战"中为世界反法西斯事业立下了不朽功绩，也是著名的欧洲复兴计划"马歇尔计划"的提出者，但也曾当过 18 年的底层军官。他肯吃苦，精通兵法，足智多谋，忠诚可靠。当马歇尔逝世的时候，杜鲁门说："他是我们这一时代伟人中的伟人，我衷心地希望，当我跨入另外一个世界，马歇尔能收留我当他的部下，从而我得以努力报答他为我们所做的一切……"

▲ 马歇尔

No.1 全班的劣等生

1880 年 12 月 31 日，乔治·卡特利特·马歇尔出生于美国宾夕法尼亚州的尤尼恩敦。他的父亲曾经参加过美国内战，作为军人，有一种粗暴的风格，对于儿子也有从军的期望。马歇尔出生的时候，他的父亲在当地一家煤炭公司任董事长，家庭富足。马歇尔的母亲是一位标准的贤妻良母，对马歇尔饱含爱意。

马歇尔有一个哥哥，一个姐姐，是家里最小的一个。哥哥斯图尔特比他大 6 岁，姐姐玛丽比他大 4 岁。从性格上讲，这三个孩子有一些类似，都比较外向，好吵吵嚷嚷，经常发脾气。但是，有一点，他们是不一样的，那就是弟弟马歇尔是一个学习成绩非常之差的人。

因此，马歇尔一家形成了这样的格局，父亲非常宠爱聪明的哥哥斯图尔特，相比之下，对于迟钝的马歇尔忽视以及排挤。而且，哥哥斯图尔特与姐姐玛丽对他们的"笨蛋"弟弟经常冷嘲热讽。被"孤立"的马歇尔则一直在做着各种努力，以反击家里人的轻蔑和排挤。这种因为学习成绩的差异形成的"不平等"的家庭氛围，一直是马歇尔的心理动因。

马歇尔最初在尤尼恩敦汤普森小姐的预备学校念书。从一次又一次的考试来看，他都是班里垫底的。也许是不够用功，也许是他本来就天资匮乏。马歇尔对于这种情况，也承认自己的确就像别人所说的："笨蛋用功。"

9 岁的时候，父亲为了改变他的糟糕情况，提出了转学申请，并且通过个人关系，带他去见了尤尼恩敦公立学校的校长。马歇尔当着父亲的面，接受学校对他的口试，情况无比糟糕，马歇尔对于大部分相当简单的问题都答不上来。父亲看着自己的"不争气"的儿子，面子上很难看。事后，他气愤地说："家里有这样一个蠢材真让人害臊。"

马歇尔对于这样的情况也做出了自己的对策，那就是不再努力学习，装作满不在乎。这样的话，他可以自我安慰，是他不想学习，而导致学习成绩差，而不是像人们公认的那样，他是一个"笨蛋"，根本不可能学习。

在童年里，他印象最深刻的事情，就是和家里人的轻蔑作斗争。

父亲是一个军人，主张严厉，并且通过体罚来保证权威。毫无疑问，三个孩子中，马歇尔是挨打最多的一个。在家里的地下室放着一根的柳条棍，马歇尔的屁股常常受它的折磨，以至于母亲经常要为他那被打烂的裤袋打补丁。但是，父亲在这一方面也不是公平的，哥哥斯图尔特就经常干坏事，却没有受到过体罚。尽管父亲不会无缘无故打他，但这一点，实在让他气愤。这种"不公平"让他非常不满，直到晚年回忆此事，马歇尔还愤愤不平。

可想而知，这种不满一定会让他做出反制的行为。

▲ 马歇尔检阅部队。

　　姐姐玛丽经常嘲笑弟弟学习成绩太差，甚至把他称作"班上的大笨蛋"。可是，一天晚上，玛丽掀开被单，发现了一只癞蛤蟆，这就是马歇尔的反击。他那时还埋伏在房顶上，准备给姐姐和其他要帮姐姐出气的人一次"水弹"袭击。还有一次，姐姐玛丽和她的女友在家里聚会，她还提醒母亲不能让马歇尔进屋捣乱。但是，马歇尔有办法报复姐姐，他把树林里的马蜂窝给捅了，然而冲进屋子，把马蜂引到了屋里，狠狠地捣了一把乱。

　　这样的事情很多。还有一次，马歇尔拿着浇花的管子埋伏在大门口，准备给当时要"盛装"出门的姐姐一个"惊喜"。谁知，母亲先出了门，结果被淋了一身。慈爱的母亲并没有怪他。可是，哥哥斯图尔特却把这件事情悄悄告诉了爸爸。结果，他被拖进地下室，狠狠地被"棍棒伺候"了。

　　淘气的马歇尔因为这些行为又获得了一些外号，比如小懒汉、癞皮狗之类。虽然一直被姐姐、哥哥和父亲看不起，但母亲对他却是呵护有加的。

每次马歇尔捅娄子，她总是设法掩盖。有一次，马歇尔心血来潮养斗鸡，然后去参加非法的斗鸡比赛，导致被警察抓捕，不得不躲藏起来。母亲也一直包庇他。甚至一些受到马歇尔欺负的本地女孩子的母亲告状到家里，母亲也尽量袒护他，以至于父亲"脸面尽失"。这或许是因为马歇尔相比她的其他两个孩子太可怜了吧。

马歇尔一直缺少别人的"认同感"，在学习上，他无能为力，在性格上，也乏善可陈。但是他还是利用了自己的小聪明做了点让他"自豪"的事情。

马歇尔家附近有一条河，如果要过桥的话，就必须得绕道，但是，如果能直接渡河，那么可以省下很多路程。马歇尔设法弄到一艘平底船。从此以后，他收船票（那是他自制的船票）渡人过河，船票要用一点小钱或者小东西换。马歇尔因此小赚一笔。

更让他感到自豪的是，有一天，要坐船的女孩子们骗他没钱，让他免费渡她们过去，马歇尔不答应，她们就讥讽他"学习太差"。当时，女孩子们已经站在船上，马歇尔一气之下，就把船上的软木塞拔了，随着一声强烈的声响，船沉了。女孩子们被迫穿着湿衣服，蹚水上岸。从此以后，马歇尔立志要控制大局面，绝不能被别人控制。

父亲一直希望他的儿子能成为美国军官。他把希望寄托在哥哥斯图尔特身上。斯图尔特考取了弗吉尼亚军事学院，虽然表现不错，但不喜欢军事，毕业后当了钢铁厂的化学师。

恰在此时，不知道是为了和哥哥斯图尔特比拼，还是要得到父亲的认同，他向父母要求把他送到弗吉尼亚军事学院。哥哥不出意外地反对，认为马歇尔是一个"没用"的家伙。

但是，马歇尔仿佛找准了人生目标，开始努力学习，并成功了。

No.2　军校生涯

马歇尔于 1897 年 9 月考入弗吉尼亚军事学院，当时，他的年龄是 17 岁。

弗吉尼亚军事学院与西点军校处于竞争关系，但是弗吉尼亚军事学院并不能保证毕业学员都能成为美国军官，所以，学校极其严格，就是为了确保毕业学员的水平能够达到西点军校毕业学员的水平，只有这样，美国军队才能看得上弗吉尼亚军事学院毕业的学员。

弗吉尼亚军事学院有两点要求，不断地苦练，以及遵守严格的纪律。学制为四年，每学期从 9 月延续到次年的 6 月，除主要节日休假，如圣诞节、新年等，没有双休或单休。

学校的生活是艰苦的，为的是锻炼人的意志。学校室内没有自来水，没有暖气，厕所是老式的，没有自动的冲刷功能，必须每天清理。伙食很差，比如有的人就是"面包硬得啃不动，只好把它扔掉"。冬天的时候，没有热水，脸盆的水都结冰了，只能破冰洗漱。

条件如此之差，但纪律一点也不松懈。学员不能抽烟、喝酒，除休假外，实行全封闭管理，不能到院外活动。实行严厉的考核淘汰制，往往一届新学员有100多人，四年后，毕业的学员一半都不到。

客观的环境很差，主观的环境也很差。学员相处的关系往往不是友好的。尤其是高年级的学生往往对新生非常"恶毒"，只有你让他们"服"了你，他们才会尊重你。这种"弱肉强食"的风气让马歇尔吃了苦头，也得了好处。

新生一般会被叫作"耗子"，"耗子"的第一课是给"主人"擦皮鞋。"耗子"的第二课是主动服从挨打。"主人"们常常排成一列横队，手持木桨，命令"耗子"们一个个老老实实地走过来，然后接受入学仪式——打屁股。第三课是更严重的恶作剧，那是一种"坐刺刀"的游戏，先把刺刀固定在地板上，刀尖齐刷刷地朝上，然后命令"耗子"蹲在刀尖上，等到酸得坚持不住，也就是10分钟的时间，就可能倒下去，后果可想而知。

当然，熟悉了以后，有的高年级生违纪出校门，为了应付查铺，就会命令新学员顶替。

马歇尔是北方人，有很重的北方口音，被例外叫作"北方耗子"，更成为戏弄的对象。他入学前得了伤寒，身体弱，但这是免不了的事情，他也不可能求饶。结果，第三课的时候，他就见红了。马歇尔倒在刀尖上，鲜血直流。最后被抬到校医处，缝了好几针。马歇尔在后来回忆说："我差点受了重伤，危险极了。"

马歇尔清楚地知道高年级生"欺软怕硬"的特点。为此，他做到了两点：第一，当学校调查时，他没有举报别人。假如举报了，毋庸置疑，这将长期成为他的一个"劣迹"。第二，在此后的很长一段时间，他一直咬着牙，在操场上一瘸一拐地坚持操练。即使这些高年级生很"坏"，但他们总是会佩服马歇尔的。马歇尔也就这样在学校站住了脚跟，不再受人欺负。

新学员的生活单调、紧张，其中，最大的考验就是刷厕所。马歇尔在军校头几个月刷洗的厕所，按他说的是，要"比一个清洁女工一生中刷洗的还多"。马歇尔在入校后，成熟了很多。他明白"必须学会忍受，尽量看得平淡一点"，并且提到了"那是整个事业的一部分"。由此可见，马歇尔有了强烈的求知欲和上进心。

当然，他要克服的东西很多，因为他的各方面基础都不够好。

马歇尔瘦瘦高高，没什么肌肉。性格变得敏感、腼腆，不再是儿时那样淘气。有人形容他"不谙操练，不善行军，常常满头大汗，看起来很不舒服，一讲起话便局促不安"。

▶陆军五星上将马歇尔。

　　他参加学校橄榄球队。作为前锋，力量不足。因此，球队训练时间过后，他总是花业余生活，训练自己的体力。

　　他的军事专业成绩很好，但其他学科成绩却都一般。第一学期，马歇尔是100多名同学中的第35名，最后一学年则跃居至第5名。

　　最后，他克服了这些缺陷。从他的军阶也可以看到显著的变化。第一学年结束时，他当上了学员分队长，获得学员下士，这是班上的最高军阶。第二年，是学员中士，然后是学员上士，这时他担任学员大队长，负责数百名学员的队列指挥。期末一年，他获得学员最高军阶，即第一上尉。

　　马歇尔后来说道："首先我很用功，所有的军事课程我都学得很认真，所有的军事职责也履行得准确无误。我的威信是逐渐赢得的，当下士时，我的威信几乎等于零。升为上士后已有很高的威信了，因为我负责所有学员的队列、点名和诸如此类的事情。我每天早上骑马检查队列操练情况，并把一切都记在记录簿上……我猜想，他们可能从我的这一任职推测出我有可能获得第一上尉……"

　　他不仅适应了军校生活，还开始追求军人的荣誉感。因此，他的皮鞋总是擦得锃亮，步枪的保养也数一数二。

▲ 马歇尔正在（右4）讲解战术。

马歇尔各方面都脱胎换骨，只做了一件不算光彩的事情，他犯规跑出了学校。

原来事情是这样的，他爱上了一个叫伊丽莎白的女孩。伊丽莎白又叫莉莉，和守寡的母亲一起生活。她十分漂亮，高雅，在当地是人见人爱的女孩。马歇尔的哥哥斯图尔特就向她求过婚，但被拒绝了。马歇尔也不例外，被她深深地吸引了，所以才会干出跑出学校的事情。

莉莉比马歇尔大四岁，在对马歇尔了解后，也喜欢上了这个刚强和上进的男孩。

马歇尔的毕业成绩名列前茅。校长还向时任总统推荐马歇尔为陆军军官。他写信说："在弗吉尼亚军校这座冶炼炉多年炼出的钢铁中，乔治·马歇尔是最合适造枪铸炮的一块毛坯。"

1901年9月，马歇尔到纽约参加授职考试，顺利地通过了。1902年2月3日，他在尤尼恩敦接受美国陆军少尉军衔。

1902年2月11日，在莉莉家里，马歇尔和莉莉举行婚礼。莉莉身体娇嫩，还患有二尖瓣关闭不全性心脏病，不能出远门，但马歇尔依然对她不离不弃。

No.3 18年的蹉跎岁月

1902年2月13日，就在新婚后的第三天，马歇尔被命令到华盛顿的迈尔堡报到，22岁的他将前往菲律宾服役，但妻子不能跟随。这真是一个遗憾。

菲律宾作为美国和西班牙战争的"战利品"，是美国军官海外服役的重要基地。

年轻的马歇尔在菲律宾得到了锻炼，当时的菲律宾游击队和美军有零星的战斗，菲律宾游击队十分活跃。

在美军心里，菲律宾人凶残且狡猾，而自己的正直顽强。但实际上，美军同样有不可示人的凶残一面，比如美军可能因为几个菲律宾人的袭击就把一个小镇夷为平地，或者对珍贵的名胜古迹进行破坏。

当几乎所有人对这一切漠视的时候，马歇尔客观地看待了一切，他认为"人们在危难临头时往往难以控制自己，但这种行为不应予以支持或默许，而应当加以惩处，以儆效尤"。这个客观的见解让同事们大为震惊，因此对这位年轻军官刮目相看。

马歇尔在管理部队上也很有一套。有一次，他带部下执行巡逻任务，在他们过一条浅河流的时候，有人突然大喊："有鳄鱼！"部队一阵骚乱，争相往对岸跑，一不小心，就把马歇尔撞到了河里。上岸后的他狼狈不堪，让人大笑不止。

马歇尔立即命令集合，然后下达"枪上肩"的口令，然后命令他们来回走了两次这条河。

河里确实可能有鳄鱼出没，但这样的训练既可以保证军纪，也可以提高士兵的胆量。

1903年夏，马歇尔回到美国，在里诺堡兵营任职。一年多了，马歇尔终于又见到了思念已久的莉莉。

马歇尔此时的最大问题是经济问题，他每月的薪水是116美元67美分，这点钱要用来维持自己、妻子和岳母的生活。他只能节衣缩食。

1905年，他调到得克萨斯州克拉克堡第1骑兵团，不久后就率领一个小分队勘察和绘制该州西南部地区的地图。被勘探的地区杳无人烟，并且时值高温酷暑。

过于艰苦的生活，使得他回到兵团后，看起来像一个印第安人，皮肤被晒得很黑，人看起来很消瘦，军装已经破烂不堪。但成果是喜人的，他绘制的地图是兵团里"所收到的地图中最好和最完整的一份"。

▲ 马歇尔（右一）与巴顿在一起。

马歇尔因此被批准休假四个月，他又申请了两个月，带着莉莉去欧洲弥补他们新婚的蜜月。在这次旅行中，他偶然间见识到了英国陆军在英格兰岛南部举行的演习，并细心地记下了人员、马匹和火炮的调动，这份报告后来被收入国家档案馆。游历欧洲的经历，让他开阔了眼界。

马歇尔所带的兵团默默无闻，拼命努力，而且他所在军人家属区因积极帮助其他军人的家属，而得到嘉奖。

1906 年，他被派往利文沃斯堡军校进修，同去的都是上尉或少校，成绩优秀的 24 名军官将被送入陆军参谋学院，竞争非常激烈。

马歇尔通过"挑灯夜读"式的奋斗，以第一名的成绩（名单里还有一个美国军官麦克阿瑟）进入陆军参谋学院，并留校任教。1909 年，他的七年少尉生涯告终，晋升为中尉。

1914 年，第一次世界大战爆发时，马歇尔 34 岁，已当了 12 年下级军官，晋升不顺的他，甚至想要转业。

1916 年马歇尔的指挥官约翰逊·哈古德将军在他的鉴定书中写道："应该任命（马歇尔）为陆军准将，此事每拖延一日都是对军队和国家的损失。"马歇尔的才华受到不少将军的肯定。所以，马歇尔还是坚定地留了下来。

机会来了，马歇尔申请参加"一战"并成功。他作为美国远征军第 1 师师长塞伯特少将的副官参战。美第 1 师是"一战"中最先登陆欧洲的美国部队，马歇尔是第二个登陆上岸的人。

马歇尔在"一战"中，做了三件事，并因此闻名全军。

第一件事情是第 1 师到法国不久，美国远征军总司令潘兴要对第 1 师进行一次访问，第 1 师的任务是组织一次演习。但第 1 师师长和师参谋长都不在，马歇尔代行参谋长职责，设计了一次运用新办法猛攻战壕的演习。

演习结束后，潘兴要师长和参谋长讲解，而他们对实际情况一点也不了解，所以，潘兴狠狠地训斥了他们一顿。潘兴正在气头上，马歇尔硬着头皮为上司辩护，赢得了同事们的佩服。

第 1 师的师长塞伯特被潘兴撤了，换了布拉德。布拉德早就认识马歇尔，并对他很有好感，马歇尔由上尉参谋一跃为师作战处处长，并获得临时上校军衔。

马歇尔的第二件出彩的事情是这样的。一次，马歇尔带着命令稿去参加作战会议，临行时他把命令稿的副本交给了助手，并嘱咐他等在电话旁边。等到会议通过命令稿，就马上打电话通知助手，并且要助手立即和各部队的军长、军参谋长、军作战处处长通电话，以告之。这是违反保密规定的，但实践起来，可以节省两小时的命令下达时间。马歇尔的大胆改革后来被陆军指挥参谋学院引用，作为典型的参谋领导事例。

第三件事情是马歇尔和另一位参谋共同制订了 1918 年 8 月圣米希尔进攻战役计划，此次战役联军以极小的代价取得了胜利。师长布拉德在评价马歇尔的表现时说："迄今为止，在所有参谋军官中，马歇尔在任参谋及作战处长的实际工作中有着最广泛的经验。"

战争结束后，马歇尔任驻德国美军第 8 军作战处长。不久后，马歇尔被调往巴黎，作潘兴将军的副官。唯一遗憾的是，马歇尔刚刚要晋升准将军衔的时候，"一战"就结束了，所以，他的军衔还是少校。直到 1921 年，他才晋升为中校。

1925 年，马歇尔被派往中国天津任美军第 15 步兵团执行官。该团的任务是根据 1901 年的《辛丑条约》，负责保证北京至出海口的铁路畅通无阻，以及驻华人员的安全。

7 月下旬，妻子莉莉身体终于好转，也和他一起去了天津。马歇尔在中国很好地整顿了第 15 步兵团，本来该团训练不达标，衣着体现不出驻军形象，私生活放荡。马歇尔的到来，深深地改变了现状。很快，这一支军队变成了具有优秀作战素质，穿着崭新军服，业余生活健康的军队。

1927 年 6 月，马歇尔在天津任职期满回国，任美国陆军军事学院教官。不幸的是，马歇尔的妻子莉莉因病早逝。

马歇尔时年 47 岁，妻子跟他生活了共 26 年。悲痛的他一个人封闭在家里，屋子里到处填满妻子的照片。他似乎失去了一切追求。

不久，马歇尔终于振作起来，他要去实现自我。这才是他的人生价值所在。此时，他接受一项新命令，担任本宁堡步兵学校副校长。

马歇尔上任后，经过进一步整顿和建设，步校有了自己的坦克部队，有了施放烟幕的飞机、大炮，以及和平时期一个受训士兵所能见到的最近似实战的训练场，等等。

在步兵学校，马歇尔的才华得到最大的展示。马歇尔有一本所谓的"小黑皮本"，在本宁堡的几年时间里，他记下了不少军官的姓名。他们中包括艾森豪威尔、布莱德雷、史迪威、史密斯、柯林斯、李奇微、希尔德林、迪恩等一大批名将，以及其他近 200 名有才华的将校级军官，为美军发掘了一大批名将。

唯一遗憾的是，马歇尔此时仍然是中校军衔。

No.4 "二战"爆发

1936 年 8 月 24 日是马歇尔的好日子，陆军部正式批准马歇尔为准将。此时，马歇尔已经 55 岁，离他 64 岁按规定退休只有 9 年时间。

马歇尔此后上升很快，先是担任旅长，再是陆军部作战计划部部长，接着是陆军副参谋长，最后是陆军参谋长。

1939 年 9 月 1 日，就在马歇尔宣誓就职的前几个小时，希特勒发动了对波兰的进攻，第二次世界大战正式拉开帷幕，美国上下深感不安。

美国面对这一次的战争，是袖手旁观，还是加入战争？国内一直有两股势力，一股是"孤立主义"势力，一股是"干涉主义"势力。

马歇尔的处境很困难，他并不特别迎合某一派别。对他来说，美国的国家利益是第一位的。

他现在所焦虑的是：美国陆军在世界武装力量中排名第 17 位；参加第一次世界大战的一些武器已经过时，但仍旧在部队中服役；许多现役军官缺乏正规而严格的训练；部队的训练经费大约只占军费的 2%，这无法使正规军处于良好的状态。由于装备不齐，兵力不足，导致防卫力量甚至低于和平时期应有的水平。

"二战"已经爆发，身为陆军参谋长的马歇尔必须为加强国防建设而战。而这项工作并不轻松，他还一度被骂成"战争贩子"。

首先，他要做的工作是，让美国人清醒地认识到一个严酷的事实：美国的经济是世界上最为强大的，但美国的军事力量和国际环境是最恶劣的。他需要实施一项扩充军队的紧急计划。但是，几乎所有政军界人士都不支持他的计划。

时任总统罗斯福看上去一直对这项计划毫无兴趣。有一次，罗斯福实在厌烦，就开玩笑地说道："我十分清楚他要说什么，我毫无必要听他讲。"罗斯福的态度让马歇尔脸和脖子都气得通红。他走到总统的椅子旁边，冷静而严肃地说；"总统先生，您能否给我三分钟的时间？"罗斯福也感到压力，开始严肃起来。

马歇尔将憋在心里的话，一口气说了出来。国际局势、国家武装部队的低劣以及扩充军队所需要的兵员和资金，种种问题，使得罗斯福听完陷入了沉默。

马歇尔的一片赤诚的爱国心最后得到了罗斯福的认可，国会也慢慢通过马歇尔的各项扩军计划。

欧洲局势风云突变，法国在几周内便战败，英国军队从敦刻尔克撤退后几乎失去所有作战武器，德国几乎占领欧洲大陆，希特勒的阴影笼罩整个西半球。

马歇尔除了为紧急扩军备战而东奔西走，还参与众多的工作。20多年的"孤立主义"政策使得美国军队长期处于一种懈怠的状态。

他统帅着一个庞大的军事集团，包括4支野战部队，9个军区、战术空军、装甲部队、港口守备部队和后勤军，并通过夏威夷、菲律宾、加勒比3个战区，控制着海外的驻军及其给养。他既是总统的军事顾问，也是正在扩军并加紧训练的野战部队的统帅。

在组织部队训练方面，他起用了麦克奈尔少将和克拉克中校。

在空军部队方面，他成为发展美国空军最有影响的人物。

他经常飞到夏威夷等地去视察海外驻军的训练情况，并经常进行旋风式的访问，只要条件允许，他总是乘飞机。对那些不愿视察部队的军官，他就解除他们的职务。

他走遍全国各地，检查师一级新兵训练以及各地机场的飞行训练情况。每当各军区地面部队和空军进行大规模联合演习时，他总是亲临演习现场。

他为4个野战军设立了临时中将军阶，任人唯贤，极大地调动了下属指挥官们的积极性。

他的那本"小黑皮本"，总是在更新中，划掉一个名字，往往挪一个或再补充一个。

▲ 1939 年 9 月 1 日，德军闪击波兰。图为入侵波兰的德军坦克正在集结。

1941 年的时候，"孤立主义"运动再次兴起，并形成全国的运动。马歇尔奔走呼告，殚精竭虑，暂时稳住局势，使得征兵法案延期。同时，英国和苏联对美国的全民征兵非常不满，这将意味着他们的武器给养得不到快速的补充。马歇尔顶住国际压力，并强硬地反击，遏制住了国际压力。

......

随着战争压力加剧和工作越来越紧张，他长期以来形成的沉默寡言、冷漠无情和严肃认真的性格此时变得更加明显。到了 1941 年，他在默默无闻之中已树立起权威。

1941 年年末，马歇尔意识到美国将不可避免地卷入战争。

1941 年 12 月，马歇尔的预料变成现实，日本袭击珍珠港，美军伤亡近 4 千人，4 艘战列舰被击沉，249 架作战飞机被击毁，美国太平洋舰队元气大伤。

1941 年 12 月 8 日，美国国会通过正式对日本宣战的决议。

No.5　初露锋芒

珍珠港事件后，日本凭借占优势的海、空力量加紧了在太平洋地区的扩张。美军海外基地菲律宾遭到巨大威胁。

美国远东战区司令是麦克阿瑟，他所在的指挥部遭到日本人的封锁和包围，局势令人担忧。这是马歇尔自担任参谋长以来最头痛的事情。

这时，艾森豪威尔刚刚被马歇尔提拔为陆军参谋部作战计划部副部长。他曾经在菲律宾任过职，比马歇尔资历深。马歇尔想从他那里了解一些知情人的看法。

马歇尔简要地给艾森豪威尔讲了菲律宾群岛日趋绝望的最新形势，然后问他："我们应该采取什么样的作战方针？"

艾森豪威尔说："不管那里的情况怎样，应尽一切努力援助麦克阿瑟将军，但这要突破日本人的严密封锁才行。"但这是一句空话。最后他说："我们的基地应该设在澳大利亚。"

马歇尔还不想轻易放弃菲律宾。他和麦克阿瑟以及总统罗斯福的想法一样，守住菲律宾。

在此后的三个月里，马歇尔利用各种办法，通过鼓励麦克阿瑟的信心，提高军队上下薪酬，授予麦克阿瑟更多的指挥权，组织更多的援助来提振远东部队的信心，但是，由于日本的封锁，最终只有有限的援助物资被送到。

麦克阿瑟部在补给不足和形势危急的情况下坚持奋战。马歇尔感到欣慰，但随着菲律宾形势不断恶化，马歇尔也转而催促麦克阿瑟放弃坚守，撤到澳大利亚。

麦克阿瑟性情浮夸，狂妄，表示与部队共存亡。马歇尔惜才，不希望这样一位杰出将领阵亡或牺牲。因此，他再三命令和督促，麦克阿瑟最终突出重围，成功撤到澳大利亚。

虽然麦克阿瑟并未成功守住菲律宾，但鉴于麦克阿瑟的勇敢表现，马歇尔努力说服罗斯福提升他为四星上将，并颁发荣誉勋章，并亲自起草嘉奖令。

马歇尔为麦克阿瑟做了这么多，完全出自他对人才的重视。

在这艰难的岁月里，他牢记老上司潘兴将军说过的话：决不允许自己表现出忧虑沮丧的样子，以免使他人丧失信心。

谣言越传越多，有报告竟然说，日本人已经逼近西美国海岸。总统和陆军部接到如潮水般的救援请求。

马歇尔深感重负，并投入繁重而有效的工作：为麦克阿瑟指挥的远东部队增派援军；向美国西海岸调动部队；征募短缺的人手和设备；协调军种之间的关系以及盟国之间的军事事务……

1941 年 12 月，英美两国首脑在华盛顿首次举行战时会议。马歇尔希望盟军在法国登陆，却发现英国首脑并不感兴趣。

1942 年 6 月，马歇尔飞往伦敦，和英国人商谈作战计划。马歇尔提出在 1942 年进攻欧洲的"铁锤行动"计划，丘吉尔表面上同意，但心里却完全不当回事。

英国在北非战场深耕已久，但因被沙漠之狐"隆美尔"遏制，局面一时无法打开，他们希望集中力量进攻北非。

▲ 马歇尔（左一）在谈论政务。

马歇尔首次尝到被同盟国欺骗的感觉，并回击了英国人。这使得他在同盟国打交道方面更为老练了。

马歇尔的登陆计划被搁置。而此时，英美首脑决定进行西西里岛登陆战，即"火炬行动"。美国军界都强烈反对这项计划，但无能为力。作为职业军人，马歇尔还是接受计划，并积极执行。

在制订计划期间，美、英双方计划人员就进攻地点和进攻方式争论不休。英国人主张经过直布罗陀海峡进入地中海，攻打阿尔及利亚和突尼斯的纳粹基地。马歇尔则力主稳扎稳打，不进入地中海，而在摩洛哥的大西洋沿岸登陆，以便在形势不利时，易于从摩洛哥把部队重新运走。双方最后达成一个折中方案，决定同时在两地登陆。

马歇尔深知参战的美国部队缺乏实战经验。他自信地告诉英国人，美国将派最优秀的指挥官。

艾森豪威尔是双方都承认的总指挥，但还缺少若干干将。

马歇尔拿出了"小黑皮本"，点出几位未来将改变美军命运的将领。巴顿、霍奇斯、辛普森以及卢卡斯先后入选。

还有艾伦，他将指挥美第 1 师，但此人好斗成性，不打仗时性格急躁，需要节制使用。

马歇尔和艾森豪威尔在对付顽固敌人时，将他派出，果然大胜。当部队休整时，就把他调回国。艾伦的第1师有"大红一师"的美誉，指的是它是美国派出的第一支军队，也是第一支实战的军队，象征意义很大。

还有一位弗雷登多尔少将，他将指挥美第2师。这位少将一开始干得很不错，但此后一蹶不振。马歇尔也有看走眼的时候。

马歇尔给艾森豪威尔选的最得力的干将是布莱德雷。这位将军将在未来指挥当时世界上最庞大的部队。布莱德雷当时的军衔很低，而且没有什么实战资历，完全是马歇尔发掘了他。

在北非战役，依靠巴顿和布莱德雷等将领的有效领导，美军不甘落后，虽然缺少实战经验，但敢作敢为，最后以不弱于英军的气势和战绩，和英军一道打赢了北非战役。

而马歇尔的小儿子艾伦也参与其中，作为一名装甲兵少尉战斗在最前线，并在1943年战死。

总之，作为美国陆军参谋长的马歇尔深受美军上下爱戴，在"二战"中初露锋芒。

No.6 大展拳脚

北非战役胜利结束后，盟国首脑定于1943年1月在卡萨布兰卡召开一次作战会议，商讨未来的作战问题。

为了准备参加这次会议，1942年12月间，由马歇尔牵头组建的旨在协同美国陆海空军的美国参谋长联席会议成员天天都在紧张工作，以便拿出一份周密的计划来同英国盟友商谈。

其中，海军参谋长金上将力争扩大太平洋海军力量，主张把北非登陆的舰艇调到亚洲去对付日本人。陆军航空兵司令阿诺德将军提出一个从英国出动重型轰炸机，空袭德国本土基地和其在欧洲占领区的"基地"计划。马歇尔则提出了1943年夏天横渡英吉利海峡，在法国登陆的详细作战方案，这个还是他念念不忘的法国登陆战。

罗斯福坚持把美军重点放在欧洲，所以海军的方案不行。而航空兵司令提出的计划需要大量训练有素的飞行员。欧洲的空战任务主要由英国空军承担。所以这一方案也不行。最后在马歇尔的方案上，罗斯福没有立即表态。

马歇尔计划的筹划人新任作战计划部部长魏德迈本人也不太认同马歇尔的计划，如果在1943年登陆成功，则将面临一个问题，那就是缺乏实战锻炼的美国地面部队难以对付久经沙场的德国军队。

马歇尔坚持自己的想法，并命令保密，以防英国人知道后吹毛求疵以至计划流产。

马歇尔防着英国人，但却同时和英国人建立了密切的合作，得到了英美两国首脑的认可。马歇尔最亲密的英国战友是英国驻华盛顿的首席联络官、英国陆军元帅迪尔。两人为沟通英美的合作做出了巨大的贡献。

此时，马歇尔的陆军参谋长工作干得成效显著。

在太平洋战场上，美国已在珊瑚岛和中途岛海战中遏制了日本人在太平洋的进攻；在北非战场上，美国军队和由蒙哥马利指挥的英国第 8 集团军，击退了凶悍的隆美尔，并打赢西西里岛登陆战，迫使意大利退出战争。

在扩军上，马歇尔在美国参战后的一年时间里，把美国陆军的兵力几乎翻了一番（到 1945 年战争结束时为 540 万人，即 73 个现役师和 167 个战斗飞行大队）。

美国陆军和航空兵在全世界 6 条不同的战线上作战，战争规模之庞大超出了人们的预料。

而这一切背后的"大脑"就是马歇尔。他很快使缺乏实战的美国和美国军队调整到高效率的"战争状态"。

不过，马歇尔的计划还是被英国人知道了，结果当然是他遭到英国盟友数落一通。当然，这一计划还是在 1944 年通过了，作为马歇尔一手策划的计划而扬名于世。

1944 年，无论在苏德战场还是太平洋战场，以及中国战场，法西斯势力都到了强力的遏制，是到了最后一击的时候了。

如果马歇尔的计划在 1942 年或 1943 年实现的话，那么，盟军最高统帅应该是一名英国人，这是英美谈判的结果。但到了 1944 年，美国在盟军中的兵力和物资都大大超过了英国。一支庞大的训练有素的美军部队迫使丘吉尔让步，美国将军将完成这一留名青史的使命。

至于谁来当盟军最高统帅，这在美国和英国内部引起了一场不小的争论。第一大热门当然是马歇尔。马歇尔在参谋长的位置上居功至伟，但没有实际领过兵，这正是可以使得他获得举世无双的荣誉的机会。

赞成马歇尔成为盟军统帅的人有罗斯福、丘吉尔、斯大林等显赫的人物，几乎所有人都期待这荣耀的一幕。马歇尔本人也十分希望能够带兵指挥作战。

不过马歇尔老上司潘兴将军不同意，他认为马歇尔更适合做参谋工作。而马歇尔本人对此也还有疑虑。

马歇尔知道只要他点头，他就能够当上盟军统帅，但他毕生都没有实现这个愿望。他以高风亮节的风度，把最高司令官的位置让给艾森豪威尔。后者不辱使命，以粉碎纳粹德军的"期

▶ 马歇尔雕像

末成绩"回报了这位可敬的"伯乐将军"。

1944 年 6 月 5 日，马歇尔盼望已久的计划"霸王行动"终于开始。最终，策划很久的诺曼底登陆战成功了，盟军在欧洲战场站住脚跟，并进展顺利。

不过，越到临近胜利，事情越难处理。军种之间、将军之间、民众和政府之间、政府和军队之间，盟国之间都吵得不可开交。马歇尔认为 1945 年是他最焦虑的一年。

盟军到了德国边界后，美军第 9 军距离柏林只有 55 英里。

又一次剧烈的争论开始了。英国人明确表示对德的指挥权应该移交给蒙哥马利，由蒙哥马利统帅盟军，并赶在苏联军队占领德国首都柏林之前先占领。

盟军内部有两种进攻意见和两种指挥意见。这让盟军统帅艾森豪威尔十分为难。

两种进攻意见是：英国的蒙哥马利和美国的巴顿认为应该抢先占领柏林，抢到"二战"中最大的战利品。而布莱德雷认为不应该和苏联争柏林。

两种指挥意见，即一种认为应由蒙哥马利指挥，一种认为应由美国将领指挥。

此时罗斯福去世。马歇尔审时度势，他积极支持艾森豪威尔。艾森豪威尔认为应该把注意点放在柏林附近的德国军队，而且攻打柏林牺牲会很大，实在得不偿失。布莱德雷的意见也一样。

马歇尔的意见也一样的。他一针见血地指出："我认为我们当时不应该攻占柏林，必须记住，我们那时正在和苏联人打交道。我们一直在同他们并肩作战。他们是我方武装部队的组成部分——非常坚定的一部分。他们在战争中起到了极大的作用，削弱了德军力量，对所

▲ 马歇尔与戴高乐

有这些，我们都要好好加以考虑。在战争快要结束的时候，他们变得非常敏感，时刻都在注意是否有迹象表明英美打算背着他们决定战争的结局，因此，我们对这一点很注意，英国人比美国人更注意。丘吉尔先生的态度相当明确，而后来事态的发展证明，他的主张更可取。"

马歇尔关于欧洲战事的指示是：打败德军，赢得战争，同友军保持良好关系。这对于艾森豪威尔而言是一剂强心针。马歇尔的做法已经在考虑政治上的因素，他已经不是一个单纯的军事家，而是一个有政治视野的军事家。

欧洲战事大获全胜。接下来是对日战争，不久后，美国使用原子弹轰炸了日本本土，加速了日本的败亡。

1945 年 11 月 26 日，新任总统杜鲁门在白宫为马歇尔举行告别仪式，并承诺不再打扰马歇尔。"时代巨子"光荣退休。

No.7 马歇尔的"计划"

马歇尔在心爱的莉莉死后，娶了一个叫凯瑟琳的女人。凯瑟琳跟着马歇尔南征北战，一起度过了几十年时间。此时，马歇尔和凯瑟琳正在计划退休后的悠闲生活。

不过，马歇尔还是无法退休。杜鲁门总统和前任罗斯福总统把马歇尔当成了"救火队员"，只要有棘手的事情，就先想到他。

"二战"结束后，中国国内的解放战争如火如荼。美国政府面临选择，是扶持腐败堕落的国民党政府？还是督促国民党政府和共产党和解？

中国问题十分棘手，杜鲁门不得已把"五星上将"马歇尔顶了上去。而且，马歇尔曾经在驻天津美军第15步兵团任职三年。

1945年12月19日，马歇尔作为总统特使和他的随行人员乘坐陆军航空兵的一架大型运输机从华盛顿起飞，飞往太平洋的彼岸——中国。

马歇尔带来的指示很简单：促使中国的各派对抗力量，即国民党、共产党和知识分子各派达成和解，实现联合，联合组成统一的政府机关。

在马歇尔殚精竭虑的促和下，国民党和共产党很快达成了一系列协议。当然，拥有巨大优势的国民党政府只是敷衍了一下。

1946年6月26日，蒋介石命令军队55万人向苏皖解放区进攻，中国全面内战终于爆发。

同时，美国对国民党政府的援助源源不断而来，助长了蒋介石的雄霸气焰。美国政府所做的"和平工作"自相矛盾，作为特使的马歇尔在中国问题上毫无办法，宣布"调停"失败，并于1947年1月返回美国。这是马歇尔的败笔。

1947年1月21日，由于前任国务卿因病辞职，马歇尔任美国国务卿。杜鲁门总统似乎在一切重大问题上都只能依仗马歇尔了。

当然，马歇尔在欧洲的作为比他在亚洲的作为可大多了。享誉全球的"马歇尔计划"就是在他的任期内产生的。

此时，欧洲的形势是这样的：苏联在东欧、中欧、南欧等地区的势力扩张迅速，这些地区因为贫困和饥饿越来越倾向苏联。而老牌强国英国在战后极度贫困，对维护自己在东欧和地中海地区的利益力不从心，难有国际影响力。同时，在德国问题上，苏联计划在东德建立起类似于苏联的体制。这一切，美国的意见至关重要。

总统杜鲁门主张，美国必须提出4亿美元来援助希腊、土耳其等巴尔干国家，并在世界各地坚决抵抗少数游击武装和外来势力的扩张。这一对外政策，被称为"杜鲁门主义"。

TIME

THE WEEKLY NEWSMAGAZINE

MAN OF THE YEAR
Hope for those who needed it.

▲ 马歇尔登上《时代周刊》的封面。

3月9日，马歇尔率领美国代表团到莫斯科与苏联举行会谈。会谈失败，美苏在欧洲的利益分配上难有共识，从此以后，美苏在长达15年时间里再没有举行过会谈。

这样的话，马歇尔将不能指望苏联的退让了。

1947年夏，"马歇尔计划"正式提出，全球尤其是美国上下为之意外。

美苏会谈虽然令马歇尔十分沮丧，但最令他焦虑不安的是，生活在尚且"富足"的美国的他看到欧洲人民正在受苦受难，迫切需要帮助，认为当务之急是援助欧洲。

这和杜鲁门的主张是不同的。马歇尔说："正式的倡议必须来自欧洲，计划必须由欧洲人形成，欧洲人必须为此承担主要责任。美国的作用是在欧洲的请求下友好地协助起草一项复兴计划，然后用财政或其他手段支持此项计划。"

显然，"马歇尔计划"有它"赢得人心"的一面，它首先以欧洲的利益为主，而不是美国的利益。但总统和国会是否同意？这是一个问题！

马歇尔抓住了一个时机，1947年6月5日，哈佛大学授予马歇尔名誉学位。

在这个万众瞩目的时候，他深情地演讲道：

"我们的政策不是反对哪个国家或哪种主义，而是反对饥饿、贫穷、绝望和混乱。我们的政策目的在于恢复世界范围内的正常经济秩序，从而提供一个自由制度得以存在的政治社会环境。"

演讲最后，他说到一句谚语：人必自助，尔后他助。马歇尔的演讲一再引起听众起立鼓掌。

1947年7月3日，听到号召的英国外交大臣贝文和法国外交部长皮杜尔邀请22个欧洲国家派代表到巴黎共同起草复兴欧洲计划问题。"马歇尔计划"有了实践。

在去欧洲之前，马歇尔参加了参议院拨款委员会召开的听证会，马歇尔要在会上说明拨款的必要性。下属把稿子拟定好了。但马歇尔用了一个办法，那就是脱稿发言，委员会成员因此认为"马歇尔计划"来自马歇尔个人看法，而非团队所为。马歇尔因此得到了国会的信任。

总统和国会顺利批准了"马歇尔计划"，马歇尔得以飞往欧洲与各国商议具体细节。之后，"马歇尔计划"正式进入实施阶段。

No.8 低调的人生

马歇尔从国务卿的位置上退下后，又先后任美国红十字会会长、国防部长。

1951年9月的一天，马歇尔向杜鲁门递交辞呈。他在美国政府工作长达50年。

马歇尔从此告别了办公大楼。但那里却开始流传起一个人人都爱说的玩笑话。每当讨论新问题或新规划时，总有人会说："我们需要有个像马歇尔那样的人来解决问题。"然后大家会齐声应道："可我们没有像马歇尔那样的人哪。"

不过，正式退休的马歇尔的名誉还是受到了挑战。积怨源于马歇尔任国防部长期间，美国部队没有打赢朝鲜战争。

1952 年夏，共和党总统候选人艾森豪威尔参加美国大选，竞选中，共和党对马歇尔进行毫无根据的攻击。艾森豪威尔是马歇尔一手培养的，爱护马歇尔的人都希望艾森豪威尔为马歇尔说句公道话。

不过，艾森豪威尔因为某些竞选的利益没有这样做。马歇尔的妻子因此大怒。而马歇尔本人知道此事后，只是耸了耸肩，嘀咕了一句："这些人都在搞政治。"马歇尔是一个低调的人，他从来不希望自己卷入一些个人斗争中，被一些虚名牵着走。

艾森豪威尔顺利当选总统后，马歇尔没有嫉妒，他给艾森豪威尔写了一封信，祝福他。

马歇尔退休后，仍然保留陆军五星上将军衔，享受五星上将的一切福利待遇。建立永久五星军衔的法律，是在 1948 年杜鲁门提请国会通过的，马歇尔是陆军的首席五星上将。

马歇尔和凯瑟琳在一个叫多多纳的庄园里生活。头两年的时候，薪酬还是很多。他还担任一些不领薪水的职务，工作不累，没有完全赋闲。

1952 年，马歇尔去参加了英国女王伊丽莎白二世的加冕典礼。马歇尔和英国军政界人物一直非常友好。他对这次旅游非常满意。

不过，回来后，马歇尔生了一场病。此时，希腊王后弗雷德丽卡来美国访问。马歇尔和这位希腊王后私交甚笃。

对于病床上的马歇尔，弗雷德丽卡起初一直没有机会相见。最后两天，她推掉一切约会，跑到病房去看望马歇尔。

马歇尔感到十分幸福。那是一个下午，活力四射的希腊王后滔滔不绝地跟他讨论着欧洲各种各样的事情。希腊王后的美丽和风趣深深吸引了他。

马歇尔晚年深交的人都远离政治、军事。这样的生活，对于他是惬意和平静的。他还曾和宋美龄有过深切的交往，他们时常通信。

1953 年，马歇尔获得诺贝尔和平奖。为此，他又飞往欧洲，但这次欧洲之旅并没有那么愉快，他的病这个时候加重了。

1953 年 12 月 31 日，宋美龄写信给马歇尔，信里说："转眼便是您的寿辰，到那一天我将格外思念您，祝您长寿幸福……"可是，实际上，马歇尔身体情况却越来越糟糕。

　　幸运的是，在此后的岁月里，马歇尔与宋美龄、弗雷德丽卡书信不断。马歇尔和这两位他心目中的理想的"女友"推心置腹，度过了一段平静而充实的光阴。

　　1959 年 10 月 16 日，在历经旷日持久的病痛折磨之后，马歇尔停止了呼吸，悄然离世。

　　迈尔堡大教堂里，悼念马歇尔的仪式简短。教士知道马歇尔不要悼词，他在祈祷中唯一提到马歇尔的一句话是："请带走您忠实的仆人乔治。"

　　马歇尔在他第二次婚姻 29 周年后 5 天，他 79 岁生日的前两个月，结束了他的一生。杜鲁门曾评价说："马歇尔是我们这一时代伟人中之伟人。"

▲ 美日海上作战时，一架日本飞机被美军击落。

第二章

"海上斗士"欧内斯特·金

欧内斯特·约瑟夫·金是"二战"中美国海军总司令，他的一生，生平勋绩不可胜数，在美国海军中被尊称为"全能的上帝"。他生性冷酷，咄咄逼人，脾气古怪因而不得人心。自尊心被他损伤的、前程毁在他手里的大有人在。他在太平洋战场上的卓越功绩不可忽视，是对太平洋战争取得胜利作出直接贡献的第一人……

No.1　向往海洋的孩子

1878 年 11 月 23 日，欧内斯特·约瑟夫·金出生在美国俄亥俄州的洛雷恩。

父亲詹姆士·克莱兹代尔·金，是一位铁路机修工，性格温和，甚至有点懦弱。母亲是伊丽莎白·坎·金，性格暴躁，得理不饶人，开着一家小书店。父亲和母亲的反差性格，使得他们之间经常出现矛盾，甚至拳脚相加。

曾经有一次，金的父亲滥用了一笔钱，数目还不小。母亲知道后，气得连看店也不顾了，匆匆跑到铁路局，当着所有机修工的面数落他的父亲。金的父亲感觉非常丢脸，可是也无可奈何。同事们看他吃瘪的模样，纷纷大笑。金的母亲发泄完后，回到了小书店，竟然发现有一摞新来的杂志，被孩子们悄悄拿走了。所以，忍不住发脾气的她指着大街叫骂，被路人当成了疯子。可是，她自己还没有意识到呢。

金的家庭生活充满着浮躁的气氛，暴力的一面，在这样的家庭氛围中，金的性格也发展成了暴躁尖刻。这完全拜他的母亲所赐，他的母亲还告诉他，男人应该强大。而他也极其瞧不起父亲的懦弱。

金的父亲是一个机械能手，所以金小时候就跟着父亲，帮助他修理一些火车上的小问题。受他的影响，金自小就养成了严谨认真的习惯。他对军事方面的东西很感兴趣，玩具也只要有关军事的，比如步兵模型、坦克模型、飞机模型等。金的母亲则经营着小书店。金对此唯一感到幸运的就是他有一大堆书，而他的小伙伴都没有。

枯燥无聊的家庭生活，使金向往外面的生活。俄亥俄州就在美国五大湖地区，金看过五大湖的浩瀚汪洋，便对大西洋和太平洋无限向往。他虽然也有古怪的脾气，但他的心里也和其他的孩子一样，向往更加伟大的生活。尤其是杂志上的英雄们，令他无限神往。他隐隐中觉得逃离现在闭塞压抑的生活氛围，唯一的途径就是和英雄们一样，参加军队，为祖国效力。

当时，美国有一份杂志，叫《青年指南》，颇受孩子们的喜爱。这份杂志主要面向少年儿童介绍有关历史和军事的内容。杂志上一篇有关海军学院的文章激起了他对海军生活的浓厚兴趣。金看完后，心里暗暗地想，我要成为一个海军。金的母亲一直都有引进这一本半月刊杂志。而且，由于金的喜欢，她甚至有意培养金在军事方面的兴趣。因为她认为，对于她这样一个一般的家庭，从军或许能够有一些前途。

在小伙伴中，金是一个"孩子王"，能够当上孩子王，有金性格方面的优势，他从不示弱，总是表现出自己强势的一面。同时，金也是伙伴中最聪明的和知识最丰富的一个，所以，小伙伴们都非常崇拜他。

▲ 金（左一）与海军部长的合影。

在高中的生活里，他广泛地涉猎有关海军的杂志和书籍，并时常和高年级的同学在一起讨论美国的海军。他的知识丰富，让那些高年级的同学都自愧不如。

金崇拜拿破仑，拿破仑有一句名言：不想当将军的士兵不是好的士兵。所以，他觉得自己必须成为准将级别以上的大人物，甚至成为海军作战部长，这是美国海军中职位最高的官职。有人觉得他高傲了，他就狠狠地回击别人，寸步不让。

由于树立了远大的理想，他在学习上非常努力。这是他和那些只会"耍拳头"的人不一样的地方，他们都不爱学习。金认为知识比拳头更重要。在学校老师的督促下，金的暴躁一面得到了很好的克制。

所以，金经常作为学生代表发言。他高高瘦瘦的，声音洪亮，目光坚定，同学们都爱听他的演讲。

在毕业时，他代表学生发言时，谈到了自己的理想，引起了在场师生的强烈反响，并往洛雷恩城产生了一定名气。洛雷恩城的人觉得这个充满理想主义情怀的少年非常可爱以及可敬，而不再提他不友善的一面。而金的父母在这一点上，完全认同他们的儿子。他们觉得能有这样一个有追求的孩子，是他们的幸运。

1897年，高中毕业之后，他在俄亥俄州第14区区长的推荐下进入了安纳波利斯海军学院学习。

当金离家的时候，父亲给了他一张往返车票，以备他改变主意时之用。金的意志坚定，他从没有想过后悔，在四年的学习中，他一直保存着这张车票的回程部分，从来没有用过。在他感到苦恼和困难的时候，他常常看看车票，提醒自己，一定要实现自己的梦想。

No.2 优等生"金"

1897年，带着父母的殷切期盼以及自己的远大理想，金进入安纳波利斯海军学院。这所海军学院是一所著名的军事学府，位于马里兰州的安纳波利斯，是美国海军唯一的一所正规军官学校。

学院招收17岁至21岁的高中毕业生以及优秀士兵，学制4年。学院毕业生长期以来是美国海军正规军官队伍的骨干和中坚。

学院规模很大，是封闭式教学，同时，学院内部设施应有尽有。在学院里，到处都是美国海军前辈的名字，每个台阶、每个街道、每处设施都有对应的名字，或标记某一个行动代号，或者一句著名的话，以及某个值得纪念的人。

其中，学员宿舍就被称为"邦克罗夫厅"，以纪念学院的创造人、美国陆海军司令约翰·邦克罗夫。所以，学院的学习氛围浓厚。

在学校就读的学生，有来自富裕家庭的子弟，也有一般中产阶级的子弟，中产阶级子弟占大多数。进入这所学校意味着经历严酷的训练，然后可能成功跻身上流社会。金的目标很明确，海军最高职位，海军作战部长。同学们对这个来自小地方的学生的想法大吃一惊。

学院里有几句醒目的格言作为校训："制海权来自于知识""荣誉、勇气和奉献"以及"卓越但不高傲"。同时，学院所灌输的是一些非政治性的信念：不撒谎、不偷盗、不欺骗，不纵容他人有上述非绅士行为。学院认为学员只有做好这些，才能成为一名合格的海军军官。

学院的等级秩序还是森严的，这几乎是所有美国军校约定俗成的。没有人特意去反对这一"不公平"的制度。美国军队历来相信，这是一个人成才的需要。同学们中间也秉承一个信念，即困难只会压倒弱者。

在学院里，一年级新生被称为"庶民"。他们无权迈出校园半步；必须时刻着军装；走道必须列队行进；禁止出入各类娱乐场所；工作时间房间门必须敞开……总而言之，没有所谓的个人自由以及个人隐私。

老生则被称为"贵族"，负责"庶民"的管理。每一位老生都有权力对他们进行训导，随时检查他们的行为举止是否符合规章制度，以及房间是否整洁，厕所是否清洁。

虽然学校有规定，严禁侮辱和欺负新生，或者利用他们为自己服务。但血气方刚的新生与"既得利益者"老生总是有不少难以避免的冲突。

金就是其中的一个，因为他的火爆脾气，就与好几位老生发生冲突。有一次金请假了，在宿舍房间看书。金的读书习惯是一个人静静地看，当时，有几个高年级生看到了，并让金打开了门。当他们看到金丝毫没有在意他们时，就非常愤怒。金还是没有在意，不过，等到他们愤怒到极点的时候，金的脾气也冒头了。相较之下，反而是金看起来更加面目可憎，气焰嚣张。金好斗的天性被他们激发了出来。

金和高年级生的几次摩擦中，情况往往是他把别人整得团团转。所以，在几次较量后，他也就成为了一名"老生"。

金的重心还是放在学习上，显得寡言少语。他每天坚持在图书馆读几个小时书，坚持锻炼，积极参加学院组织的各种比赛和活动。在校期间，由于金各方面表现出色，他很快担任了学员大队的大队长，负责学生的队列以及学生管理的工作。

1898 年，美西战争爆发，美国为夺取西班牙属地古巴、波多黎各和菲律宾而发动战争。当时，西班牙早已衰弱。美国海军则处于快速上升期，实力不可小觑，并很快打败了西班牙的无敌舰队。

在校就学期间，金参加了美西战争。他曾于美西战争时期在"圣弗朗西斯科"号战舰（北方巡逻舰队旗舰）上服务。当时，海军学院为了在实战中训练学员，把部分优秀的学员送去参加实战，当然，这和金的积极申请也有很大关系。"圣弗朗西斯科"号战舰并非主力战舰，但金因为出色的应战状态和反应能力，得到了舰长和其他军官的一致肯定，并得到了他海军生涯中的第一枚勋章——桑普森勋章。美西战争标志着美国作为一个主要军事力量的崛起，也象征着金的崛起。

1901 年，金从安纳波利斯海军学院毕业，在全班67人中成绩排第四名，成绩优异。在学院，他已经达到了他能做到的最好成绩，他在高年级时获得了学员少校的官阶，是当时学员生所能获得的最高阶。

No.3 官运亨通的海军生涯

在从安纳波利斯海军学院毕业后，金正式开始了他梦寐以求的海军生活。他的发展非常顺利。早年他先在"鹰"号军舰上服务，后来转到一艘炮舰。他随舰队驻防欧洲、亚洲和地中海等地区。他从小的梦想在这时候得到了实现，他乘着军舰，见识了其他国家的港口和舰船。在他看来，美国的海军实力是世界上数一数二的。1903年6月7日，金被获授海军少尉军衔。

由于在海军军官学院大队长任上表现十分出色，金给上司留下了不错的印象。他的工作兢兢业业，除了有点自满以及待人待己的苛刻态度，让人觉得头痛之外，金的表现都非常好。

日俄战争爆发后，金所在的驱逐舰近距离靠近当时的日本和俄国的舰船，并对敌对双方的攻防过程，进行了近距离的观察。他发现日本的海军力量在短短几十年内发展迅速，并打败了幅员辽阔的俄罗斯。同时，日本有一大批素质优秀的海军人才。他感觉日本海军的势力在将来必将扩张至菲律宾，乃至夏威夷。美国必须警惕日本。

度过法定的海上服役的时光，金积累了很多经验，他需要一段时间去消化。1906年，金回到安纳波利斯海军学院担任学院教员，教授了两年火药与炮术课程。此后的一年里，他担任学院的执行参谋。据他的学生回忆，金严格管理和对工作的极端负责给他们留下深刻印象。

从学校离开后，金又回到海上工作：先在"明尼苏达"号战舰上担任了3年大西洋舰队第2战列舰分舰队参谋副官，又在"新汉普郡"号上担任了一年技术军官，在"康涅狄格"号上担任了一年大西洋舰队司令部参谋军官。

1912年，他开始担任安娜波利斯工程试验局局长，期间曾经短期担任了"特里"号驱逐舰舰长。

金的能力和见识得到极大的发展，并得到了肯定。在第一次世界大战期间，金得到了实战机会。金先后担任"卡森"号驱逐舰舰长、大西洋舰队鱼雷艇部队副官、鱼雷艇部队第6分队司令等工作。

在所有将军前辈中，大西洋舰队总司令梅奥将军慧眼识珠，他把金留在身边做了助理参谋长，金精明能干，工作效率极高，深得梅奥的信任。"一战"结束后，梅奥将军把金的名

▲ 金的油画

◀ 欧内斯特·金身穿美国海军曾使用过的
昙花一现的灰色军服的照片。

字写进了晋升上校的名单。

第一次世界大战结束时，金已然是一名成熟的海军上校。他还因为"在大西洋舰队参谋部极其出色的服务表现"而被授予海军十字勋章。

不过，第一次世界大战后，美军大裁军如约而至，金也无法逃脱被裁的厄运。他年纪尚轻，虽然能力出众，但要谋求一个合适的海军职位并不容易。思考再三，他只能无奈地暂时赋闲在家。1919 年，金第二次回到了安纳波利斯海军学院，成为学院研究生院院长。

战后不久，美国开始大力发展潜艇。潜艇比水面舰艇要危险得多。不过，金为了自己的理想，愿意做出这样的牺牲。他需要熟悉海军的各类兵种，掌握各种技术。这对他来说，十分必要。

不仅如此，20 世纪 20 年代，美国海军还大力发展了一个新兵种，即航空兵。美国政府为提高航空母舰舰长的军事素质，通过了一项法律，要求每一名航空母舰舰长既要有指挥水面军舰的经历，又要学会飞行。所以，成为一名出色的航空兵，也成为金的必修课。

1922 年 11 月，金任第 11 潜艇分队司令，期间于 1923 年 4 月兼任第 3 潜艇分队司令。又一年，他调任新伦敦港潜艇基地司令，并作为海军军火检察官负责那里的水雷库的管理。

期间，他亲自主持打捞出一艘沉没在海底的潜艇，使他的潜艇指挥能力得到了众人的认可。

1927年，已经49岁的金无惧年龄，在严格的飞行训练后，成功通过飞行考核。不久，他被任命为"列克星顿"号航空母舰舰长，荣升海军少将。

金被海军称为全才，他对海军的所有工作和任务都很在心，并总是找机会学习掌握。他学什么，成什么，精于什么。对几乎所有海军职业，如军械、轮机、航海、后勤等，他都深入学习，与专业人才相比也不会差。同时，他熟悉战列舰、巡洋舰、潜艇和航空母舰等各类船舰。

金既是优秀的参谋军官，又是优秀的指挥军官。海军军官们夸奖说：他水上能驶，水下能潜，空中能飞。1933年，金就任海军航空局局长。

不过，时值美国的经济大危机，军费压缩，海军的扩军能力很弱。金不断和罗斯福总统和国会游说，罗斯福也是海军出身，所以，海军航空兵基本保持了快速的发展势头。

20世纪30年代，日本正成为美国在太平洋的威胁，金早就预料到了日本的海军扩张。金认为：在与日本可能的战争中，海军航空兵将发挥重要作用。这一论断在之后的日本偷袭珍珠港中被充分验证。日本就是通过海军航空兵迅速击溃美国太平洋舰队的。

1936年，金主持海军巡逻机大队的工作，在太平洋建立了对日空中警戒基地群。

1938年，金晋升海军中将，受命指挥海军全部航空母舰。这时期，他丰富和发展了航空母舰作战战术。在后来的太平洋战争中，这些战术得到了成功的运用。

同年，美国海军作战部长威廉·李海退休，金曾经的梦想貌似就要实现了。金认为自己很有希望成为接替人选。但是，当时的他还没有引起罗斯福的足够注意。

1938年时，金已经60岁了，等新部长退职后再由金接替的可能是不存在的。而且，到1942年12月，金就到了法定的退休年龄。当然，第二次世界大战的爆发给了他机会。

No.4　全能上帝

1939年9月，第二次世界大战在欧洲爆发。1941年，美国已经不公开地对德国纳粹宣战。因为，美国和欧洲的贸易船只受到了德国船舰的严重攻击。

其中，仅英国商船就被击沉756艘，击伤1450艘。照此情况下去，这一年要报废700万吨的船只，而这是英、美两国船厂每年能生产的船只吨位的一倍。美国损失惨重，形势十分严峻。

◀ 青年时期的约瑟夫·金

美国社会把目光聚集在了海军上，因为只有海军才能护送美国的商船。美国海军部长宣称："我们不能让我们的物资丢在大西洋里，我们应当完满地实现对英国的诺言。"当时，美国通过租借法案，结束中立状态，向处于战事中的英国提供了大量的军事物资。

计划很快被制订出来了：以巡逻舰队为核心，组成一支大西洋舰队，由欧内斯特·约瑟夫·金率领，负责护航，直到冰岛为止。

1941年2月，美国大西洋舰队组建，已是花甲之年的金担任总司令，并晋升为海军上将。

3月，美国、英国以及加拿大的陆、海军高级将领共同制订了"ABC计划"，计划的重点是：一旦美国参加两洋作战，首要的任务和打击重点是打败德国，其他战场均属次要地位。这种"欧洲第一"的战略布局对于美海军影响至深。而金一直试图纠正，因为金一直把日本看作真正的对手，而美国海军在大西洋只能给陆军当配角。

4月里，德国轰炸机和U型艇部队击沉了195艘盟国货船，摧毁了总计70万吨的至关紧要的军用物资。英国的海上生命线受到严重的威胁，盟军商船甚至得了恐惧症。当时，有一种说法是：即使在北大西洋有一个U型艇上的观察员经常出没，也会对盟军商船及其护航舰队的航线、航行时间、护航力量的配置起到很大的影响。

大西洋的形势很危急，美国海军作战部长请求把部分太平洋舰队的军舰调到大西洋舰队。在4、5、6三个月里，25%的太平洋舰队战舰被通过巴拿马运河调至大西洋舰队麾下。这是一场严重的赌博，赌的是日本不会在这个时候进攻美国太平洋舰队。

英美两国同仇敌忾，急于打击德国的嚣张气焰。

金制订了"3-41"号作战计划："一切进入西半球25英里以外范围的交战国（西印度群岛各岛屿的宗主国除外）海军舰只或军用飞机都将被视为对西半球可能的入侵行为，并在警告无效的情况下受到美军舰队的打击。"

金的计划得到明显的效果。这个计划巧妙地将英美盟军军舰排除在受攻击的氛围之外，同时对德国不可一世的U型潜艇部队进入北大西洋设立了一个口头的警告作用。他的计划中没有提到任何国家，但达到了敲打德国、援助盟国的目的。同时，由于当时金的任务只是护航，这个办法避免了美德大西洋全面战争的爆发。

8月，金护送罗斯福去加拿大与英国首相丘吉尔会晤。金的表现非常出色，他终于引起了罗斯福的注意。当时，金实际充当了罗斯福的军事顾问，对他的咨询有问必答。金展现出来的卓越才华和坚强意志，给罗斯福留下了深刻的印象。美国卷入战争看起来是不可避免的，罗斯福在紧张的工作中也不忘物色得力的军事人才。

12月20日，珍珠港事件爆发。珍珠港遭受日本海军的严重破坏。次年一月，金被任命为海军总司令。不久，金又进入参谋长联席会议，成为一位战略决策者。对于美军的海军高级职位，金只有海军作战部长没有担任过。这是他的最终梦想。

金在上任时的第一次演说，表现了他坚强的意志。他说："通向胜利的道路是漫长的，日子将是艰苦的。我们要尽己所有作出最大的努力。我们必须尽快拥有大批军舰和飞机，然后我们将大举反击，最终赢得胜利。"

美国和日本开战之初，东京电台的英语广播得意忘形地反复播送这样一句名言："美国海军在哪里？"

金踌躇满志，他自信地回答：在远东形势日趋严重和日军先声夺人、处处占优势的情况下，我们的太平洋舰队将实施海空反击战。

不久，金在他的办公室墙上的一张太平洋海图上划了一条由中途岛、萨摩亚、斐济到布斯班的防线。他对太平洋舰队司令尼米兹说："你看，就是这条战线，必须不惜一切代价守住。"

▲ 1925 年 9 月，时任海军上校的约瑟夫·金指挥救援 S-51 潜艇。

金的强大气势，让他看起来俨然就是"上帝"，正在漫不经心地对地球的经纬指手画脚，然后说一声："让这里变成这样吧。"

No.5 太平洋战场的第一人

1942 年初，在金的坚持要求下，英美参谋长联合委员会通过了决议：太平洋的军事战略问题由美国单独负责。金实际上成为盟军在太平洋对日战略的总设计师。

1942 年 2 月，金着手组织"瞭望台"战役，计划首先占领所罗门群岛的图拉吉岛。目的如下：

（一）在美国与澳大利亚之间的航线上增加一个堡垒；

（二）作为美军沿着所罗门群岛向西北进攻日军基地腊包尔的起点；

（三）阻止日本进一步向东南太平洋扩张。

麦克阿瑟也同意。日本占据腊包尔，阻挡了驻军在菲律宾的麦克阿瑟来回菲律宾的航线。3月，美军占领新赫布里底群岛中的埃法特岛，并立即修建机场，美军为准备进行"瞭望台"战役完成了第一步。

同月，罗斯福因为珍珠港事件的爆发追究了一批海军军官，美海军最高职位海军作战部原部长哈罗德·斯塔克调任他处，海军作战部长的职位暂时由金兼任。12日，罗斯福正式任命金为海军作战部长。金终于实现了自己的儿时梦想。他此时意气风发，准备大干一场。

通过金的建议，罗斯福任命海军中将霍恩为海军作战副部长，将后勤计划、采购和分配的任务委托于他。霍恩为沟通保持各个单位的联系，做出了极大的贡献。

4月1日，太平洋战区被分为两个战区：西南太平洋区和太平洋区，分别由麦克阿瑟和尼米兹任总司令。同一天，"瞭望台"计划通过。

5月4日，在西南太平洋战区，美、日双方的航空母舰编队在珊瑚海进行海战。珊瑚海海战是战争史上航空母舰编队在远距离以舰载机首次实施交战，在弗莱彻海军的领导下，美海军使得气焰嚣张的日本海军在太平洋第一次受挫。

6月4日，在太平洋战区，美日航母战斗群狭路相逢，由尼米兹亲自指挥，美国海军成功地击退了日本海军对中途岛环礁的攻击，得到了太平洋战区的主动权。因此，中途岛海战成为"二战"太平洋战区的转折点。

由于欧洲战场局势处于停滞，随着太平洋战场的转折，兵力转向太平洋的呼声日益增高。

金立即提出他早已准备好的关于在太平洋展开"防御性进攻"的战略方针，要求进攻南太平洋的图拉吉岛和瓜达尔卡纳尔岛，继而攻占日军在这一地区的战略中心腊包尔。金的计划得到陆军参谋长马歇尔的支持。

7月2日，"瞭望台"计划正式实施。战役第一阶段，美军将在尼米兹的指挥下，夺取圣克鲁斯群岛、图拉吉岛及其附近的要地。第二阶段（从巴布亚半岛至萨拉莫阿和莱城的作战）由麦克阿瑟统一指挥沿所罗门群岛北上的作战部队。接着，盟军的两条战线均将指向腊包尔。

"瞭望台"战役登陆作战计划，预定开始日期是8月1日。

但是，7月4日，美国侦察机发现瓜岛正在修建机场。金敏锐地认识到，假如日军一旦把这个飞机场建成，从瓜岛起飞的日机就能够轰炸埃斯皮里图岛、埃法特岛和新喀里多尼亚北部的库马克飞机场。因此，原定的作战计划不得不进行更改。瓜岛成为首先必须夺取的目标。

事态紧急，如果日军在瓜岛站稳脚跟，对美军将极为不利。此时，瓜岛的日军力量并不多。

金担心力量不够，又命令刚在美国港口下水不久的 3.5 万吨级的战列舰"南达科他"号和"华盛顿"号以及担任护航的巡洋舰、驱逐舰取道巴拿马运河，星夜兼程赶赴所罗门海域。同时，从珍珠港增调"大黄蜂"号航空母舰来助战，并说服罗斯福拨出更多的兵员以支援瓜岛。

由于"欧洲第一"的思想根深蒂固，美空军总司令阿诺德主张集中兵力对德国进行战略轰炸，金与麦克阿瑟是否把力量集中在瓜岛也发生争执。为制止争执，在罗斯福支持下，美军迅速向瓜岛增援。

瓜岛海战结束，美军共击沉日军战列舰 2 艘、重巡洋舰 1 艘、潜艇 1 艘、驱逐舰 4 艘和运输船 11 艘，伤巡洋舰 3 艘。美军伤亡也很大，计有 3 艘巡洋舰、7 艘驱逐舰被击沉，1 艘战列舰、2 艘巡洋舰和 4 艘驱逐舰遭到重创。

瓜岛海战共持续了 3 天 3 夜，经历了一个又一个高潮，最终以美舰队获得决定性胜利而告终。金对这次战役的评语是"从未有过的最激烈的一次海战"。

虽然美海军有严重损失，但是最终取得了瓜岛海战的胜利，巩固了美海军在所罗门群岛的地位。随着瓜岛危机的解决，"瞭望台"计划随之实施。

在参谋长联席会议的成员中，金是对太平洋战争取得胜利作出直接贡献的唯一一人。因为他反对"欧洲第一"的思想，最终将美海军主力留在了太平洋战场。

No.6　五星上将

进入 1943 年，太平洋战场的局势已经渐渐明朗，美国海军已经占据主动。盟军内部讨论是否要将主要力量调往欧洲。1 月初，英美联合参谋委员会最终决定太平洋方面的军事行动继续进行，金又一次战胜"欧洲第一"的思想。

1943 年 3 月 15 日，金制订了新的舰队番号，在大西洋和地中海作战的舰队番号为双数，在太平洋作战的舰队番号为单数。太平洋上的舰队番号规定为：原南太平洋部队现番号为第 3 舰队，由哈尔西海军上将指挥；原中太平洋部队现番号为第 5 舰队，由斯普鲁恩斯海军中将指挥；西南太平洋地区总司令麦克阿瑟所辖的少量海军编为美国第 7 舰队，先由卡本特尔海军中将任司令，后继任者是金凯德海军中将。

每个舰队又区分为特混编队和其他舰队，每次战役都改换番号，其番号的第一个数字是舰队的番号数。特混编队之下又分为特混大队，用小数点后的数字表示。特混大队之下又分为特混小队，用第二个小数点后的数字表示。例如第 3.3.2 特混小队，就是指第 3 舰队的第

▶ 瘦小的金上将

3 特混大队的第 2 特混小队。

金决定在大西洋战场增设反潜部队司令部，即第 10 舰队，负责护舰反潜，金亲自担任第 10 舰队司令。在金的影响下，美国在第二次世界大战中改变了之前对战列舰的看法，战列舰在此之前一般被看作决定海战胜利的军舰。从此以后，航空母舰成为美海军发展的重点。改变发展重点后，包括航空母舰在内的装备被源源不断生产，使得美海军在太平洋战场的优势不可逆转。

1943 年 2 月 9 日，金邀请太平洋舰队司令尼米兹研究关于攻占埃利斯和马绍尔群岛的作战问题，以便快速击溃日本。

不久，美国参谋长联席会议制订了一个快速击败日本的战略计划，这个计划于 5 月 20 日为盟国参谋长联席会议所采纳。马绍尔群岛在这个计划里是一个要优先夺取的目标。

8 月 24 日，在魁北克举行四国会议，该计划分为 6 个阶段，具体内容如下：

（一）夺取吉尔贝特群岛和瑙鲁岛；

（二）夺取马绍尔群岛、威克岛和库赛埃岛；

（三）夺取波纳佩岛；

▲ 五星上将约瑟夫·金

（四）夺取包括特鲁克岛在内的中部加罗林群岛；

（五）夺取帛琉群岛和雅浦岛；

（六）夺取马利亚纳群岛。

参谋长联席会议决定于 9 月 1 日将头两个阶段的任务用指令下达给太平洋舰队。

不过，由于仓促制订，这个计划有不少问题。比如，夺取吉尔贝特群岛的哪些岛？塔拉瓦岛是吉尔贝特群岛中唯一的已经修建机场的岛屿，无疑是主要目标，阿贝马马岛的机场很快也就会建成，也是此次夺取的目标。

以及，为什么要夺取瑙鲁岛？兵力多少？要夺取瑙鲁岛用一个整师还不够！在夺取塔拉瓦的同时，舰队也没有足够的运输舰来运载这个师。但是如果要夺取马京岛用一个团就足够了。金和尼米兹研究后同意瑙鲁岛不值得夺取。

9 月 27 日，尼米兹得到参谋长联席会议的同意，以马京岛来代替瑙鲁岛。这是一个非常明智的决定。

金和尼米兹的合作较顺利。但金和麦克阿瑟的合作则充满了火药味。对沿哪条路线对日作战，金和麦克阿瑟常常势不两立。

1943 年南太平洋作战告一段落后，美军只有两条进攻路线。麦克阿瑟坚持由新几内亚到菲律宾再到日本本土的路线；金则坚持从吉尔伯特群岛、马绍尔群岛、加罗林群岛到马里亚纳群岛的中太平洋路线。金总体上不反对麦克阿瑟的路线，但认为中太平洋是个捷径，对日本有直接打击作用。两人为此常常吵架。

当盟军欲把进攻矛头指向菲律宾群岛的时候，金和尼米兹主张在菲律宾南部的棉兰老岛取得空军基地之后，绕过吕宋，直取日军侵占的中国台湾及厦门一带，切断日本的南洋补给线，并以此为跳板，空袭日本本土，加紧海上封锁，置日本于死地。

麦克阿瑟知道后大为恼火，坚决反对绕过吕宋进攻台湾岛。他主张拦腰斩断菲律宾——登陆莱特岛，建立航空兵和后勤基地，尔后进攻吕宋，切断日本本土与南洋的海上交通线，堵住日本。

"先取莱特岛，后攻吕宋"。1944 年 7 月，当盟军准备敲定计划的时候，麦克阿瑟将军反复这样说。不过，当时，美国参谋长联席会议更重视金和尼米兹的战略。

1947 年 7 月 27 日，罗斯福抱病之下抵达珍珠港，与麦克阿瑟和尼米兹会晤，交流计划。

此后，参谋长联席会议作出决定：尼米兹和麦克阿瑟联合起来，进攻莱特岛。至于莱特岛之后，挥戈意欲何往——是台湾岛？还是吕宋？还是悬而未决。

金坚持自己的观点，在台湾岛登陆。不过，等到 9 月 21 日，麦克阿瑟向参谋长联席会议提出：2 个月后可以在吕宋岛发起登陆作战。其他将领也意见纷纷，有的甚至说直捣日本本岛。

其中，一个叫薛尔曼的海军少将提出一个方案，主张根本放弃台湾岛，12 月进军吕宋，1945 年初进攻小笠原的琉球群岛。

这一方案呈交到金在旧金山召集的非正式会议上，得到与会者尼米兹、斯普鲁恩斯以及陆军中将布克纳尔和哈蒙的支持。金虽然不服但最终还是屈从了。

10 月 3 日，美参谋长联席会议对麦克阿瑟和尼米兹颁发了这次战争中最后一个重要的战略令，决定双管齐下。其要点为：

（一）麦克阿瑟于 1944 年 12 月 20 日进攻吕宋。尼米兹负责掩护和支援。

（二）尼米兹于 1945 年 1 月 20 日进攻小笠原、硫黄岛群中的一个或数个岛屿，于 3 月 1 日进攻琉球群岛中的一个或数个岛屿（如冲绳岛）。

（三）为了尊重约瑟夫·金上将，进攻台湾岛的计划并不取消，但攻取台湾岛、澎湖以及中国沿海某些据点等"可能的战役"的指令，将在"以后发表"。

向菲律宾总进军的号角吹响了，麦克阿瑟"先取莱特岛，后攻吕宋岛"的设想全盘付诸实施。金没有用权力压人，而是让部下自由发言，以国家利益为重，获得了海军上下的肯定。

1944 年 12 月，金晋升为海军五星上将。

1945 年 4 月，美军直接进攻冲绳，日本本土成为最后一个攻击目标。

No.7　脾气火暴的"上帝"

金有出色的全面能力，比如敏锐的智慧，无与伦比的战斗精神，是天生的策略家与协调者。他是美国海军进入第二次世界大战前，高阶将领中极少数具有水面舰、潜艇与飞行员三者兼备的完整经历的人。罗斯福认为只有金才能重振美国海军的士气与重拾海军信心。

但是，金粗鲁暴躁，缺乏幽默感，几乎没有人看见他笑过。金那极其自负尖刻的性格，也没少受同事们非议。对于金来说，他最大的弱点便是不善于待人处事，行事不够圆融。

金的一位女儿就说："金上将是海军中最冷静的人，因为他几乎把全部时间都用在了生气上。"意思是说，他根本没有时间去慌乱。罗斯福也说金是一个"用喷灯刮脸的人"，意思是说他的每一根胡须都浸满了强硬的态度，以至于必须用火才能烧掉。

金的部下们则说："金上将从来不说自己是上帝，但是上帝说过自己是金上将。"脾气火暴的上帝"的说法也就此流行在海军中了。放眼"二战"中的诸位将军，金跟英国的蒙哥马利可能是盟军高阶将领中，树敌最多的两位。

有一个故事在海军中很流行：说是金去天国后，一个海军军官随着他也上了天。圣彼得告诉这个海军军官说，"自从金将军来到之后，天国进行了改组，并且处于战备状态。"海军军官回答说："我并不感到惊讶，因为金将军经常认为自己就是全能的上帝。"圣彼得听了摇摇头说："这并不害怕，麻烦的是全能的上帝认为他自己就是金将军。"

▲ 约瑟夫·金

除了脾气古怪，金的私德也被人指摘。美国海军官校历史系教授罗伯特·纳夫曾描写金的缺点为："别人的老婆，酒精，与缺乏耐心"。据他说，金常饮酒过量，甚至曾被指控过在正式宴会上调戏属下的妻子。不过，这种说法并不流行。

关于金的火爆的脾气，他的同事们是了解最清楚的。

"二战"盟军统帅艾森豪威尔在他的 1942 年 2 月 23 日的"二战"日记中说：

"作为美国海军舰队总司令的金海军上将，是一个独断专行、顽固不化的典型。他动脑不多，并且时常对部下颐指气使。但是我认为他的战斗欲望非常强烈，这一点是非常值得钦佩的。在这场战争中，当一切的最高指示都来自一位总统、一位首相、6 个参联会成员以及一些其他的计划制订者组成的小圈子的时候，就必须要有足够的耐心——因为谁也不是拿破仑或者是凯撒大帝。"

在艾森豪威尔 1942 年 3 月 10 日的日记里，他愤怒地写道："最好找到一个人把金干掉，这样可以帮助我们赢得这场战争。他总是和大家作对，就好像是故意的一样，但是这只能说明他的欺软怕硬。他不久以前刚刚担任了海军舰队总司令，今天又接替了斯塔克成了海军作战部长。最好不要让金这个家伙同时把持海军中的两个高位。斯塔克这个"老好人"绝对不会惹出什么麻烦，但我打赌金迟早会闹出乱子。"

艾森豪威尔的愤怒是有佐证的。

在 1942 年 3 月 14 日，空军的阿诺德上将给了金一个便条，这个便条是由阿诺德的设计员写的，因为疏忽，其中一句话写错了。当时，金已经是海军最高级别的海军作战部长，可是上面写的是"致金海军少将"。

这显然冒犯了金，24 小时以后，这张便条就被退了回来，上面画了一个又粗又长的箭头指向那个"海军少将"中的"少"字，还写着："这个就是海军统帅的级别，他应该对赢得这场战争帮助很大。"

威廉·莱希是海军的五星上将，他和海军的同事金可以说"朝夕相处"，他在他的作品《亲历》中写道：

"金海军上将面临同样困难的问题。他的舰队必须钳制住德国人，这样数以百万吨计的作战物资就可以顺利地通过大西洋运送到盟军手中，以保障新开辟的欧洲第二战场所需。他是一名能力非凡的海军将领，尽管他脾气暴躁，但却无妨于和参联会中的同僚们商讨高度机密的战略。总统对他的能力也给予了很高的评价，但是同时也感到他是一个没有什么外交策略的人，特别是在对待英国的态度上。金在当时是力主尽早增加对亚洲战场投入的。虽然他

▶ 约瑟夫·金在地图前

对首先打垮德国的总战略没有异议，但是这也需要他作出他并不太情愿的在舰只使用和战争物资分配方面的让步。他在舰只不敷使用的情况下一直不遗余力地为这场战争贡献着自己的力量，直到战争结束，因为这是历史上美国第一次在两个大洋上同时作战。"

马歇尔对金的评价一针见血，他于1943年11月德黑兰会议之后致麦克阿瑟将军的信中写道：

"金海军上将认为太平洋理所应当就是海军的天下，他把整个的作战行动看成了他一个人的战争游戏。很显然，他认为唯一能够洗雪珍珠港前耻的办法就是统率海军取得对日本人的一次重大的胜利。他态度强硬，不允许其他军种的指挥官染指任何一支主力舰队的指挥——尽管指挥这些主力舰队的海军军官实际上更适合指挥地面部队或者是航空兵部队。"

No.8 战后岁月

1945年12月，战争结束刚4个月，金即退出现役。1945年12月15日，尼米兹接任了金的美国海军作战部长职务。

金经历了美国走向世界的三次重要战争：美西战争、第一次世界大战、第二次世界大战，也曾随总统参加过卡萨布兰卡、德黑兰等重大国际会议。

由于"二战"期间在海军舰队总司令和海军作战部长的职务上做出了极其突出的贡献，金三次被授予了海军服务优异勋章，颁授文件上对他的表现是这样评价的：

"他身兼两职，对美国海军、海军陆战队、海岸警卫队均作出了卓有成效的领导，并使这些武装力量均能够很好地与美国陆军和盟军部队进行协同作战，为美利坚合众国带来了最终的胜利。作为参谋长联席会议和联合总参谋部中的美国海军代表，他将海军的全部力量与美国及其盟国的所有战争部门很好地整合起来。他凭借在工作中表现出来的高瞻远瞩、精力充沛和决不妥协，出色地引导和指挥了这支世界瞩目的伟大海军，履行了属于他的重大职责。同时，他也为战争中这支海军的发展壮大做出了不可磨灭的贡献。……"

此后金还担任了美国海军部长办公室的顾问。1946年美国国会批准他为终身海军五星上将。但很快，金不再担任公职。赋闲在家的金和其他将军一样开始总结自己的一生，著有《1941–1945年战争中的美国海军（向海军部队的正式报告）》，总结了自己的工作。

1952年，金还出版了他的回忆录《金·海军五星上将》，对自己的一生作了总结。

金安安静静地度过晚年，没有像艾森豪威尔那样去问鼎政界，也没有像马歇尔一样，依旧奔走在国际事务中。相比而言，他未尝不是幸运的。

金晚年的生活十分低调，几乎不再参与国家事务，甚至连提点意见也很少见。他那旺盛的生命精力似乎已经在他的从军生涯和火爆的脾气中用完了。他和其他将军不太一样，他从小就树立了明确的人生目标，直到最终达到这个目标。这样的人生何等清晰和理性！

金于1905年结婚，有6个女儿和1个儿子，也算是儿孙满堂。晚年的金也是幸福的。他的脾气不再那么大了。而他也老了。

每当夕阳西下，在美国的朴茨茅斯港，落日的金色的光芒从大西洋对岸照射出来，浩渺的海面泛起万缕波光的时候，在岸边总会出现一位乘轮椅的老人，他的身边没有一个人。没有什么人会知道这位平静地看着海洋的虚弱老人是美国历史上第一批四位海军五星上将之一的欧内斯特·约瑟夫·金。此时的他，或许想起了当年小时候的梦想。

1956年6月25日，金在新汉普郡朴茨茅斯的海军医院去世，享年78岁。

第三章

"大兵将军"布莱德雷

　　布莱德雷，出身寒门，却靠自己的努力成为"二战"盟军最伟大的陆军指挥官之一。他性情温和，爱护部下，有儒将之风；他举重若轻，指挥若定，是盟军将领之间的忠实协调者。他使巴顿勇往直前而无后顾之忧，他是艾森豪威尔永远值得信赖的助手。他是一员福将，也是美国人最爱戴的将军。同时，他也是最后一位辞世的五星上将……

◀ 年轻的布莱德雷

No.1　寒门子弟

　　1893 年 2 月 12 日，奥马尔·纳尔逊·布莱德雷出生在美国密苏里州中部伦道夫县克拉克村的一个普通农夫家里。那一天恰好是美国"国父"林肯的诞辰日，颇具象征意义。

　　布莱德雷虽然出身低下，但是，他的家庭，尤其是他的父亲是一个有见识的"好人"，他培养了布莱德雷的很多优秀品格。

　　布莱德雷是英国人的后裔，祖先在 18 世纪中叶移居美国，先是在肯塔基州的麦迪逊县定居。到了 19 世纪，家族一直没什么起色，为了谋求生路，又迁居到了密苏里州，最后定居在伦道夫县的克拉克村附近。祖上一直是农夫，辛勤地耕耘土地，养家糊口。移居并没有改变家族的命运。

　　家族里较为显赫的篇章，是布莱德雷的祖父在美国南北战争期间，加入了联邦陆军，成为一名士兵，但也没有什么可夸耀的战功。布莱德雷的祖父复员回乡后，和一个同样是农夫出身的女子结了婚，共生了 9 个孩子，长子就是布莱德雷的父亲约翰·史密斯·布莱德雷。

　　布莱德雷的父亲很争气，成为庞大家族里最有出息的一个。他身体健壮，胆识过人。除了干农活，他还学会了拓荒和打猎，成为出类拔萃的神枪手。布莱德雷家族的第一个"军官"

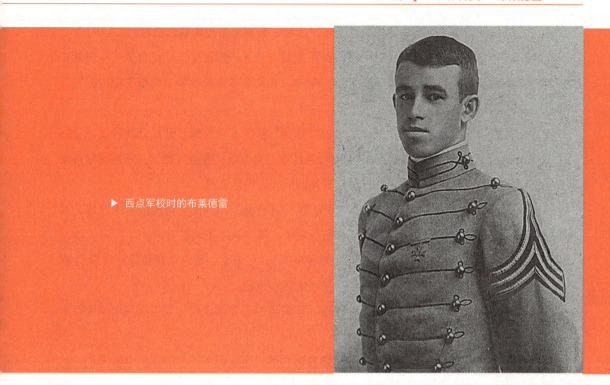

▶ 西点军校时的布莱德雷

就是他的父亲。生活稍稍好转，布莱德雷的父亲还对"知识"有了兴趣，他进入了家附近的农村学院，学了两年，之后就能在乡村学校教书了，21岁的他也算得上是"知识分子"了。

布莱德雷从他父亲的努力和好学中学到了很多。他的父亲慢慢改变了自己的农夫命运，主要的工作变成了教书。在家附近的乡镇里小有名气，方圆十几所乡村学校都有他的身影。酷爱读书的他，还为学生建立了小图书馆。而布莱德雷在"教师"父亲的熏陶和鼓励下，养成了爱读书的习惯，极大地开阔了眼界。

"逆袭"成功的父亲娶了一个女学生，布莱德雷才来到了人间。布莱德雷的名字起得具有寓意，"奥马尔"取自当地报社编辑奥马尔·D·格雷的名字，"纳尔逊"取自一位医生的名字。父亲期望他成为一个体面的"文化人士"或者受人尊敬的医生。

在这样一个有特别的"优秀"的父亲的家庭里，布莱德雷获得了特别的教育。他的母亲则是标准的"贤妻良母"，勤劳、朴实，有文化。因为有他们，这样一个虽然贫穷的家庭，永远也不乏快乐和幸福。

父亲经常外出打猎，以补贴家用。野兔、松鼠、鹌鹑、野鸭……在幼年的布莱德雷的眼里，父亲的手里总是能变出很多好吃的东西。很快，就在6岁的时候，父亲给了他一支气枪，带着他去打猎。慢慢地，他手里的枪变成了单发步枪，直到父亲用的双管猎枪。

他的枪法和父亲一样，极准。有一次，布莱德雷和表兄一起玩耍，他让表兄把一只鸡蛋抛向空中，不明就里的表兄把鸡蛋垂直地抛向空中，布莱德雷举枪便射。鸡蛋在空中开花，全溅在可爱的表兄的头发上。

布莱德雷喜欢玩战争游戏，这或许和他的"陆兵"祖父有点关系。他用骨牌筑垒城堡，用 0.22 英寸口径的空弹壳表示散兵线，用空心芦杆或钢管做成"重型火炮"，还用蚕豆作海军的炮弹轰击骨牌堡垒。他在游戏中总是指挥美国的一方军队取胜。

在布莱德雷 12 岁的时候，全家人由村子迁到了镇子里。在克拉克村附近的希比镇，父母花了积累多年的钱，用 515 美元买下了一所小房子。其中 450 美元是贷款。

父亲依然在乡村学校教书，每天往返的路程就有 30 多公里。母亲负责管理一个仅有 90 家用户的乡村电话交换台的工作。全家人紧张地生活和还债。

布莱德雷当然不会再是农夫的命运，他进入了镇里的公立学校读书。这也是他们家迁居的原因之一。

布莱德雷在班级里年龄最小，但他的成绩名列前茅，还认识了不少同学。小伙伴们一起去打棒球、游泳。布莱德雷俨然摆脱了农村人的生活。

但是，这样幸福的、"充满希望"的生活，却遭遇了不幸。命运似乎想要给这位"大将之才"添加磨难，以考验他能否承担自己的命运。

令家乡人尊重的、羡慕的，布莱德雷家的"顶梁柱"，布莱德雷无比依恋的父亲不幸因病去世了。

那是 1907 年至 1908 年初的冬天，这位令人尊敬的"坚强人士"因为长期在寒风凛冽中往返穿行，累倒了，不幸地患上了肺炎。在那个年代，人们并没有能力治疗这种疾病，而即使是有，贫穷负债的布莱德雷一家也负担不起。

布莱德雷的父亲约翰·史密斯·布莱德雷死掉了，死去那年还不到 41 岁，正值奋斗的年华。

15 岁的布莱德雷因此病倒了，悲痛彻底击倒了他，直到父亲出殡的那天，他还深深地陷入病魔之手，阻止他见他至爱的父亲最后一面。哭泣的母亲把他留在冷清的家里，任呼啸的风穿过他的耳畔。

布莱德雷的父亲被埋在山坡上的小树丛里，再也无法爱护他的妻子和儿子。

才过去几个月，"顶梁柱"的倒塌就出现了无情的后果。母亲决定迁往莫利雷镇，这个有着铁路工厂和制鞋工厂的大镇子吸引了她，她去做了一名职业裁缝，挑起了家庭的重担：

▲ 布莱德雷神态自若。

▲ 布莱德雷与圣路易斯市长握手。

一个求知欲强烈的孩子以及巨量的债务。原来的房子租给了别人。家里刚租的房子，还割出一些，接纳了两名交费的住宿生。布莱德雷则一边上着这边的莫利雷高中，一边在课余时间卖报，分担家务。

过了一年，母亲为布莱德雷举行了受洗仪式，布莱德雷开始每个星期去做礼拜。在此期间，他结交了她的高中老师。老师是一个寡妇，有两个女儿，和布莱德雷年龄相仿。情窦初开的布莱德雷迷恋上了老师的大女儿玛丽。

可是，心爱的人玛丽已经有"情人"了。后来，布莱德雷和玛丽同班了，两个人有了一些交往，但生性羞涩的他总不敢和玛丽约会。所以，两个人的关系并没有继续发展。

毕业的时候，布莱德雷和玛丽的毕业照片巧合地安排在纪念册同一页的下方。日后，每当他们翻起这一页，总免不了对对方多看一眼。尽管，这不是最好的结果。

而可怜的布莱德雷在照片上丝毫没有笑容。这是因为他一次在溜冰中和另外一个男孩撞到一起，把牙齿给撞坏了。因为没钱纠正，他的牙齿杂乱无章，颇为难看。所以，布莱德雷从来不敢笑。

布莱德雷以优异的成绩毕业了，玛丽甚至比他的成绩更出色，当然，他们走的路是不同的。

玛丽因家里人的帮助，进入师范学校，并计划再去密苏里大学。

布莱德雷毕业后不得不考虑自己的前途，他决定做一名律师，这和他父亲的期望是类似的。那么，他必须去大学深造。可是，家庭的条件不能允许他上大学。他只有自己去攒钱。

他决定打工攒钱，然后上密苏里大学。他在锅炉车间找到了一份修理蒸汽机的活。工作虽然辛苦，但能挣到不少。每周工作 6 天，每天工作 9 小时，每小时的工资是 17 美分（100 美分 =1 美元），一个月能挣到 40 美元。

过了两年左右，守寡的母亲不得不改嫁一位农夫，她才 35 岁，实在顶不住压力。不过，继父对布莱德雷很好，继父家带来的两个小弟弟也和他相处和睦。就家庭生活而言，布莱德雷始终是幸运的。这也和他养成的性格有联系，他善解人意，待人和睦，积极上进，是一个道德良好的人。

他的钱一笔一笔地在攒，准备在不久以后就去考大学。尤其是母亲得到了很好的照顾，他也没有了后顾之忧。可他还不知道命运让他走了另一条路。

有一个负责为大学招生的老师，和这位求知欲强烈的人说话中不经意地提起了西点军校。西点军校也在招生，同时西点军校不用交学费。当这位老师向这位天真的孩子一再宣布这个事实后，布莱德雷的心开始动摇了。

他立即回到家，把这件事告诉了母亲。西点军校远在纽约州，离密苏里州很远。母亲很担心这一点。

在接下来的几天，布莱德雷一直被西点军校"诱惑"，这个学校正是适合他这样的穷人的。

他想去那里了。想进西点军校，需要通过州议员的提名，然后参加考试。名额只有一个。他小心翼翼地向州议员威廉·M·拉克写了一封信，表达自己的愿望。

不久以后，州议员拉克回信了。他说，暂无空额。他是一个当了三年的议员，按照规定，要四年才有资格提名。

布莱德雷只有放弃，按原计划行事。不过，情况又变化了。规定又变了，州议员拉克也可以行使提名权了。拉克议员给这位穷孩子写了一封信，邀请他参加考试。信里透露，本来密苏里州已经计划选送一个叫安德森的学生，但他有几项测试不合格。

议员的信又让布莱德雷动摇了。可是，他只有 8 天准备时间。考试地点远在圣路易斯州的杰斐逊兵营，需要花费不少的路费。

他考虑了两天。直到第三天，也没有做决定。他查了一些资料，知道了考试科目包括地理、几何、代数、英语等。可他对这些早已生疏了。

布莱德雷找到了他父亲的朋友，镇中学的校长。校长建议他可以试一试。路费是一个问题，他还是舍不得，他试着跟工作着的铁路局请假，申请免费车票。铁路局对这位"家乡人"的申请是欣然同意。

生活的窘迫让布莱德雷的心一直悬着，前途未卜，令他胆小了不少。

不仅如此，他在考试中也经历了一段心理斗争。前来应试的学生一共有 12 人，安德森也在其中。安德森来头不小，他的养父曾经做过较大的市的司法长官的职位，拉克议员是他养父的好友。听说安德森为了考试足足准备了一年后，布莱德雷几乎要放弃，因为他一点儿准备也没有。

考试一共 4 天，每科考 4 个小时。考代数的时候，布莱德雷濒临崩溃。代数的及格分数是做完 67％ 的题目，一半的时间过去了，他 20％ 也没有完成。他很绝望，收起试卷，准备退出考场。不过，监考官没理他。他只能回到座位，这才发力。他终于有了灵感，思路开始清晰，幸运地按要求做完了 67％ 的题目……

不过，这个"奇迹"并没有让他拾起信心，他回到家乡，继续做他的修理工，攒钱。

▲ 布莱德雷在北非战场

最终，幸运降临到了这个朴实的男孩身上。他的各项成绩合格，不久后，西点军校的录取通知书就到了他的手里。

No.2　西点的生活

1911 年 8 月 1 日，穷小子布莱德雷提着一个手提箱，箱子里仅有一套换洗的衣服，他的口袋里兜着"巨量"美钞 100 美元，这是他的工作所得与母亲的资助。

"报告，考生布莱德雷前来报道，请求分配任务。"他兴致勃勃向西点军校值班中士报告。

这里简单介绍一下闻名于世的西点军校。西点军校的行为准则是"义务、荣誉、国家"，它要求学员永远忠诚，绝对服从。对于违反纪律的行为，会被立即除名。20 世纪美国社会的新事物风起云涌，可是，西点军校还是守着老传统。

1911 年，西点军校共有 600 名学员，学员不多。布莱德雷这一届招的学员几乎占去这 600 人的一半，265 人。时势造英雄，这些学员将来会在世界战争史上留名，实在是值得自豪的美事。

我们前文说到由于一些法律的变动，布莱德雷幸运地进入了西点。也因此，学校招生计划往后推迟了两个月，布莱德雷是这"迟到"的十四名学员之一。早到的新生已经到为新学员量身定做的魔鬼夏令营"大平原"进行了为期七周的艰苦训练。这些迟到的人，学校不指望他们能赶上训练课程。

这是一个十分严格，甚至残酷的入学训练。教官和高年级学员会用粗暴野蛮的方法对待新学员。"混蛋布莱德雷先生"，教官们一般这样吼道，"无论在此之前，你，你，还有你，是谁？在这里，你必须规规矩矩，我要你们服服帖帖。"学生们住在帐篷里，每天进行队列训练、背包行军、站岗放哨、布置射击场等科目的训练。

高年级学员的"游戏"更为严酷。他们一般要"菜鸟们"伸臂平举体操棒、双腿在桌下伸直，伏身在一根柱子上做出游泳的姿势。"是，长官！"新学员只能这样回应他们的戏弄。

开始总是困难的。之后，习惯了也就能够适应了。随着军人素质的提升，也可以驱散大部分"不适感"。

西点军校的生活也不只这么单调。西点军校对体育的重视是一个很大的特色，项目包括摔跤、拳击、马术、击剑、游泳、足球、篮球和棒球，甚至有些成绩不佳的"体育尖子"得到了免于开除的优惠。布莱德雷的同学艾森豪威尔就是一个"体育尖子"。

布莱德雷是一个苦孩子，忍得住苛刻的对待，除此之外，他还是一个棒球好手，也算是一个"体育尖子"。早在中学的时候，他就享有名誉。所以，不久以后，他就成为西点军校棒球代表队的优秀选手，凭此特长，他不再被当成一个"新兵蛋子"了。

布莱德雷成绩优秀。西点军校侧重于土木工程和军事工程，理工科是主角。布莱德雷擅长数学和抽象思维，学习一直优秀的他，在西点继续着"优等生"的荣誉，他还帮人补习课程。

布莱德雷所在的班级后来成了西点军校历史上最负盛名的"明星辈出的班级"。164 名毕业学员中，有 59 人后来获得准将或准将以上军衔，"将星之班"实至名归。

布莱德雷经过在西点军校的锻炼，以及获得荣誉的体验后，得以迅速成长。

1913 年，布莱德雷和同一届的学员开始休暑假。他返回家乡，学有所成，"衣锦还乡"，"焕然一新"的布莱德雷和家人其乐融融，生活充满希望。

而且，值得关注的是，他和他的心上人玛丽的关系有了进一步的发展。玛丽在师范学院读完两年，现在是一个中学老师。她也回家过暑假。两个人的发展都不错，尤其是布莱德雷变得自信和帅气了，玛丽被这个变得主动的男孩吸引了。他们频繁地外出野餐，去参加礼拜，去戏院看戏，分别的时候，两个人依依不舍，以后每月通信一次，爱情的种子在他们的心底慢慢发芽。

1914 至 1915 年，是布莱德雷在西点军校的最后的一学期。天道酬勤，在"迟到"的十四名学员中，布莱德雷是第一个被提升为中士的学员，又晋升少尉。这让人感到意外。

1916 年 6 月，布莱德雷毕业。他的毕业成绩是 164 名毕业生中的第 44 位，艾森豪威尔是 61 位。四年的艰苦训练，让这个乡下孩子获得优秀的军人素质，为他的成功奠定了基础。

布莱德雷认为这是他"一生中获益最大的几年"。的确，他从一个担惊受怕的"寒门学子"，成长为受人瞩目的西点军校优秀毕业生。

No.3　步步高升

进入社会后，又是一番成长。

布莱德雷因成绩不够，无法加入热门的晋升更快的工程兵和野战炮兵，只能加入步兵。这不免让他失望。不过，一年后，"分兵种"晋级的老制度就被废除了。每到紧要关头，他都能乘上"制度变化"的顺风车，这很幸运。

在服役之前，他又回到家乡休假。四年的紧张生活在三个月的毕业假中得到完美释放，家乡的优美田园风光，和和睦的家庭生活让他陶醉。到了收获爱情果实的时候了，布莱德雷和心上人见面，相思之情在书信中积聚，在相聚时得到倾诉。

有一天，布莱德雷送给玛丽一枚镶着一颗宝石的白金戒指，两个人正式订婚，约好在1916年玛丽大学毕业时就结婚。

1915年9月12日，布莱德雷到美第14步兵团报到。他被分配到第3营，驻扎在落基山脉附近的乔治·赖特堡。

步兵晋升缓慢，有人服役17年了，还是一个上尉。在西点军校毕业的前辈哈丁已经29岁了，他在陆军干了6年，仍然是一个少尉。布莱德雷在11连，和另外4个少尉住在一起。在和前辈们的交谈中，布莱德雷感到了自己专业上的不足，并暗下决心，钻研军事专业知识。

由于是驻防工作，军官们工作十分轻松。布莱德雷时不时去跳舞、散步、看电影，还花了一点钱买了把猎枪"重操旧业"。一边打猎，一边欣赏落基山脉的壮美风光，倒是很美的。

美国陆军有很多体育活动。布莱德雷因为特长成为连队的体育教练，这可能会让他升迁加速。但这样的生活，对于布莱德雷总有点平淡。西方世界正发生第一次世界大战，美国的军人们都跃跃欲试。正好美国的邻国墨西哥发生资产阶级革命，美国利益受损，开始干涉。"滑头"巴顿就混进了10万远征军中。

布莱德雷所在第14步兵团因形势进一步发展也得到开赴战场的命令。尽管，布莱德雷已经计划在不久后就和玛丽结婚。但他只能写信给心上人，无限期推迟婚期。

当第14步兵团大部人马到了美墨边境后，美墨外交谈判使得局势减缓。巴顿倒是趁机小胜一把，被小报捧成了"美利坚英雄"。布莱德雷倒是没碰上什么好事。

随后，国会的步兵改革通过，步兵不再低人一等，布莱德雷的月薪从141.67美元一下子涨到206美元，并晋升中尉。刚刚服役17个月，他被晋升中尉，倒是神速。工资高了，布莱德雷也阔绰多了。

既然暂无战事，1916年12月28日，布莱德雷和玛丽也顺利地结婚了。婚礼朴素，但两个人恩爱情深。蜜月后，他们在新驻地暂时安了家。

接下来的"美墨冲突"没有进展，军队在戈壁滩上无聊得很。布莱德雷申请调往别处，等待离开这里。可是，最后却没有消息。

1917年，第14步兵团被调往华盛顿州的温哥华营，"一战"进行得如火如荼，第14步兵团却没捞到任务。布莱德雷被调往管理铜矿。之后，布莱德雷被任命第6连的连长。1918

年 8 月 14 日，布莱德雷晋升为临时少校。

随着"一战"结束，陆军大减员，幸运的是，布莱德雷被留在了第 14 步兵团。但无聊单调的日子让他无奈，同时又学不到什么，于是他决定去学校担任教职。

1920 年，布莱德雷被要求去西点军校任教官。西点军校扩张，急需数学教官。与他有一样经历的，是李奇微。不得不说，布莱德雷又赶上了好时候。他辞去了原来的军官教官职务，在西点军校开启了另一番人生，也由此开始了他的教职生涯。

前面是布莱德雷对从军生活的体验，丰富的教学生涯则使得他的学识以及战术思想得到极大进步。

布莱德雷和妻子生活在这里，因为薪水的提高和精打细算，生活质量有了很大的提高。日子平静幸福。他还进修了一门新课程，并被任命为副教授。

在这段时间里，布莱德雷广泛阅读和研究了军事史和军事人物传记。他对"运动战大师"——美国南北战争将军谢尔曼的思想情有独钟。当时，美军陆军的主流思想是"战壕争夺战术"，法国在"一战"中运用这个战术最终击败德国。

布莱德雷敏锐地感觉到这套战术已经落后了，在未来的战争中，运用大部队迅速穿插敌方腹部才是摧毁敌方的最佳方式。运动战，将占据未来的主流。当时的巴顿和艾森豪威尔对于坦克非常感兴趣，也认为机动能力将成为未来军队的主要能力。

在西点任职四年后，他还想去进修。同事李奇微则已经调到佐治亚州的本宁堡步兵学校。按照规定，一个军官不能从一个军校到另一个军校去任职或进修，中间必须到部队服役。李奇微是走了一点关系，破了个例。于是，布莱德雷也如法炮制。

当时，本宁堡步兵学校这个"美国步兵之家"正值改革，许多教学内容适应了未来的战争的需要。布莱德雷学到机关枪、迫击炮、自动步枪和 37 毫米普通火炮的知识，这是他从前没有学到过的。

布莱德雷参加了学校开设的"运动战"或野战课程。这正合他的胃口。他在同事中脱颖而出。等到 1925 年，他结业时，成绩位列 73 名同学中的第二名。

从本宁堡步兵学校毕业后，他去了夏威夷服役。在 19 步兵团报到，后又调至第 27 步兵团任第一营营长。在这里，他得以把自己的所学运用在训练中。在夏威夷军区，布莱德雷碰倒了"老朋友"巴顿，这是他们第一次见面。两个人性格不大合拍，巴顿太"冲"，而布莱德雷温文尔雅，倒是没混在一起。

在夏威夷兵团的五个春秋，布莱德雷淋漓尽致地发挥了他的新战术思想。1928 年，他又到了堪萨斯州利文沃思堡指挥与参谋学校进修。这是一所供美国高级军官学习研究生课程的军校。他在这里学习师级、军级的课程。随后,他的军事指挥能力大为提高。

布莱德雷在"全球无战事"的大环境里积极上进。不久后,他又回到本宁堡步兵学校担任教官。本宁堡的改革工作进展相当顺利,学校变得更有效率,条件更好,更适应未来的战争。

而且,他在这里遇到了"伯乐"马歇尔。布莱德雷和马歇尔的军事思想不谋而合,马歇尔是管校务的助理校长,管辖四个系,分别是战术系、后勤系、兵器系以及军史和出版系。他起用布莱德雷为兵器系主任,大大提高了布莱德雷的职位。布莱德雷和另外三个系主任在学校享有"四大金刚"之称。

布莱德雷担任系主任后,打破常规,大胆地组织兵器系进行了一个 4 小时的野外综合表演。其中包括活动靶射击、迫击炮射击、勃朗宁自动步枪射击等科目,这相当于一场实战演习,使得在场观摩的马歇尔大为惊叹。

布莱德雷和马歇尔一样,也是伯乐,擅长发现"千里马",在工作上没有私心。他们俩参与学校改革,并在学校中认识更多优秀的人。这对他们日后的发展非常有利。

之后,布莱德雷又到了国防大学进修。这一期学员探讨了第一次世界大战的战略和军队指挥问题,为他们在大战中指挥大军对敌作战进行了思想上的准备。

1934 年,布莱德雷回到母校西点军校任教。1936 年,他从少校晋升为中校。到 1938 年,布莱德雷中校已在军中服役 23 年,其中从事教职 13 年,堪称"军中学者",学识渊博、思维敏捷、头脑冷静而且温文尔雅。

之后,布莱德雷又被分配到陆军参谋部人事部。马歇尔任陆军参谋长。因此,布莱德雷得以在马歇尔秘书处工作,干了两年半。

纵观布莱德雷的服役生活,很大一部分用来了提高自己的军事素养,随着 1939 年,希特勒侵略波兰到占领欧洲,奉行"孤立主义"的美国开始动摇了,布莱德雷的"满腹才华"到了实践的时候了。

布莱德雷正想着找机会靠部队近一点,他现在这个参谋部人事工作,也不太适合他,和他专业不对口。

西点军校的校长邀请他再去西点担任学员团团长,这一工作可以对那些担任初级军官的人施加影响,虽然只是平调,但倒是一个机会。

于是,他去和马歇尔说这事情,没想到的是,马歇尔给了他一个惊喜。马歇尔让他去当本宁堡步校的校长。这意味着他将从中校军衔一跃到准将军衔。随后在步校期间,他积极支持马歇尔的扩军计划。

在布莱德雷一手操持下，对战争有极大影响的本宁堡预备军官学校成了美国预备军官学校的样板。在这里培养的步兵军官被源源不断地输送到欧洲和太平洋战场，为美国打赢"二战"立下汗马功劳。

美国宣战后的一天，布莱德雷又得到马歇尔的提拔，由准将提拔为少将，担任陆军部新组建的3个师中的第82师的师长。

No.4　戎马"二战"

布莱德雷到任82师师长后，召集了很多任教时认识的精英人物，其中李奇微担任参谋。

▲ 布莱德雷在本宁堡步兵学校

他凭着身先士卒的精神和多年积累的才华把新组建的军队训练成了精悍的军队，因此得到其他将军的争相模仿。他与士兵毫无距离，同训练，同吃苦，一个记者还对他进行了报道，他的"大兵将军"的绰号也就此叫开了。

可惜的是，英雄暂无用武之地。马歇尔又把布莱德雷调到了国民警卫队 28 师。倒是李奇微在当了 82 师的师长后，去欧洲战场服役了。这是因为国民警卫队管理混乱，马歇尔需要一个经验丰富的人来管理。

国民警卫队 28 师比 82 师可差多了，山头林立，存在各种问题，积累成疾。最终布莱德雷，用他的细心和严格把这群"乌合之众"整顿一新。

1943 年 2 月 12 日，布莱德雷 50 岁生日，此时布莱德雷刚刚晋升军长。马歇尔给他发了个好消息。那是一份电报，上面写着让他去华盛顿报到，原因还没直接说。

2 月 17 日，布莱德雷到华盛顿领命。原来是盟军北非战场吃紧，当时还是美军司令的艾森豪威尔一方面难以平衡英美军队内部争斗，另一方面，又缺乏得力干将。布莱德雷的新职位不太明确，类似做艾森豪威尔的帮手，但军长的老职位因此就没了。

北非战场上，"沙漠之狐"隆美尔和英国蒙哥马利元帅唱主角，但来回拉锯，双方都没有很大的进展。英军和美军无法形成策应，几次让隆美尔占便宜。

布莱德雷和艾森豪威尔见面后，共叙同窗之情，他发现艾森豪威尔当时有点失落。艾森豪威尔把失利的责任全部揽下了。他的目的是保持英美军队的紧密关系，而布莱德雷干的就是这个容易得罪人的活，在各个指挥官之间做游说工作，甚至承担艾森豪威尔的"耳目"，评定各指挥官的能力。因为布莱德雷一直是一个善于察言观色、善于和他人搞好关系的人，无论是上级，还是下级，所以马歇尔想到了他，并向艾森豪威尔推荐了他。

有了大概的工作，布莱德雷因此频繁飞往北非战场和设在君士坦丁堡的各司令部、参谋部，熟悉各个指挥官和军队的具体情况。

他发现：第一集团军司令官安德森虽然正直忠诚，但待人冷漠，因此很难取得别人的信任，不太称职。尤其是其中的第 2 军，指挥官弗雷登德尔性情古怪，敌视英国人，而且对上级安德森不满。第 2 军里有布莱德雷的同班同学和老朋友，也和他透露了军队的内部混乱。布莱德雷的工作就是向艾森豪威尔报告真实情况，然后推行改革。

因此，第 2 军的弗雷登德尔被撤了，换上巴顿。巴顿雷厉风行，迅速整顿了第 2 军的军容风纪和作息制度，使第 2 军上下振作一新。甚至连护士也不得不戴上钢盔，士兵连上厕所也要保持军容整齐。谁要违反纪律，就得接受罚款。火爆的巴顿把第 2 军"治得"服服帖帖。

▲ 布莱德雷在西点军校任教。

布莱德雷也间接有了点成绩。

布莱德雷和巴顿的关系有得说。布莱德雷此时在第 2 军相当于"监督"的角色，或许有时候会打"小报告"。这让巴顿可受不了。所以，巴顿跟艾森豪威尔发牢骚。发牢骚的结果就是，布莱德雷被任命为第 2 军副军长。这下好了，布莱德雷不是"外人"了，而他也可以结束自己的"间谍"角色了。

布莱德雷和巴顿合作得很不错，尤其是在性格上可以互补。布莱德雷知道巴顿的缺点以及优点，能够很好辅助他。而巴顿对这位"同事"则非常欣赏。

不久后，巴顿的"救火"工作完毕，布莱德雷任第 2 军军长。

不过，在巴顿离开之前，盟军就发动了一次规模不小的进攻，第 2 军也参与其中。

1943 年，蒙哥马利逼近轴心国部队的马雷恩防线，盟军的空、海军控制了北非战场的制空和制海权，而隆美尔计划撤退，但希特勒没同意。最后，隆美尔被迫离开北非战场，交出指挥权。盟军心头大患已去，此时正是扩大战果的好机会。

盟军由英国的亚历山大元帅领导，蒙哥马利的第 8 集团军担任主攻，将轴心国部队逼到突尼斯北部的狭小滩头，安德森的第一集团军固守突尼斯前线，而第 2 军担任佯攻角色，吸引轴心国部队，减轻蒙哥马利的压力。

很明显，第 2 军是一个小角色，巴顿和布莱德雷对此都很不服气。

蒙哥马利"不打无准备之战"，非得兵力和补给积累比过敌军才动手。在蒙哥马利发动攻势的前三天，第 2 军发动佯攻。

第 2 军的特里·艾伦率领"大红一师"夺取突尼斯的加夫萨，若顺手的话再夺取埃尔盖塔为第 8 集团军建立一个燃料库；奥兰多·沃德领导的第 1 装甲师，一路推进，目标是马克纳的高地；曼顿·埃迪的任务是率新编第 9 师援助援助艾伦和沃德，而多克·赖德的第 34 师则作预备队，伺机攻击溃败下来的敌军。巴顿随"大红一师"，而布莱德雷跟第 1 装甲师走。

因为是第一次参战，布莱德雷的吉普车不小心碰上了一颗意大利式地雷，给初经战事的布莱德雷提了一个醒。炸弹没炸，布莱德雷却"大惊失色"。

3 月 20 日，蒙哥马利发动正面进攻，敌军拼死抵抗。一贯"心高气傲"的蒙哥马利不得不请求扩大第 2 军的任务，协助突破马雷恩防线。亚历山大一直对第 2 军没什么信心，经蒙哥马利的再三请求，才命第 2 军派一支小型装甲部队协助进攻，可是，沃德的第 1 装甲师此时却陷入泥潭，动弹不得，气得巴顿暴跳如雷。

蒙哥马利是自己吃不太消，才想到第 2 军的。而布莱德雷和巴顿一直向艾森豪威尔请求增加任务。艾森豪威尔为了维护英美关系，并不会鲁莽地跟亚历山大要任务。对于这样的情况，巴顿只能生气，而布莱德雷却慢慢沉下心，为第 2 军谋取利益。他积极说服艾森豪威尔，并取了一点成绩。

3 月 26 日，蒙哥马利突破马雷恩防线，把敌人赶到盐沼防线，并止步不前。第 2 军又有了机会。但第 2 军各部队虽然在原定计划内取得一定战绩，但分身乏术，尤其是第 1 装甲师，一直被天气所累。无奈之下，沃德被撤职。

第 2 军始终没有获得大的战绩，反而被亚历山大抽调部队，而且由于盟军空中力量分配不均，导致第 2 军的观察指挥所被德军轰炸机扔了三颗重磅炸弹，布莱德雷差点被炸死，而巴顿的副官以及两名随从却无辜牺牲。亚历山大的领导受到了第 2 军上下的质疑。最终是艾森豪威尔，平息了双方的怨气。

这次行动，盟军实现推进目标，但是战果有限。而英国的指挥官们却把责任推给第 2 军。布莱德雷的"处女秀"遭遇挫折。

之后，巴顿离去，布莱德雷掌权。

1943 年 4 月中旬，围歼准备工作基本完成。北非战场的决战——突尼斯战役即将来临。轴心国缺兵少物，已成瓮中捉鳖。

亚历山大下达"铁匠"总攻令，形成弧形战线强攻退守的轴心国部队。安德森的第 1 集团军担任主攻，第 8 集团军相机推进，第 2 军保护安德森的左翼，同步推进，最后夺取突尼斯比塞大。这一次，亚历山大倒是给了布莱德雷好处，允许他有更大的自由。

布莱德雷一改第 2 军的"高压政策"，基本保留巴顿班底，加深上下级联系。进攻初期遭遇不小抵抗，盟军受阻。同时，安德森第 1 集团军前进缓慢。

之后，布莱德雷"自作主张"，当他途经"609 高地"时没有绕行去支援安德森第 1 集团军，而是强攻"609 高地"，以夺取制高点。敌人死守高地，三次强攻，均未奏效。情急之下，布莱德雷调来坦克迂回到侧翼和从背后炮击敌人阵地，这是布莱德雷实践机动作战，小有成效。美军在前后夹击下，成功夺下了"609"高地。

高地夺下意味着拔掉"毒刺"，布莱德雷得以全速奔袭"比塞大"，亚历山大见机支持布莱德雷，第 2 军开始快速推进，并与主攻部队一道，攻占了比塞大港和突尼斯。轴心国认输，第 2 军俘虏 4 万人。一直被忽视的第 2 军因此名声大噪，抓住时机的布莱德雷完成了巴顿没有完成的成绩。

当时，布莱德雷给艾森豪威尔发去简短的电报："任务完成。"艾森豪威尔因此更加信任布莱德雷，尤其是对布莱德雷与友军保持了较密切的关系表示赞赏。

No.5　足智多谋的将军

紧接着的是更大规模、更有历史意义的西西里岛登陆战。该战役有三个主要目的：一是攻入意大利本土，试图迫使意大利退出战争；二是扫除地中海中部的轴心国部队；三是减轻苏德战场上苏联军队的压力。此外，还随带一个目的，那就是进一步锻炼初涉战场的美国军队。

布莱德雷原本计划是只能在突尼斯驻防，当时，巴顿的第 7 集团军担任主攻的是第 6 军；第 6 军没有实战经验。布莱德雷看中了这个机会，他分别给巴顿和艾森豪威尔写信，由于第 2 军作战经验丰富，同时，陆军参谋长马歇尔又关照了他，布莱德雷的部队得以担任主攻。

1943 年 7 月 10 日，西西里岛登陆战打响。布莱德雷的第 2 军于 7 月 5 日出发，一直绕行西西里岛，伺机以动。不过，布莱德雷当时出现了身体不适的情况，不仅晕船、呕吐，而且患上严重的痔疮，非常痛苦，不得不动了个局部手术。

10 日凌晨，第 7 集团军 4 个加强师在杰拉海滩登陆。布莱德雷手下的第 1 师由艾伦指挥。第 1 师遇到零星抵抗，在海军重炮的火力压制下，布莱德雷的部队顺利登陆西西里岛。其他师也顺利登陆，第 7 集团军随即展开攻击态势。

布莱德雷和巴顿主张第 8 集团军沿东部海岸公路经卡塔尼亚直插墨西拿，切断轴心国部队逃往卡拉布里亚的退路，第 7 集团军则经恩纳、尼科西亚插至北部公路，然后东进与第 8 集团军会师攻占墨西拿。

可是蒙哥马利老是捣乱。第 8 集团军在卡塔尼亚和德军主力激战，当时从卡塔尼亚到墨西拿的海岸公路仍被德军控制。所以，蒙哥马利又擅自让 30 军绕埃特纳山西侧进攻墨西拿，明摆着抢头功，而这将触犯美军的利益。 30 军的必经之路第 124 公路由第 7 集团军控制。蒙哥马利没跟巴顿打招呼，贸然挺进第 124 号公路。在附近驻扎的第 2 军恨得牙痒痒。而 30 军也不争气，推进最终失败。

亚历山大被迫重新纠正计划，按原来的老路，第 7 军奉命直扑墨西拿，并以巴勒莫为主要基地和补给线。此时，第 2 军也调头直扑墨西拿。

布莱德雷向巴顿建议，可以利用巴勒莫的小型海军部队向通往墨西拿的北部沿海公路上轴心国部队坚守的阵地实施"蛙跳"式或"两栖兜圈子"式的两栖围攻。

首次"蛙跳"式进攻围攻阿加塔，德军一片恐慌，德军第 29 装甲师开始后撤。第二次"蛙跳"式进攻在布罗洛，第一次成功了，巴顿就把一堆记者请了过来，可是布罗洛的德军抵抗顽强，第 2 军决定推迟行动，而巴顿要面子，没同意，最后导致了很大损失。

巴顿的越权指挥让布莱德雷非常愤怒。爱惹事的巴顿还经常对士兵动粗，有一次，他打了一个患病的士兵一记耳光。两天后，布莱德雷收到医院给巴顿的一份公函，详述了巴顿打人过程。布莱德雷深知此事要闹了出去，巴顿可能被撤换。所以，他暂时压了下来，为美军保留了一位优秀将领，也为西西里岛登陆战的进攻画上圆满句号，尽管后来巴顿还是因此被撤职。

不久，美军攻到墨西拿附近的三角形滩头地带，轴心国部队缺少空中和海上优势，只能撤退。第 2 军第 1 师与第 9 师攻克墨西拿。意大利就此退出战争。

布莱德雷在西西里岛登陆战表现出了自己把握时机的才智和顾全大局的风度。

1943 年后半年，"霸王"行动一直在策划中，诺曼底登陆战迫在眉睫。布莱德雷担任了重要角色。其中，艾森豪威尔为行动总指挥。蒙哥马利出任陆军副司令，将在行动中指挥所有地面部队。布莱德雷任集团军群司令，指挥所有美国地面部队。巴顿的第 7 集团军解散，他本人被撤职。

大权在手，布莱德雷能够大展拳脚了。

对于诺曼底登陆计划，布莱德雷提出了三个方面的修改补充：

首先，布莱德雷主张加强进攻力量。攻击部队增加到 5 个师，海军提供更猛烈的炮火支援，登陆最好在夜间进行。同时，取消西西里岛空降失利后对使用空降部队的限制，将第82和第101空降师首先空降在"犹他"滩，打乱敌人的部署。但艾森豪威尔的英国战术空军司令利·马洛里反对此项建议，认为空降部队将损失惨重。最后艾森豪威尔还是支持了布莱德雷。

其次，布莱德雷主张在法国马赛附近开辟第二个登陆点，以便把德军从诺曼底吸引开，同时向登陆部队提供支援和开辟补给品港口。这个建议被称为"铁砧"行动，艾森豪威尔、马歇尔对此一致同意。但是，丘吉尔、蒙哥马利均不同意，他们想利用"铁砧"行动的部队去攻击巴尔干半岛，"霸王"行动的部队正在扩大，需要更多的坦克登陆艇和其他登陆艇。最后，由"铁砧"计划改名而来的"龙骑兵"计划得到通过。

最后，布莱德雷建议大量使用战略轰炸机，在进攻前几周轰炸法国境内的铁路和桥梁系统，防止德军快速调动部队和坦克驰援诺曼底。

1944年6月6日，行动开始。布莱德雷认为应该讲几句话，他激动万分。与巴顿在进攻西西里前大叫大吼截然不同，布莱德雷眼睛模糊，沉默良久，只说了一句：

"祝你们幸运！"士兵们认为这是一个"应当为之牺牲一切的司令"。

6日当晚，2.3万名美军登上了"犹他"滩，美国在这天的战斗中仅损失197人，布莱德雷大喜。但由布莱德雷负责的另外一个海滩，即"奥马哈"海滩，战斗却异常残酷，激战进行几小时，海滩血流成河，大多数坦克被毁。6小时后，盟军才占领10码海滩阵地，幸好德军没有制空权，否则后果将不堪设想。据统计，美军至少2500人伤亡。

布莱德雷认为一切还比较顺利，可是蒙哥马利的人马却出了问题。布莱德雷发现英军过于谨慎小心，未能按计划夺取卡昂。盟军的登陆取得了胜利，15.6万人中仅损失8000人，大部队越过了"大西洋壁垒"。

第二天凌晨，布莱德雷做简要汇报。布莱德雷 对"奥马哈"海滩的重大损失等问题，作了客观分析。他认为：若德军发动大规模反击，立足未稳的盟军就会被赶回大海。

于是，布莱德雷和蒙哥马利都同意修改"霸王"行动计划。原计划由柯林斯的第7军攻入康坦丁半岛，然后夺取瑟堡，现在决定第5和第7军迅速在卡伦坦会师，美英军之间也迅速合拢。美军合拢后由集团军副司令霍奇斯负责指挥，柯林斯作进攻瑟堡的准备；蒙哥马利放弃进攻贝叶，主攻卡昂。对"霸王"行动计划的及时修正，巩固了盟军对滩头阵地的控制，敌军失去了驱逐诺曼底登陆部队的希望。

艾森豪威尔对蒙哥马利未能夺取卡昂感到气愤。自诺曼底登陆以来，盟军艰难地站住了脚，但在扩大战果上却屡屡受挫。

7月10日,蒙哥马利夺取了卡昂市郊,但未能控制市区;布莱德雷的突击也未能奏效。英军至此损失了2.2万人,美军损失了3万人,而且盟军与德军正在僵持中。

7月10日,布莱德雷想出了新的突破计划,他称之为"眼镜蛇"计划。这个计划的核心是把美军4个军的兵力集中在圣洛地区的狭窄地段上实施正面突击,以柯林斯的第7军为先锋。地面部队突击前,空军要对正面的德军实施毁灭性打击.

布莱德雷的"眼镜蛇"作战计划要求空军对德军集结地域实施精确的饱和轰炸。那个地段长约6公里、纵深约2.5公里,呈直角三角形。

7月25日总攻开始,盟军2430架飞机向目标区投掷了约4000吨炸弹和燃烧弹,但代价不小,误炸死伤人数达数百人,甚至误炸牺牲了一个集团军的指挥官。但最后,布莱德雷的突击成功了。

"眼镜蛇"行动是布莱德雷在诺曼底登陆以来的杰作,这是盟军的一次十分成功的突破,构成了战争进程的重大转折点。此前,盟军被局限在康坦丁半岛上,现在盟军冲出了防线,可以实施大刀阔斧的新攻击了。

8月15日,盟军在法国南部实施"龙骑兵"登陆计划。美国第7集团军成功登陆。8月25日,法国第2装甲师抵达巴黎接受德军投降,巴黎解放。

盟军乘胜追击,不久后就推进至易北河,纳粹德国倾覆在即。

No.6 布莱德雷计划

1945年3月25日,布莱德雷与丘吉尔、艾森豪威尔、蒙哥马利等在莱茵贝格会晤后,就和艾森豪威尔开始酝酿最后征服纳粹德军的计划了。这个计划主要由布莱德雷提出,许多人称之为"布莱德雷计划"。

"布莱德雷计划"的主要内容是:其一,美军扫清鲁尔区的德军,第9集团军由北向南,第1集团军由南向北,两面夹攻,形成钳子,在帕德博恩 - 卡塞尔地区会师,歼灭包围圈中的大部分德军。鲁尔区的残敌,则从两个集团军和即将渡过河的第15集团军中抽调部分兵力去肃清。其二,美军围歼鲁尔区的德军后,由布莱德雷组织第1、第3、第9集团军向卡塞尔地区发动大规模的全面进攻,横穿德国中部,通过莱比锡 - 德累斯顿向易北河挺进,与攻到易北河的苏军隔岸相望。进攻中蒙哥马利率英国第2集团军和加拿大第1集团军担任左翼的掩护任务,向北渡过易北河,打到丹麦边境;南部则由第6集团军群在右翼向东南攻到奥地利。

1943 年 1 月，苏联红军集结 10 个集团军共约 70 个师的兵力，加上 2 个航空兵集团军为支援，向易北河进攻。攻占柏林近在眼前，所以，布莱德雷并不打算去和苏军抢胜利果实。据保守估计，盟军从易北河攻到柏林并拿下柏林，至少要伤亡 10 万官兵。布莱德雷认为这是以"高昂的代价去沽名钓誉"。而且，盟国协议中，苏军将占领易北河以北的德国东部地区。

综合各种情况，布莱德雷计划以军事目标为主，放弃像柏林那样的政治目标，彻底干净地歼灭德国的武装力量，以最低的代价、最快的速度取得欧洲战争的胜利，然后部署对日作战，早日结束大战。

但是，丘吉尔和蒙哥马利认为该计划贬低了英军的作用，并且把柏林这个"最大胜利果实"拱手让人，非常不可取。争论一周后，由于艾森豪威尔坚持以军事目标为主，又得到马歇尔的支持，"布莱德雷计划"终于得到了批准。

3 月 28 日上午战斗打响，第一阶段的目标是包围鲁尔区。第 1 集团军和第 7 军在马尔堡进攻，第 3 军在右翼推进，然后第 7 军掉头向北全力进攻帕德博恩。其中，第 3 装甲师行动神速，一天内急行军 150 公里，创造了一天行军最远的纪录，比巴顿创造的纪录还快。4 月 1 日，第 9 集团军的第 19 军与第 1 集团军的第 3 装甲师合拢了钳子，将德军包围在鲁尔区。

这时，布莱德雷的第 12 集团军群已拥有第 1、第 3、第 9 集团军及第 15 集团军 12 个军共 48 个师的兵力，人数达 130 万人。这是第二次世界大战中最大的集团军群，也是布莱德雷指挥过的最大规模的集团军群。

第 1 集团军和第 9 集团军中抽调出的第 18 空降军、第 16 军、第 3 军负责扫荡任务，其余部队则向易北河、穆尔德河东进。

美军到 4 月 18 日止共俘虏德军 31.7 万人，比原来情报部门估计的多一倍。这次俘虏的德军人数，比斯大林格勒保卫战或突尼斯战役所俘虏的人数还要多。

第一阶段的任务完成，第二阶段的任务也十分顺利。美军攻占了慕尼黑、斯图加特和纳粹党徒的两个圣地——纽伦堡和伯希特斯加登。

4 月中旬，苏军对柏林发动总攻。4 月 30 日，苏军抵达蒂尔加腾，希特勒自杀身亡。在柏林战役中，有人估计苏军共损失 10 万人。英国一位军事历史学家约翰·基冈估计为 20 万人，比布莱德雷战前估计的多一倍。

4 月 25 日，在易北河畔的一名美军军官用望远镜发现了对岸的一群苏军士兵，他立即命令打了几发绿色信号弹，率 5 人登上抢来的帆船渡过了易北河。美部队与一位苏军少校和另两名苏联人在易北河东见了面，这是美军和苏军第一次正式见面。

4月26日，第1集团军第69步兵师师长莱因哈特和苏军第58近卫步兵师师长弗拉基米尔·鲁萨科夫将军在托尔高正式会谈，美苏两军方正式会师易北河。

5月7日凌晨2点41分，德国政府代表在盟军最高统帅部作战室签署了无条件投降书。

收到消息后，布莱德雷激动不已，难以入睡。欧洲战争的一幕幕场面——再现在他的脑海中。从"奥马哈"滩和"犹他"滩到阿弗朗什、圣洛、莫泰恩、阿尔让当-法莱斯，一直到巴斯托尼、圣维特、亚琛、罗尔河水坝、梅斯、科隆、雷马根，美军的鲜血染红了大半个欧洲。美军在欧洲战场伤亡达58万人。这是美国人用鲜血换来的胜利——希特勒的纳粹德国灭亡了！

No.7 朝鲜战场

1945年8月10日，日本无条件投降。布莱德雷接任白宫附近的退伍军人管理局局长。

一位新闻记者曾这样描述退伍军人管理局，说它是"世界上最大的社会福利管理局，最大的人寿保险公司，最大的抚恤金分配机构，最大的医疗部门，向退伍军人提供各种贷款的大银行。"

宣誓就职仪式后，布莱德雷在记者招待会上说："我想，我国的所有工作都让我赶上了，我真想把世界上的所有工作都干好。因为要干的事成堆，这正是我为那些曾经为我们的国家作出过重大贡献的人们服务的好机会。"

在两年的时间里，布莱德雷领导退伍军人管理局，历尽千辛万苦，解决了许多棘手的问题，为第二次世界大战的退伍军人重返家园、开辟新的生活道路提供了各种方便。这和他的"大兵将军"的名誉十分相称。

1947年11月21日，杜鲁门任命布莱德雷为陆军参谋长。1949年8月12日布莱德雷任参谋长联席会议主席，计划美苏冷战策略。

1950年，朝鲜战争爆发。局势发展迅速，尤其韩国军队难以抵抗朝鲜军队。身为参谋长联席会议主席的布莱德雷立即与陆海空参谋长商议对策。

国防部在布莱尔宫召开，会议提议：

向韩国军队紧急运送军事装备；使用美国空军飞机掩护美国儿童和妇女"撤退"，必要时可摧毁朝鲜的坦克、飞机；在台湾海峡部署第7舰队，以阻击中国共产党军队的进攻，同时也阻止国民党军队向大陆发动进攻；命令当时对朝鲜不拥有指挥权或行动权的麦克阿瑟向南朝鲜地区派出一个调查组，了解事态的发展及所需的东西；增加对印度支那的援助，帮助击退中国共产党为支援胡志明而可能进行的军事干涉；继续进行在联合国作出的努力，实现停火，或者争取其他国家对韩国进行援助。

6月26日，美国收到韩国军队几乎全线溃败的消息。这让美国十分紧张。总统杜鲁门组织召开第二次会议。

6月29日，参谋长联席会议已经决定向韩国投入有限的美国地面部队，其主要任务是，作为作战和勤务部队，保障通信联络畅通，确保守住半岛南端的釜山港及空军基地。接着，参谋长联席会议在五角大楼再次开会，拟订向朝鲜派遣美军的详细计划，并向麦克阿瑟下达了命令。

随着美军投入朝鲜战争兵力的增加，麦克阿瑟被任命为联合国军司令和远东美军总司令。

麦克阿瑟计划在仁川实施两栖登陆，从后方打击朝鲜人民军，同时命冲在朝鲜战场前线的沃克的第8集团军冲杀出釜山防御圈。这样将置朝鲜于巨大的钳形攻势下。

8月28日，参谋长联席会议致电麦克阿瑟，批准实施仁川登陆。麦克阿瑟的仁川战役则成了美军战史上最走运的重大军事行动，布莱德雷形容这次行动是一个"军事奇迹"。

不过，随后中国人民志愿军入朝参战。在11月和12月间，中国人民志愿军英勇顽强地与朝鲜人民军并肩作战，美军很快陷入了失败的境地。这是美军历史上最耻辱的一页，也是布莱德雷职业军人生涯中最严峻的时刻。

布莱德雷倒是很自信，没把中国军队看在眼里。在11月3日和4日去康涅狄格州打了两天猎，还在写他的自传《一个士兵的故事》。

但麦克阿瑟顶不住了。

参谋长联席会议接到麦克阿瑟的报告，便紧急在作战室举行特别会议，这是朝鲜战争中举行的最重要的会议之一，恰恰是这次会议又铸成了美军史上的大错。

特别会议向麦克阿瑟下达"行动令"，批准麦克阿瑟对边境地区实施轰炸，其中包括新义州的目标和鸭绿江上靠朝鲜一侧的桥梁。

布莱德雷在后来回忆时写道：实际上，这次会议应该决定后撤，撤至朝鲜的"腰部"，尽早寻求通过外交途径实现停火，和平解决朝鲜问题，才是正确的。

11月7日，麦克阿瑟请求空军飞机越过中朝边界实施作战行动。布莱德雷竟然批准和支持这一请求，企图对中国领空和机场实施进犯，扼杀中国空军。不过，这被杜鲁门坚决地阻止了。

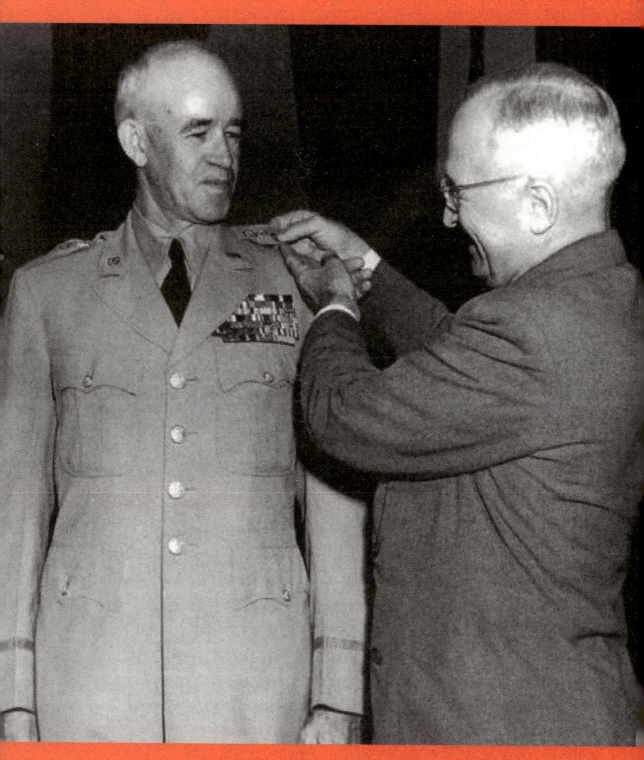

▲ 杜鲁门总统为布莱德雷挂上了第五颗将星。

▲ 布莱德雷（右二）与其他盟军将领在一起。

　　战争局势很快被中国人民志愿军控制了。第8集团军指挥官沃克阵亡，由李奇微接任。麦克阿瑟不断叫嚣，公开叫嚷"把军事行动扩展到赤色中国的沿海和内陆基地"。这显然让美国惊慌，李奇微随即接任了麦克阿瑟。之后，联合国军又易主帅，共"三易主帅"。

　　受局势所限，1951年7月10日，交战双方举行了朝鲜停战谈判的第一次会议。从此，在朝鲜战争中便形成了史无前例的长达2年零1个月的战略上的相持局面。

　　1951年8月16日，布莱德雷宣誓连任第二届参谋长联席会议主席。这时，朝鲜战争战况不佳，情急之下，参谋长联席会议甚至动了用原子弹的念头。

12月初，刚刚参选美国总统的艾森豪威尔秘密访问朝鲜半岛，布莱德雷为陪同人员之一。

回忆录里，他坦白地提及："我离开朝鲜时的结论是，我们不能在看不到任何结果的情况下，永远对峙在一条固定的战线上，继续遭受伤亡。在小山小岭上小打小闹，是结束不了这场战争的。"

艾森豪威尔于1953年1月21日宣誓就职美国总统。3月间，参谋长联席会议采取了前所未有的步骤，建议适当的时机在朝鲜使用原子武器，打击影响军事行动的目标。同时，美军在战场上继续发动新攻势，参谋长联席会议继续一意孤行。之后，艾森豪威尔也同意了。

不过，中国人民志愿军和朝鲜人民军采取积极主动的防御战，挫败了美军的军事攻势。在世界舆论的强烈要求和国内厌战情绪的巨大压力下，美国不得不于4月26日重新回到板门店谈判桌上来。

1953年7月27日，双方终于签订了朝鲜停战协定。布莱德雷在任参谋长联席会议主席的最后几天里，看到了朝鲜战争的结束。

布莱德雷一直积极参与制定朝鲜战争的对策，但最后，他失败了。这或许是他经历的最大一次失败和最后一次失败。

No.8 "董事长"布莱德雷

1953年8月，花甲之年的布莱德雷退休了。从1953年退休到1981年逝世，布莱德雷过了28个春秋的退休生活。

布莱德雷的退休生活可真称得上充实丰富，多姿多彩。

期间，布莱德雷还参加必要的一些官方组织的活动，比如应邀作为总统或国防部的代表出席相关节日，在退休军人节、阵亡将士纪念日和独立纪念日发表演讲，或者远赴国外参加诺曼底等地举行的纪念活动。

布莱德雷的特别之处是，他随后步入了工商局。这是他的主动决定，而非被迫或者挂个名字，写上某某董事长，因为布莱德雷有足够的退休金。在20世纪70年代中期前，布莱德雷的退休金是每年2万美元，以后增加到3万多美元。另外，他还有各种各样的如办公用房、旅行、配备军事助手等方面的津贴。

他这样做，完全是出于一种不服老和活到老、学到老的志气。布莱德雷在布洛瓦钟表公司接受了一个职位，任公司的研究与发展实践主任。工作也是研究战略的，只不过服务的是公司而非战争，年薪有 2.5 万美元。

1958 年，布洛瓦钟表公司原董事长布洛瓦去世，布莱德雷接任该公司董事长，年薪为 7.5 万美元加认股权证。布工作中，莱德雷总是勤勤恳恳、任劳任怨。

布莱德雷和妻子玛丽居住居在南加州的洛杉矶。不幸的是，1954 年布莱德雷的女婿在飞行事故中身亡。他们的唯一女儿伊丽莎白一人带着 4 个孩子，最后女儿和布莱德雷夫妇住在了一起。

在洛杉矶的三年中，布莱德雷主要忙于布洛瓦公司的管理工作，偶尔打高尔夫球、钓鱼以及狩猎还有赛马，日子充实而惬意。

1957 年，布莱德雷夫妇回到华盛顿居住，女儿再婚，有了第五个小孩，后来又生了一个小孩。他女儿一共有六个孩子，真是子孙满堂。

布莱德雷说："促使我们这次回到华盛顿的最主要动机是为了亲近女儿和外孙们。"

接下来的 8 年，布莱德雷依然如此，生活平静幸福。

到了 1965 年秋天，73 岁的玛丽因患病毒性白血病去世。

72 岁的布莱德雷因为"心上人"的去世，精神一下子垮了，生活孤独，伤感。家庭卫士说："将军在夫人去世后的几个月里，简直有些丧魂落魄了。"朋友们也说："还从没见过一个男人是如此孤独。"

布莱德雷最后还是振作了精神，带来改变的是一个好莱坞剧作家基蒂。

基蒂 43 岁，两度离婚。"二战"期间，基蒂是记者，曾经采访过布莱德雷。后来，基蒂获得了采访布莱德雷生活轶事的专访权，两个人更进一步了解。

玛丽去世后，因为布洛瓦的事情，布莱德雷回到洛杉矶。在整个夏天，基蒂抓住机会对布莱德雷进行采访，并很快进入老将军的内心，两人堕入爱河。

1966 年 9 月 12 日，他们结婚。第二天，二人又回到华盛顿生活。

基蒂把布莱德雷的晚年生活安排的充满活力。她装修了住宅，经常举办家庭舞会，安排布莱德雷和老同学、老同事聚会。还在一所陆军军事学院，布置了布莱德雷博物馆，将布莱德雷的制服、奖章、所收集的装饰以及各种各样的纪念品陈列其中。他们还一起出访越南，对当时正进行越南战争的美国军队进行采访。

因为基蒂的好莱坞身份，布莱德雷与好莱坞电影圈的电影明星们保持着密切联系，并参与了"二战"影片的顾问工作。基蒂善于投资，布莱德雷的收入与日俱增。

1973 年，布莱德雷辞去布洛瓦公司董事长的职位。晚年的他几次病危，但都挽救了过来。

1981年4月8日,布莱德雷突发脑血栓,安然离世。

6天以后,"空军1号"专机载着由基蒂陪护的布莱德雷的遗体到了首都华盛顿。4月14日,在隆重的葬礼后,布莱德雷安息在阿灵顿无名英雄墓,享年88岁。

No.9 最后的五星上将

"五星上将"是美国特有军衔,正式设立于1944年12月,由美国国会批准。五星上将肩章上镶有五颗星徽,相当于西方其他国家的元帅军衔。

五星上将的晋升基本条件是,必须担任过盟军战区指挥官职务,历年获此殊荣者均和第二次世界大战有关,包括马歇尔和艾森豪威尔、麦克阿瑟及布莱德雷。

美国国会规定,美军的五星上将军衔只在战时授予,且终生不退役。

其中,艾森豪威尔为了竞选美国总统,后来放弃了五星上将军衔,因为美国军法规定现役军人不得竞选总统。

布莱德雷于1950年9月22日晋升为陆军五星上将。严格来说,这并不是战时授予。

1981年,美国最后一位"五星上将"布莱德雷去世。美军将官中至今再无五星上将。

回顾这位"五星上将",将给我们带来很多思考。

第二次世界大战为无数军人提供了表现其才能、施展其本领的机会,孕育和缔造了一代杰出将领。布莱德雷就是其中出类拔萃的一位。

在他的几个"老朋友"中,布莱德雷不是最显赫的,艾森豪威尔登上了美国总统的位置,地位要比他显赫。布莱德雷也不是最闻名的,与他处于同一水平线的,英国的蒙哥马利和美国的巴顿就比他有名气得多。他们因为"爱张扬"的性格,悄无声息地把他比了下去。

当然,布莱德雷也有最为极致的一面。他曾经参与策划诺曼底登陆,制订攻克纳粹德国的战略方针,并且还参与朝鲜战争的指挥,一直处在战争前线。

而且,布莱德雷指挥的集团军群最多时拥有130万人马,堪称世界上最大的作战部队,无人匹敌。

但是,这些都不算什么。最引人注目的是,布莱德雷是最有思想的一位将领。在盟军高级将领中,他享有"思想机器"的美称。

当然,对于美国的将领和士兵们而言,拥有"大兵将军"的美誉的布莱德雷在管理军队的所作所为,一定是最值得追忆和赞赏。

◀ 《时代周刊》上的布莱德雷

　　而对于美国而言，布莱德雷对于国家荣誉的维护令人印象深刻，为之动容。在"二战"期间，布莱德雷、巴顿等美军将领在战略上、作战指挥权上与蒙哥马利发生了一系列错综复杂的斗争。布莱德雷显示出沉稳的"内部斗争"的素质和技巧，维护了美军的利益，也保障了"二战"的最终胜利。这一点，布莱德雷比巴顿要强。

　　从一个乡下孩子到美国陆军五星上将，布莱德雷将军经历了一共42年的军旅生涯。

　　从个人品质而言，布莱德雷和许多美军将领一样，忠于职守，有大局观，这一点，巴顿也值得赞赏。不同的是，布莱德雷生性稳重、内秀，并且张弛有度，善于驾驭全局，不骄不躁。布莱德雷能够与英国人、法国人以及苏联人保持一定的"和睦相处"，这是非常了不起的。巴顿曾埋怨说："布莱德莱与谁都好。"这恰能表现出布莱德雷与人友好、善于交际的一面。

在部队训练和管理，布莱德雷首先是深得人心的，这和他与士兵友好相处以及富有"身先士卒"的精神有极大关系。当然，布莱德雷和大多数将领一样主张严格训练，严格管理。这又是西点军校给他的经验，也是赋予他的一笔"财富"。"软硬兼施"，这或许是管理艺术的精髓。这与巴顿一贯的"严厉"并不一样。

在作战指挥上，布莱德雷善于策划，善于驾驭整个战争局面，被人称为"思想机器"。其他具有特色的另一个方面是比其他将领更注重后勤保障，注重脚踏实地，按部就班地达成战略目的。

让人惋惜的是，布莱德雷参与了朝鲜战争，策划了这场非正义的战争，这成为他辉煌人生的一处败笔。

成功永远留给抓得住机会，善于思考，审时度势的人。布莱德雷实现了自己的价值，并且推高了美军的形象。五星上将的名誉当之无愧。

▲ 西西里战役中，正驶往西西里的盟军船队。

第四章

"空战专家"阿诺德

　　"二战"中，他参与指挥了盟军空军对德意法西斯的空中
打击，并组织和领导了美国空军参加太平洋战场的军事行动，
指挥了对日本本土实施的战略轰炸，并且制订了原子弹轰炸日
本的作战计划和选择打击目标。他组建了美国空军，是"美国
现代空军之父"，他是现代空军发展和现代空军理论的奠基人
……

▲ "快乐的阿诺德"

No.1 拜师"莱特兄弟"

1886 年 6 月 25 日，亨利·哈利·阿诺德出生在宾夕法尼亚州格拉德温一个医生家庭里。他的父亲名叫赫尔伯特·阿朗索·阿诺德，曾经在美西战争期间当过军医，在军队中很受尊重，并有强烈的爱国心。他的母亲名叫阿德纳·路易斯·阿诺德，是一名虔诚的基督徒。

阿诺德有 4 个兄弟姐妹，他是家里的长子。他的家庭经济一般。父亲希望他继承父业，母亲则希望他献身宗教，在两种职业中，阿诺德无论选择哪一种职业，父母都非常赞同。但阿诺德对这两种职业方向都不太感兴趣，他另有志向。当然，阿诺德的选择也没有让家里人失望。

1903 年，阿诺德经过考虑和权衡，考入了著名的西点军校。他的这个选择可以保证他可以从事军医或随军牧师的工作，也可以让他追求更高的职业方向。

经过西点军校的学习和训练，四年后，阿诺德毕业。阿诺德表现并不太优秀，但他对飞机非常感兴趣，如果有机会，他想去尝试驾驶飞机，这成为了他最梦寐以求的职业方向。

1907 年，阿诺德毕业后被分配到步兵部队，当时的陆军在美军军队中地位并不高。所以，成绩平平的阿诺德也只能被分配到陆军。和很多美国将领一样，阿诺德远渡重洋到菲律宾就职。菲律宾是离美国本土最远的美军基地。不久后，阿诺德晋升为中尉。

1909 年，阿诺德在菲律宾的服役期满，被调回国，来到纽约的总督岛服役。

时值 20 世纪初，美国的莱特兄弟已经发明了飞机并试飞成功。阿诺德梦寐以求的机会来了。1911 年，他经军械署考试合格，陆军部将他派往俄亥俄州的代顿，阿诺德作为一名志愿人员向莱特兄弟学习飞行。当时，这是非常危险的尝试。但阿诺德的父亲非常支持。他认为阿诺德的飞行事业比起军医事业要好得多。

莱特公司于 1910 到 1916 年，在代顿的霍夫曼草原的飞机学校训练出第一批飞行员，共115 位。阿诺德就是其中的一位。

经过艰苦的训练，阿诺德在空中累计飞行了 3 小时 48 分，顺利地掌握了飞机技术。因此，在飞行领域，阿诺德不仅是美国的第一批"吃螃蟹"的人，也是世界上第一批"吃螃蟹"的人。这为他的空军生涯打下了坚实的基础。

随着训练的结束，阿诺德被分配到马里兰州的科列吉帕克。在那里，他创造了飞行高度6540 英尺（约 1993.4 米）的世界纪录，正式成为了美军第一批飞行员。

对飞机的热爱以及"先行者"的优势让阿诺德在飞行领域屡创佳绩。阿诺德多次创造军事航空的新纪录。1912 年，阿诺德第一次荣获"玛凯奖"胜利勋章。

◀ 年轻时期的阿诺德

但是，风险和机遇是并存的。由于一次飞行伤亡事故，他受到了牵连和指控。1912 年到 1916 年，他被迫停止飞行。这对阿诺德刚刚燃起的飞行梦想无疑是个沉重的打击。

阿诺德只能暂时离开飞行领域，但是，他还是时刻关注着这一领域。1913 年，阿诺德与费城的一位银行家的千金小姐普尔结婚。

婚后不久，阿诺德又被调往菲律宾服役，在步兵第13兵团任军官。这次在菲律宾服役期间，阿诺德与未来的陆军参谋长马歇尔共事，并建立了深厚的友谊。后者对于阿诺德的前途有着重要影响。

1916 年，阿诺德奉调回国。他在纽约州的麦迪逊－巴拉克斯又当了几个月的步兵军官，军衔由中尉晋升为上尉。1916 年是他停止飞行的最后一年。他对此早已期盼许久。

不久，阿诺德如愿以偿，回归了他热爱的飞行领域。阿诺德被任命为加利福尼亚州圣迪戈航空学校的后勤军官。从此，他又恢复了自己的飞行事业。

No.2 "米切尔思想"的支持者

第一次世界大战爆发后，美国参战。阿诺德受命在美国的巴拿巴军事基地指挥一次飞行部队，任第 7 航空中队长。当时，空军不受支持，居次要位置。

所以很快，他又被调往国内，担任陆军通信兵航空处情报主任。在此期间。阿诺德晋升较快，1917 年 8 月，他当时负责军事航空训练和征用民用机场的副局长，被破格提拔为临时上校军衔。

唯一遗憾的是，他无法去法国参加实战，接受血与火的洗礼，更无法驾着飞机参战。

第一次世界大战结束后，阿诺德恢复上尉军衔。1921 年，他晋升为少校，比他之前得到的临时上校军衔还差两阶。

这一年，为了验证飞机比起通信鸽更快，更安全。阿诺德驾驶飞机与通信鸽进行了一次轻松的飞行比赛——从俄勒冈州的波特兰到旧金山。最后，他取得了这次比赛的胜利。这让他所在的航空勤务部队很高兴。他们希望空军正式成为一种主要力量。

事实上，空军的很多有识之士都认为飞机应该堪当大用。意大利的军事理论家杜黑率先提出"制空权"思想引起世界军事家的关注。在美国，也有这样一个出类拔萃的人物叫米切尔。

米切尔是 20 世纪初美国的军事思想家。他的代表作《空中国防论》在美国军界引起轩然大波。该书全面阐述了他的空军思想。

一是认为飞机用于战争，将彻底改变战争面貌，使其由平面变成立体作战。

二是预见到空中力量将在未来的战争中起决定性作用，提出了"空权论"。

三是提出了"空中国防论"，并主张建立一支独立的空军。

米切尔的新颖思想引起美国陆军部强烈的反对。米切尔是当时美国陆军航空兵领导人之一，受杜黑"制空权"思想影响，认为飞机是未来战争的决定性力量，要求建立脱离陆军控制的独立的空军。

面对强烈和恶意的反对声，米切尔也十分愤怒，并指责美国陆军部玩忽职守，甚至是"叛国"，当时空军隶属陆军，其中必然有利益方面的争夺。

由于米切尔的大胆言论，1925 年米切尔被带上军事法庭，最后以违背上级罪判处停职两年半。米切尔为表抗议，坚决退役，但仍然四处奔走，呼吁建立独立空军，直到 1936 年去世。

阿诺德是米切尔思想的坚定拥趸。但阿诺德当时还没有直接卷入这次争论，他在加利福尼亚工作，也没有注意到这场发生在美国军队内部的严重争论。

1925 年，阿诺德进入陆军工业学院，作为航空兵情报军官在校工作了一年。在这时，他

◀ 阿诺德（右一）与
马歇尔（左一）的合影。

才知道这场与自己命运攸关的争论。

1925 年，在美国军事法庭审判米切尔的法庭上，阿诺德慷慨陈词支持米切尔。同时，在校期间，他专心研究意大利军事理论家杜黑和米切尔的思想，并夜以继日地写作。一口气写了《飞行故事》《飞行员与飞机》《空战》《陆军飞行员》等几本书，为空军独立呐喊助威。阿诺德的空军思想，得到了米切尔的支持。

1926 年，他受到了"米切尔事件"的牵连，被调到堪萨斯州的赖利堡，但不久，又被送去堪萨斯州利文沃思堡陆军参谋与指挥学院进修。学习结束后，他被调回俄亥俄州的代顿，在费尔菲尔德航空兵仓库和赖特机场工作。

1931 年，阿诺德晋升为中校，调回加利福尼亚。随后的 4 年，阿诺德在里弗赛德负责领导马奇机场训练基地的各项工作。

在马奇机场的工作中，阿诺德充分地意识到训练基地的局限，并着手改造工作。他要把训练基地改装成能起降轰炸机的作战基地。

为此，他对器材和战术反复进行试验。为了让社会关注空军的发展，以寻求社会舆论对航空兵的同情和支持，阿诺德与新兴的电影业建立了广泛的联系，通过电影技术宣传空军。

阿诺德还与加利福尼亚技术学院的专家、教授建立了紧密联系，以加强工作的科学性。在此期间，他和专家们建立了深厚感情，也为科技界对陆军航空兵做出科学评价铺平了道路。

1934年，阿诺德率领30名军官和士兵，组织由10架轰炸机组建的从华盛顿直飞阿拉斯加的飞行任务，全程18000英里。飞行一切顺利，同时，在返航时，轰炸机直接从阿拉斯加的朱诺从海上直接飞抵西雅图。这次远距离的飞行任务充分检验了空中增援远距离属地的安全和稳健的实战效果。阿诺德因此又得到一枚胜利勋章。

1935年3月，阿诺德火速晋升为准将，出任第1航空连队队长。

▲ 阿诺德在与将领们研究作战计划。

▲ 阿诺德

No.3 组建空军

1937 年 7 月，波音公司设计出 B-17 新型飞机，首批 13 架开始试飞。阿诺德非常感兴趣，并提议建立 B-17 大队，结果因为财政问题，最终流产。

事实上，阿诺德的努力一直被限制在陆军的限制之下，无论是空军的规模，还是空军的发展战略都被陆军牢牢控制，能够拯救空军的力量并不强大。

直到 1938 年，德国开始加强空军力量建设。美国军界才仿佛如梦初醒，在罗斯福的要求下，空军的发展才有了质的发展。罗斯福决定重整军备，大量增加飞机的生产。空军的大跨步发展这才拉开帷幕。

航空兵立即起草了一个把兵力发展到 7000 架飞机的计划。在 1938 年 9 月 21 日，原陆军航空兵司令威斯托弗将军因飞机失事，阿诺德继任航空兵司令。

在罗斯福的军事顾问开会时，罗斯福要求陆军部为航空兵团制订拥有一个 1 万架飞机的扩充计划，其中 3750 架是作战飞机。他还极度地强调需要大大地增加飞机生产。

这次会议不再是小级别的会议，这时出席的人不再是次要人物，其中新任陆军副参谋长马歇尔少将，新任航空兵司令阿诺德少将皆列其中。

阿诺德在会上发言，阐述美国的空军发展现状。其中，在空军的发展上，美国还需要设施齐备的航空基地以及大量受过专业训练的专业人才。只有这样，空军才名副其实，而不只是只有飞机而已。

当时，美国的海军大概可以说，是世界最强大的了。相形之下，陆军却非常弱小，总兵力不过 20 万人，而隶属陆军的陆军航空队更是少，只有区区 2.6 万人。

不仅如此，在美国舆论上，任何谈到扩充军队的言论都可能被指控为军国主义。

阿诺德在 1939 年夏天，也就是离德国进攻波兰，打响第二次世界大战的第一枪之际，阿诺德在美国国会上提出了要求增加飞机的要求，还受到了国会议员的质问。比如，"我问你，我们打算跟谁打仗？"

1939 年 9 月 1 日，德国进攻波兰。此役，德军 62 个师、2800 辆坦克和遮天蔽日的空军机群闪击波兰。波兰沦陷后，美国国内这才放下警惕，要求扩充军力的声音才成为主流。阿诺德也在不断跟罗斯福呼吁，因为德国空军在欧洲的闪电战中出了极大的风头。

很快，法兰西也沦陷了。美国公众的情绪积蓄到了极点，这是他们自南北战争以来受到的最大的一次震动，德国的战争机器正在摧毁整个欧洲。而在其中，德国轰炸机发出的隆隆咆哮声震耳欲聋。

几乎是一夜之间，空军受到了万众瞩目的重视。阿诺德出席国会时，旁人告诉他，他提出的任何军事拨款都将得到兑现。国会参议院洛奇说："只要你提出申请来就行了。"

很快，罗斯福提出陆军和海军应拥有飞机 5 万架，军用飞机的年产量也应达到 5 万架。经过反复研究之后，陆军部提出要在 1942 年 4 月 1 日达到 1.8 万架的指标，同时要求到 1942 年飞机的年产量也要达到 1.8 万架的指标。

▼ 阿诺德着西装照

刚刚升任陆军参谋长的马歇尔批准了一个"第一航空目标",根据这一目标,陆军航空兵团到1942年4月应有作战大队54个,飞机12835架。这样就需要官兵22万人,作战飞机4000架。

其实在空军力量加强之前,1939年3月,航空委员就开始研究在西半球防御工作中使用飞机,并向陆军提供了一份报告。

报告在马歇尔处立即得到审查和批准,马歇尔非常肯定这项报告。马歇尔是阿诺德的密友,同时他极具远见,一手推动了陆军扩军。马歇尔认为这项报告,"第一次确定了航空兵团的特殊任务"。

在报告中,空军战略范围扩展至整个西半球,并计划运用远程飞机来保卫自加勒比海地区和拉丁美洲前往美国的通路,还谋划了建立海外基地,以进一步延长活动半径,并将发展远程轰炸机放在首位。

No.4 壮大空军

1940年6月以后,关于空军的军事拨款一再增加,建军计划一再修正。5个作战大队的计划还未开始实施,阿诺德和其他空军将领又开始策划一个更为庞大的空军了。

1940年10月,阿诺德升任负责航空兵事务的陆军副参谋长兼陆军航空兵司令,陆军航空兵的地位得到提高。

1941年3月,"第二航空目标"批准通过,计划指出,到1942年6月30日作战大队数字应该达到84个,作战飞机7800架,官兵40万人。

1941年7月,陆、海军飞机的总数正式批准,定为5万架。

飞机数量的急剧增加,同时,飞行员的需要也大幅增加。训练指标由原来的每年300名倍增至1939年年底以前的1200名,最后至1940年6月时的每年7000名。1940年7月又根据第一航空目标提高至每年12000名,最后到1941年2月14日达到每年3万名,这一数字等于原来的100倍。

飞行员数量的极大增加,使得原有的飞行员训练基地严重不足。阿诺德在1938年就已经预见了将大量训练飞行员的趋势,因此,他早就有了利用民间学校从事初级飞行训练工作的想法了。

在美国正式采取这一举措之前,他就劝过几个民间飞行学校进行扩充设备。后来,他回忆说:"我告诉他们我没有经费,但我确信能够得到国会的支持……"。

▲ 阿诺德在集会上发表演讲。

　　国会很快批准了这一想法。1939 年夏季就有 9 所民间飞行学校受约进行此项工作。珍珠港事件发生时，民间的初级飞行学校代政府训练飞行员的有 41 所。这些民间受约的学校不仅为后来的迅速扩军提供了现成的材料，而且训练素质也很好。这一情况延续到 1940 年夏为止。

　　初级的训练工作得到了很好的贯彻以及效果。这使得陆军航空得以抓住重点，在伦道尔夫、凯利及布鲁克斯机场等重点飞行学校中进行基本的和高级的飞行训练。

　　很快，新的训练基地如雨后春笋般设立起来。当时根据 54 个大队的计划，共有 8 处基地在进行训练；到计划扩充到 84 个大队时，在 1941 年底又有 20 个新的训练基地完工或正在进行修建。

除此之外，其他空勤人员，如领航员、轰炸员，以及和机械、技术人员的训练工作也在同步发展。从 1939 年 3 月陆军航空队内部对机械、技术人员的需求由 1500 人猛增至每年 11 万人。

在这样的"大跃进"发展中，毋庸置疑存在很多条件艰苦的情况。比如，训练基地和学校的条件极其简陋，有些原来是沙漠，有些是沼泽地。而且居住环境恶劣，有人当时睡在藤萝蔓延的砖房里，也有人睡在纸板房和严寒的帐篷里。空军上下为了备战到处都紧张得透不过气来。

阿诺德在报告中指出："你可以发现在训练机场的上空有几十架飞机在飞翔，推土机在地面平土，水泥搅拌机在为尚待修建的跑道搅和混凝土，而人群还在空地上扫除杂树，这都是毫不出奇的景象。"

经过了两年半时间的艰苦努力，到了 1941 年 12 月，陆军航空队的扩充计划终于可以开始大踏步地迈进了。当时的部队数字已经达到 67 个作战大队，其中 18 个部署在海外基地，28 个半作为战略后备队留在美国，还有 20 个半尚在战斗训练中。官兵人数达到 35.4 万人，9000 多名飞行员获得了翼章，5.9 万机械、技术人员从训练学校顺利毕业。

当然，略有遗憾的是，作战飞机的发展还存在欠缺。珍珠港事件发生时所有第一线 2846 架作战飞机中，只有 1157 架适用于对现代装备的敌人进行战斗。

随着陆军航空兵兵力的极度扩充，空军的重要性也相应提高了。阿诺德作为空军"掌门"，即将实现刚刚去世几年的米切尔的梦想，也将要实现了自己的梦想。

No.5　空军的真正独立

1940 年 11 月，阿诺德任空军事物副参谋长，为陆军参谋长马歇尔的副职，兼任陆军航空兵司令。马歇尔和阿诺德关系密切，是空军政策的主导者，阿诺德得以方便地施加影响。此时，空军依然作为陆军航空兵的身份存在，虽然空军在陆军中的地位显著提升，但空军还没有完全独立。

随着不断增加的空军事务，陆军部系统有些不堪重负，而空军在陆军部体系中也遭遇了越来越多的阻碍和发展，空军的独立迫在眉睫。

到 1941 年，陆军航空队发展壮大，急需有效地组织起来，但在组织上，却引起了严重的组织形式的问题，结果在 3 月间就成立了 4 个航空队：第一航空队在美国东北区，第二航

▲ 阿诺德与空军飞行员的合影。

空队在美国西北区，第三航空队在美国东南区，第四航空队在美国西南区。

这一组织形式上的调整是从对大陆防务的重视出发，同时马歇尔在 2 月 28 日决定防空作战为陆军航空兵的任务之一。

4 月 12 日，陆军部指示每一航空队，为了适应"大于单一联队的进攻和防御上的特遣兵力的需要"，在它们内部各成立轰炸机指挥部和截击机指挥部。各轰炸机指挥部均作为相当于负责地面防务的 4 个野战军，支援司令部。各截击机指挥部负责所有的防空事宜，包括飞机警报部队及高射炮部队的指挥。

但是，各野战集团军与航空队之间的关系问题始终未予明确。

而关于非战斗活动工作方面，在陆军航空队之下还需要增加不少新的指挥系统。1941 年 3 月 26 日，陆军航空队建立了技术训练部，负责庞大的地勤人员和技术人员的训练计划的实施工作。各飞行训练中心本来是在陆军航空队首长直接领导下进行训练的，10 个月之后，由于训练任务的增加，不得不最后在 1942 年 1 月 23 日成立了飞行训练部。

1941 年春，陆军参谋长马歇尔意识到如果将空军统一起来，权力下放，对于空军和陆军都有极大的益处。阿诺德也提醒了马歇尔。因此，马歇尔计划进行一次陆军全面改组，并不顾其他陆军参谋人员意见的不同，强硬推行。

1941 年 6 月 20 日，马歇尔发布第 95-5 号陆军条例，明文规定成立陆军航空队，并由负责空军事务的陆军副参谋长阿诺德为首长。阿诺德既作为航空队的首脑，同时又指挥航空兵团和空军作战部（这是空军总部的新名字）以及其他所有的空军单位。

此时，陆军航空队有它自己的一套建制，但是它与总司令部（陆军的最高野战司令部）的关系怎样，在条令中并未明确，这也是二者以后发生摩擦的根源之一。

虽然极大地提高了陆军航空队的地位，以及下放了不少权力，但陆军和陆军航空队的关系依然没有确定。

但阿诺德坚持不断对马歇尔以及其他将领进行游说，并通过大量充满批评和建议的私人信件来发挥影响，众多陆军部将领以及国会议员都收到过他的信件。

同时，阿诺德以成绩来不断地推进空军独立的目标。在美空军参战之前，美空军的主要任务是用美式飞机为英国等其他国家输送物质等。阿诺德建议由美国陆军航空队负责这一项工作，最后这一建议得到批准。

1941 年 6 月，空军上校欧尔茨担任新成立的陆军航空兵团空运部司令。

空运部自建立以来，它的附带使命便是建立海外的空运勤务工作。该部的海外飞行始于

1941 年 7 月，由海恩纳斯中校从首都华盛顿的波林机场起飞赴苏格兰。英国人称这一勤务为"阿诺德航线"。

1941 年 8 月罗斯福与丘吉尔举行大西洋会议时，由阿诺德出任美国的空军代表。1941 年 12 月，阿诺德晋升为中将。

1942 年 2 月，阿诺德派空军准将伊克尔前往英国建立一个轰炸机指挥部，并为即将到达的美空军作战部队做好准备工作。5 月，伊克尔担任了第 8 航空队前进梯队的指挥官，而第 8 航空队被英国指定为从英国起飞进行空战的一支空军部队。

陆军航空队在运输等工作上得到了英国盟友的肯定。这启动了最后的改革。

1942 年 3 月 9 日，陆军部彻底改组，确定了陆军航空队在战争中的地位，在陆军部内成立了 3 个自主的、权力相等的司令部：陆军航空队、陆军地面作战部队及供应部（后又命名为陆军后勤部）。

关于陆军航空队的任务，官方是这样规定的："获得和维修陆军航空队所特有的装备，并为作战提供航空部队。"美国陆军部长把 3 月间的改组看作是对航空兵的准自治的正式承认。

改组后，阿诺德改任美国陆军航空部队司令。

太平洋战争爆发后，美英决定两国军方组成联合参谋长会议，共同制订反法西斯的全球军事战略。1942 年 2 月，阿诺德成为新成立的美国参谋长联席会议和美英联合参谋长会议成员。阿诺德所在陆军航空兵因此获得了与陆军以及海军同等的地位。

No.6　大显身手的"二战"

空军的基本独立给了陆军航空队上下极大的鼓舞。阿诺德充满雄心壮志，他将把自己酝酿已久的空战思想付诸实践。

由于空军的出现，战争已变得立体化。空军可以大规模地袭击敌人的地面部队和水面舰艇，可以深入敌人的战略后方，破坏敌人的后方补给、工业经济、交通枢纽，甚至人口密集的中心城市，从整体上摧毁敌人的抵抗意志。因此，根本无须入侵和占领敌国的领土，仅用空军就可以迫使敌人投降，从而结束战争。这种作战方式就叫"战略轰炸"，即具有战略意义的飞机轰炸作战。

阿诺德是最早主张对轴心国实施战略轰炸的倡议者之一。

在日本偷袭珍珠港成功后不久，他就意识到战略轰炸的可能性。当然，太平洋战争一切基础设施都不完善，比如空军飞机性能有待提高，空军基地欠缺。

因此，阿诺德派了军官小组去欧洲，谋划是否可能对欧洲大陆实施战略轰炸。英国有皇家空军以及本土空军基地这两个条件，适合进行战略轰炸。

同时，为了促进这一可能并尽可能集中世界所有盟国的空军力量，他四处奔波，调查、解决在世界各地的陆军航空兵部队存在的问题和遇到的困难。

1942年，丘吉尔发出紧急呼吁，要求各国援助中东战场。美国立即答应增援空军力量，阿诺德将陆军航空兵的9个作战大队调往埃及，并在9月成立美国陆军中东航空队，即第9航空队。

到1942年8月中旬为止，9个大队中的第98重型轰炸机大队、第12中型轰炸机大队以及第57战斗机大队已经陆续从美国到达中东。

美国重型轰炸机轰炸了"沙漠之狐"隆美尔漫长供应线上的港口和船舶，中型轰炸机和战斗机则于9月间投入战斗，与英国皇家空军的沙漠航空队共同支援蒙哥马利的第8集团军。

在10月24日～11月5日的艾莱门的战斗中，第9航空队协助英国第8集团军痛歼德国非洲军团。战斗胜利后，该航空队又参与了对隆美尔部队的追击，把它们赶过利比亚，直到的黎波里和更远的地方，另外还有一些作战大队参加了第9航空队并投入了战斗。

在中东战场上，陆军航空兵初现锋芒，各方面条件已经成熟，而之前谋划的对欧洲大陆的战略轰炸计划也将得以实施。

1943年1月，盟国召开卡萨布兰卡会议，研究对德战略问题。会议批准了阿诺德提出的加强从空中打击德国的建议。1943年3月，阿诺德晋升为上将。

根据阿诺德的计划，美空军将出动大批飞机对德军进行猛烈的轰炸。3月间，第301大队的B-17在巴勒摩炸毁了大约30英亩面积的船坞地区。

4月18日，被称为"棕榈树星期日大屠杀"的一次大轰炸成效显著。当时，美国战斗机在地中海靠近突尼斯的海面上空对100架德国JU-52式运输机进行攻击，一举击落飞机50余架，并迫使敌人把大部飞机撤退到西西里。

4月22日，盟军开始了最后一次地面攻势。由2000架次飞机的协助，盟军在5月初把躲在山地工事中的敌人赶了出来，并把他们赶到沿海的平原上。27万名轴心国部队官兵面临大海，就这样被迫投降。

5月，盟国对轴心国的海上攻击展开。大批美国轰炸机部队在英国集结，组建美国陆军第8航空队，并装备有最先进的被誉为"空中堡垒"的B-17远程轰炸机。同时，在美国本土新投产的新式远程轰炸机源源不断地生产出来。德国的重要目标连续遭到轰炸。

随后，美国陆军成立力量更强、辐射更广的美国战略空军司令部，负责整个欧洲战区的空军作战活动。

从第9空军大队，到第8空军大队，再到权力更高的美国战略空军司令部，美国空军的组织调整基本完成，是到了给敌人以更大的破坏的时机了。

阿诺德在12月27的电文上，他写道：这是必须的……在任何地方，无论在空中、在地面上或在工厂里，只要发现敌人的空军，就把它们摧毁掉。

在欧洲战场，德国的重要工业区如鲁尔、汉堡、埃森、法兰克福、莱比锡和慕尼黑等都受到美军飞机的反复轰炸，德国准备对英国实施火箭袭击的佩内蒙德基地也被摧毁。

1943年11月至1944年3月的"柏林之战"，盟国出动飞机上万架次，数十次空袭德国首都。

美国空军形成了一套完整有效的作战方法：采用集群作战，战斗机飞行在轰炸机的前面，主动寻找战机，搜索敌人的战斗机并予以击毁。以集中优势兵力不断消耗德国战斗机的实力。

1944初，西部战线上，德国大约损失了800架昼间战斗机，德国飞行员也不断减少。此后，德国空军的作战效率迅速下降，美国空军彻底赢得了空中优势，沉重地打击了德军的士气，实现了战略轰炸的目的，加速了德国的瓦解。

1944年1月，"霸王"行动展开，阿诺德与盟军最高司令艾森豪威尔等人一起制订了战略轰炸计划：

（一）切断德国地面后备队至盟国进攻地区的交通；

（二）使敌人无法从空中获得增援；

（三）破坏那些可能阻碍进攻的海防工事和雷达系统。

盟国的轰炸机投共掷了约7.6万吨炸弹，使德军铁路交通基本瘫痪。

到诺曼底登陆战开始前，德军所占领的巴黎塞纳河上的每一座桥梁都被盟军飞机轰炸了。整个铁路系统一团糟，导致德军增援诺曼底时，绝大部分的队伍只能步行进入诺曼底。

在轰炸交通系统之前，美国和英国的空军就轰炸了诺曼底210公里范围内的德军机场，总共扔下了6700吨炸弹。这一轰炸活动使得德军的前进机场无法继续使用，保障了盟军空军队伍后续的战略轰炸得以顺利进行。因此，诺曼底登陆这一天，德国只能出动极少的飞机来对付盟国的进攻部队。

▲ 阿诺德在家中的照片。

▲ 阿诺德（左一）与罗斯福、马歇尔等人的合影。

　　盟军很快取得了空中优势，并在诺曼底打响后，不断阻击从四面八方涌入诺曼底的德军部队。在整个作战行动，盟军共集中了 1.4 万架飞机，对德国的防御体系的前沿和纵深进行轰炸，完全掌握了制空权，并辐射到德国本土。

　　1944 年夏，美国战略空军和英国轰炸机部队继续对德国的战略性目标进行轰炸。到 1945 年 4 月，德国的石油产量降低到正常产量的 5%。1944 年至 1945 年冬，盟军对德国铁路系统和运河轰炸大大加强，德国经济基本陷于瘫痪状态。

空军在对德军的反攻中，起了不可替换的作用。阿诺德在美国参谋长联席会议和盟军参谋长联合委员会中参与制订计划，也极大提高了空军的作用和形象。美国空军得到了国内外的一致认同。

No.7 空袭日本

德国的局势已定，阿诺德的另一个目标日本则再一次进入视野。日本是阿诺德关注已久的对手。对于日本偷袭珍珠港的复仇，空军此前尚无主要力量加入，此时，阿诺德决心要报一箭之仇。

1944年，美国最新研制的远程战略轰炸机B-29开始服役。4月，阿诺德领导组建了以B-29轰炸机为主要装备的空军第20航空队，并兼任司令。

随着南太平洋战区总司令尼米兹通过中太平洋地区向中国海岸和日本本土不断推进，同时，美国还通过了陆军航空队使用B-29轰炸日本钢铁厂的名叫 "麦他霍恩" 的计划，加速了决战进程。

原计划B-29轰炸机以印度为基地，中途在中国中部的成都降落一次，然后再飞往日本，但困难很大。阿诺德及其参谋部决定：先占领马利亚纳，把马利亚纳当作主要基地，再轰炸日本就方便多了。

1944年5月27日，阿诺德指挥第20轰炸机指挥部第一次突击曼谷，当年7月，美军攻占中太平洋的马里亚纳群岛，接着，阿诺德率陆军第20轰炸机指挥部进驻马里亚纳群岛。理想的空军基地已经得到。

但空军基地需要扩建，不久，第21轰炸机指挥部在马利亚纳群岛的3个超重轰炸机联队，需要更多的飞行基地。后来由于联队数量增多，经过突击修建，最后，有了5个大型机场，每个B-29联队驻在一个机场。这些机场中有2个在关岛、1个在塞班、2个在亭南，每个机场上都有大约180架B-29，1.2万多名人员。

阿诺德在马里亚纳很快接管了所有的B-29，并亲自指挥第20航空队。得到了最新装备的第20航空队成为一支全球性空中兵力。

10月28日，B-29执行第一次任务时，就飞到了特鲁克，但18架中只有14架轰炸了目标，效果不是很好。

进行了一系列的对特鲁克和其他岛屿的训练性的轰炸之后，11月起，美国战略轰炸全面展开，日本列岛的军事、经济目标全在美国空军的炮弹覆盖之下。但效果还是不佳。

阿诺德发现在太平洋上展开作战活动，存在有不少问题。除了 B-29 缺乏护航战斗之外，由于天气恶劣导致的轰炸精确度低、中途折回率高以及飞机在海洋坠落等情况难以避免。很多受伤的 B-29 从日本返航途中坠于大海。尽管空军和海军的救护部门做了很出色的救护飞行人员的工作，但即使这样，损失仍然很大。

阿诺德认识到解决这一问题的办法就是占领硫磺岛，建立更靠前的空军基地。和之前的占领马里亚纳群岛一样，由于美空军尚不熟悉太平洋地区，必须要做更多的准备工作。

1945 年 2 月，美军陆战队在空军轰炸机的支援下，攻占了硫磺岛，工兵们在很短的时间内，为 B-29 轰炸机修建了临时降落机场。

同时，为了提高效率。阿诺德命令将轰炸机使用的普通炸弹部分改为汽油燃烧弹，进行昼间低空突击。B-29 利用低空进入，其载弹量可大大增加。而对于一部分战略轰炸任务，汽油燃烧弹就能胜任。

3 月 9 日，334 架 B-29 飞往日本东京执行轰炸任务，使东京中心区燃烧了 25.3 平方公里，导致了 8 万人的死亡，毁坏了东京市四分之一左右的建筑物，引起了日本国内的极大恐慌。

到 3 月 20 日为止，美战略轰炸机扫平了东京、名古屋、大阪和神户等市工业区的 52 平方公里的建筑物。由于日本对夜袭的防御薄弱，所以 B-29 在攻击中所受的损失很小。这也使得 B-29 上的大部分枪炮、弹药都被卸下，以便可以装上更多的燃烧弹。

日本本土对美战略轰炸机的攻势毫无还手之力。在战争的最后几个星期内，这些轰炸机甚至还执行过投掷传单的任务，指出将被轰炸的城市名字，警告平民逃避。日本城市的瘫痪，使得城市居民纷纷逃亡乡下。

到战争结束时，B-29 轰炸机在日本共投下了 14.5 万吨炸弹，在 6 个最重要的工业城市的中心地带破坏的面积达 165 平方公里。许多小一些的城市也被破坏，其中富山市市区的99.5% 被毁坏。

因此，阿诺德非常自信地认为，美国海军和陆军无须登陆日本岛，由他的空军就可以结束战争。这也的确实现了。阿诺德的空军在对日作战中达到了新的高度。

除此之外，空军还进行一些被陆军航空队认为是"越出常规的行动"，其中最成功的也许是在日本周围的海上，特别是在下关海峡所进行的空中布雷活动。

1945 年，第 20 航空队出动了 1528 架次飞机布设水雷，布下了 1.2 万多枚。据估计，被 B-29 所布水雷炸沉的日本船达 800 万吨左右，甚至比海军潜艇在 4 个半月时间所击沉的敌人船只吨数还大，而且轰炸和封锁使日本的生产陷于停顿。8月，日本国内军事工业生产能力只剩下了25%。

在此期间，阿诺德参加制订了用原子弹轰炸日本的计划和选择打击目标的工作。

1945年8月，在阿诺德的陆军航空队对广岛和长崎投下两颗原子弹后没几天，日本宣布无条件投降。

No.8　现代空军之父

阿诺德是美国空军的创建者和发展者。阿诺德对于空军的地位和作用的观点，比如"空军将是未来战争中的决定性因素""空中优势是任何陆战或海战取胜的先决条件"，在今天这些已经成为了各国空军奉行的原则。

阿诺德富有才华，理论素养深。在他年纪较轻时，军事著述就颇丰了。他在晚年的代表作《全球性的使命》中全面总结了"二战"时空军的实践应用。阿诺德强调战略轰炸的作用，主张美空军应以战略空军为核心；同时，他也重视技术优势的运用。

由于阿诺德在第二次世界大战期间，对美陆军航空队的组织、装备、训练和作战指挥的成功，为美空军1947年真正脱离陆军成为独立军种奠定了基础。

1944年12月，阿诺德获得陆军五星上将军衔。

与布莱德雷在"二战"期间指挥世界上最庞大的陆军力量类似，在第二次世界大战期间，阿诺德指挥了世界上最庞大的空军力量。其中包括16个航空队。

阿诺德是在美军中声望最高和最受欢迎的将军之一，原因是他建立了世界上首屈一指的强大空军。他几乎是一个人领导美国陆军航空兵实现从小到大，从无到有，由弱到强。1938年他刚刚接任陆军航空兵司令的时候，美国只有少得可怜的几架B-17轰炸机。然而，到了战争鼎盛时期，陆军航空队共有250万人，编有243个作战大队，约7万架飞机在世界各地起降。美国的空军力量冠居全球。对此，阿诺德实在居功至伟。

不仅如此，在美军中，阿诺德有个广为人知的绰号"快乐的阿诺德"。他性格外向，活泼开朗，因此深得部下和同事的喜爱。在美国参谋长联席会议中，阿诺德与成天板着面子的海军作战部长欧内斯特·金形成了鲜明的对比。

更为重要的是，阿诺德在思想上赋予了美国空军事业的灵魂。

他深于钻研，用先进思想武装部队。在第二次世界大战尚未结束时，他就要求陆军航空队研究战争的教训。1944 年，他的部门就到各主要战区研究空战及其对未来的意义。其中，美国战略轰炸调查团作出了极其全面的分析研究。经过苦心的研究与现场调查之后，该调查团发表了几百篇报告，几乎涉及了对德、日的战略空战的每个方面。这些报告也进一步坚定了陆军航空队在未来战争中夺取制空权的信心。

阿诺德认为："卓越的研究工作是保卫国家安全所需的空军的第一要素。"就像原子弹曾经摧毁了日本的作战意志一样，研究与发展工作的成功将决定未来战争的结局。

阿诺德还认为："将来的战争对美国很可能是突然袭击。"这一论断也是今日的美国军队所奉行的。

第二次地界大战的全部过程表明，空中优势是任何陆战或海战取得胜利的先决条件。但阿诺德并不否认地面部队的重要性。

1946 年阿诺德从美国陆军航空队退役。

1947 年，就在他退役后的第二年，美国国会通过"国家安全法"，正式批准陆军航空队脱离陆军，组建独立的美国空军。阿诺德和美国其他空军前驱的终身夙愿终成现实。

就所有美军将领而言，阿诺德算不上是最卓越的，但在空军领域，他毋庸置疑是开天辟地的一位。

在阿诺德的同事和下级看来，他还有很多优点：

阿诺德是一位坚定的改革者、脚踏实地的实干家。在他的领导中，空军参谋人员杜绝了华而不实的夸夸其谈的现象，而是用实际成绩来证明自己的理论。

阿诺德坚定地相信科学。早年，他就富有敏锐的洞察力，从成为第一批飞行员，再到积极与科学界交往，再到空军装备的不断升级，都有他孜孜不倦追求科学的身影。

阿诺德是一个卓越的管理者。他总是非常慷慨，非常信任他人，他把那些最有培养前途的军官轮流放在参谋与指挥岗位上锻炼，从而为战后美国空军培养了一批领导骨干。

由于对美国空军的巨大贡献，阿诺德被誉为"美国现代空军之父"。阿诺德从小就想要献身空军事业，他终于实现了目标。

1949 年 5 月，他在美国空军成立 2 年后改授为空军五星上将，成为两次得到五星上将军衔的美国将军。

1950 年 1 月 15 日，阿诺德在加利福尼亚的索诺马去世，终年 64 岁。

▲ 一身戎装的阿诺德

▼苏联士兵在叶尔尼亚反攻。

第五章

"苏联英雄"崔可夫

　　他，出生时是奄奄一息的"小男孩"，在壮年之后竟成为一名驰骋疆场并一度主宰东德命运的元帅。他曾四次出使中国，与中国结下了深深的情缘。他曾带领 13 万苏军死守斯大林格勒，最后坚持到只剩下 239 人。他是苏联卫国战争中最后一位流血负伤的高级将领，他是集军事家和外交家于一体的"全能将军"，他就是"苏联英雄"崔可夫……

No.1 背井离乡的少年

和很多"二战"时期的将领一样，崔可夫出生在一个贫苦家庭。当然，贫苦是上个世纪多数人的生活状态，这一点也造成了如此多的寒门将领。

1900 年 2 月 12 日，在沙皇俄国图拉省的奥谢待尔河河谷的谢列布里亚内普鲁德村，一个被人们称作"鳄鱼嚎"的小木屋里，伊万·伊万诺维奇·崔可夫降生了。

幼儿时期的崔可夫骨瘦如柴，看起来就像一只"瘦猴"，长得不好看。不过，被村民们称为"大力士约内奇"的父亲看着自己第四个儿子倒十分高兴。新生儿出生的喜悦氛围包围了这个小家庭。

崔可夫的降生使得这个家庭的生活更加拮据，尽管还能够勉强维持。家境虽然不佳，但崔可夫的父亲性格刚毅，母亲勤劳贤惠，哥哥们也非常爱护他，一家人和睦幸福。这样的家庭氛围使崔可夫养成了很多优良的品质，比如勤劳肯干、节约、勇敢坚强等。

崔可夫 12 岁那一年，俄罗斯在沙皇的封建统治下，生产凋敝，民不聊生，多数像崔可夫这样的孩子不得不因为生活所迫而中途辍学。崔可夫的家庭经济也变得更加糟糕，三个哥哥都从军了。所以，崔可夫也早早告别了学校，被迫远离家乡，到大城市去寻找工作。

崔可夫来到俄国首都彼得堡，首都对于他这个乡下孩子来说，是极其陌生的。他不得不谨慎小心，独自咬牙面对生活。

年仅 12 岁的崔可夫挖空心思、费尽周折才在彼得堡的喀山大街的彼得·萨韦利耶夫工厂谋得一份工作，那里有很多像他这样大的小孩。他的工作是制造一种沙皇军官使用的刺马针。从事这项工作的要求还不低，要求具备铁工厂的铸铁工艺，还要有手工工艺，工作条件也十分艰苦。

崔可夫对于能找到工作已经感到非常幸运，再艰苦的环境，对他来说也不算难事，因为他长期过着的就是艰苦的生活。

对于这项工作，崔可夫甚至还有着单纯天真的好感，因为他从来没有从事过这项工作。在他心里，也憧憬着有朝一日，自己也能穿上马靴，和那些来工厂参观的军官们一样驰骋疆场。他的从军梦或许就这样产生了。

1914 年 8 月，第一次世界大战爆发，沙皇俄国卷入战争。第二年，战争日益扩大，军队紧急扩军，国内大量青壮年都被召入伍，崔可夫所在的工厂也不例外。这家位居首都的工厂更是早早出现在官方的名单里，工厂里的青壮年工人都被强征到了前线，大多数人都有去无回。

崔可夫虽然侥幸没有被强征入伍，但是，工厂还要继续生产，甚至由于战争扩大，生产

▲ 崔可夫油画

◀ 年轻时的崔可夫

任务更重了，留在工厂的像崔可夫一样的未成年人和老年人的工作也就更加艰苦了。

工厂里的老板对工人的管理本来就很严格，如今，由于面对的只是些老头和儿童，他也就更加肆无忌惮地盘剥工人了。领班秉承老板的意志负责监督每一个人，如果谁的动作稍微慢了一点，他就将遭到严厉的毒打，还由此被扣掉工资。

崔可夫和其他人都非常气愤，年轻的崔可夫不甘被剥削压迫，他开始联合其他工友。由于工人的数量极度缺乏，领班和老板就有了一个弱点：如果大多数工人罢工，那么工厂就会倒闭，他们当然害怕这种情况发生。

崔可夫充分地利用了这一优势，并团结了其他工友。每当领班呵斥大家或逼迫大家必须在短时间内快速完成一批产品，那么，工友们就会团结而默契地放下自己手里的工具，以示抗议。他们操起手，瞪圆了双眼，狠狠地看着领班，袖手不干。

工人的团结让领班和老板无计可施，他们恶毒地看着工人，但又无济于事。久而久之，领班对工人们再也不敢像从前那样对工人拳脚相加，以及克扣工资了。崔可夫被这场胜利感动，这是他后来参加红军的原因之一。

▶ 崔可夫与妻子

1917年，俄国发生二月革命，沙皇尼古拉二世退位，罗曼诺夫王朝覆灭。穷孩子崔可夫对这一消息非常兴奋，在他心里，革命的种子早已播下了。崔可夫和其他穷孩子一样，被各种传单、禁书和政治小册子所影响，他们都认为万恶的封建制度应该灭亡。

1917年7月4日，崔可夫的朋友济明被反动士官杀害。这更坚定了他的革命思想。在参加一次反对资产阶级临时政府的一次盛大的示威活动中，年仅17岁的崔可夫亲眼看到好朋友济明被反动敌人杀害，倒在血泊中。这一事件又叫"七月流血"事件。

济明是崔可夫的同岁好友，是一个性格爽朗、精力充沛的人，有着灵敏的政治头脑。崔可夫一直很崇拜他。在生活和工作中，济明像亲兄弟一样关心崔可夫，经常给他讲做人和革命的道理，对崔可夫影响很大。

在经历了这些事情后，崔可夫有了理想，他希望未来能够摆脱剥削和压迫，过上美好的日子。

▶ 年轻时的崔可夫

No.2 军校尖子生

1917 年 9 月，彼得·萨韦利耶工厂倒闭了，崔可夫也就失业了。当时，彼得堡政治动荡，工厂大多数停业或倒闭。崔可夫找不到稳定的工作，他有了很多空闲的时间。这样的话，他就经常到三位哥哥服役的波罗的海舰队去。

波罗的海舰队是俄国革命的摇篮，在那里，有很多老革命在从事工作，那里的水兵都有着较高的思想觉悟。

崔可夫认为自己和波罗的海舰队的人是同一类人，所以很喜欢到这里来。在这里，崔可夫学到了很多，而且是好友济明不知道的很多东西。比如，崔可夫第一次了解到列宁的许多故事，并阅读了《共产党宣言》以及其他俄国进步书刊。

在工厂里经历"阶级斗争"的他很快就能理解这些内容。最后他懂得：劳苦大众要摆脱被压迫被剥削的地位，就必须在无产阶级的领导下，打碎旧的国家机器，建立新型的无产阶级革命政权。

所以，崔可夫打算结束打工生活，和他的几个哥哥一样去当兵。最终，崔可夫在喀琅施塔得当了一名水兵，并被编入水雷教导队。

俄国十月革命胜利后，水兵们被派往各地，执行苏维埃政府的各种任务。崔可夫与兄长伊里亚一起被派往萨拉托夫，警戒莫斯科至萨拉托夫铁路上的列车，保证将粮食运往俄国中部。这一工作使他第一次亲身体验了从军生活。

1918 年 2 月，新生的苏维埃政权受到反动势力的一次反扑。崔可夫家由于参加革命的缘故也惨遭富农、商人、官吏的报复，他家里的粮食被烧光，房屋遭焚毁，家中一贫如洗。崔可夫的父亲不得不写信给他的四个儿子，要他们回去帮忙。在兄弟们的努力下，崔可夫家才得以重建。

在这样严酷的国内形势下，崔可夫更加坚定了从军的愿望。家里情况好转后，崔可夫的三哥伊里亚在回军队复命时得知，莫斯科有个军事训练班，专从可靠的工人、农民中招收愿意当红军指挥员的人。三哥伊里亚马上写信给崔可夫，把这个消息告诉了他。

崔可夫十分激动，他觉得这是一个难得的机会。为了保障起见，他告诉他的同伴明金，明金也很想得到这个机会。他答应崔可夫，自己先去报名试一试，然后再告诉崔可夫行不行。明金到达莫斯科后，经过报名申请，被录取为红军军事教官训练班的第一期学员。

崔可夫知道后，马上打点行李，告别了自己的父母，与他另外两个伙伴一起带着"村苏维埃"开的"他们政治上可靠"的证明信，来到莫斯科军事教官训练班的驻地列福尔托夫。第二天，他们被正式录取为训练班学员，崔可夫被编入步兵第二班。

崔可夫进入训练班后，就写信给哥哥伊里亚，哥哥回信勉励他说："这就是彼得堡，革命的彼得堡，你应当锻炼好自己，投身到革命的洪流中去，成为一名真正的红军指挥员。"

崔可夫就像哥哥所说的那样，积极地提升自己，献身革命的紧张学习中。

学员的生活很有规律，起床、集合、早操、洗漱、早点名、再集合、用餐、上课、去射击场、练兵场，进行射击、操枪、白刃战、骑术等训练，一切都井然有序，严肃紧张。

1918 年，苏维埃俄国局势动荡，白匪军发动了暴乱，又发生外来武装干涉。训练班的成员们正面临着一场考验。为了给人们提振士气，每个星期天，训练班的学员们都要荷枪实弹，带上乐队，从列福尔托沃出发，浩浩荡荡地沿多沃耶环路、米亚斯尼茨基大街和待韦尔大街强行军。

1918 年 7 月，左派社会革命党人蠢蠢欲动，企图推翻新生的苏维埃政权。上级决定将训练班的学员集中到莫斯科附近的兵营——谢列布里亚内的树林里，进行野外演习，随时准备镇压左派社会革命党人的暴乱。

临行时，列宁亲切地接见了全体学员，他语重心长地说：只要劳动人民的先锋队——红军牢牢记住他们代表着并且捍卫着整个国际主义的利益，胜利就一定是属于人民的。崔可夫记在了心里。

7 月 6 日，左派社会革命党人发动反革命暴乱，杀害了德国驻苏联大使，占领了电话局、

▲ 崔可夫在讲解战术。
▼ 身着军装、挂满勋章的崔可夫元帅。

电报局，拘禁了数名重要苏维埃政府成员。学员接到命令，负责平息暴乱。

崔可夫被列入学员连 1 排，并跟随其他学员向敌人司令部推进。崔可夫心里未免有些紧张，但他还是勇敢地跟着学员们杀向敌人，并平息叛乱。他的胆量因此提高不少。

8 月 30 日，一名左派社会革命党敌人企图暗杀列宁。莫斯科军事教官训练班的学员再次出动平乱。此时，这名敌人正躲藏在一个别墅里的秘密指挥所中。几名学员进入别墅后，崔可夫和另外几名学员守在外面，突然围墙上出现一个陌生影子，崔可夫立马怒喝一声。对方正是目标敌人，他听到喝问声后扭头便跑。崔可夫当机立断，瞄准敌人，扣动扳机，终于成功击毙了这位谋划杀害列宁的敌人。

1918 年白匪军动乱，作为年轻指挥官，崔可夫和学员们赶赴南部战线。当时，崔可夫被任命为副连长，守卫一个村庄。

军队有规定，要学员们拿出实际成绩才能得到晋升。崔可夫知道只有拿出实际成绩，才能在士兵中获得信任。崔可夫仔细研究了所在连的战线情况，对战线的现状做了客观的分析。

　　一天清晨，崔可夫带领几个战士去附近一个村庄巡查防线情况，突然发现约150名白匪军偷偷向连所在地前进，意欲偷袭。形势紧急，在这紧要关头，崔可夫急中生智，决定趁敌人尚未察觉，抄到敌人的后面，夹击敌人。

　　崔可夫命令一名战士以最快的速度赶回连部，报告情况，同时召集附近哨卡的战士共22名，绕到敌人后方。

　　当敌人发动猛攻时，崔可夫部和连部两方夹击，打了敌人一个措手不及，最后，残余白匪军仓皇逃窜。

　　此役，红军共缴获各型枪支100枝、两辆双套马车、两挺"马克沁"式重机枪，俘敌38人，战果颇丰。崔可夫成功赢得士兵信任，被推选为连长。

　　南部战线稳定后，崔可夫和其他学院回到莫斯科。训练班除继续讲授军事课外，还向学员们讲授政治知识。不久，到过前线的学员们免试获得了"红军军官"证书，接着被分配到各地担任指挥员职务。

　　从此，崔可夫正式成为苏联红军的一名中级指挥员。

No.3　国内战争露锋芒

　　1919年春，一场更大规模的国内外反革命联合的武装进攻开始了。英、法、美、日等帝国主义国家纠集了一些仆从国组成新的干涉军，连同国内的几股白匪军，共集结了约130多万兵力，向年轻的苏维埃政权发动了新的进攻，企图把它扼杀在摇篮中。

　　18岁的崔可夫被任命为步兵第40团负责队列的副团长。1919年3月初，红军统帅部命令步兵第40团编入北方战役集群所属第2集团军第28师。

　　28师是一个有着光荣传统的师，取得了许多辉煌的战果。师长阿津是一位极为出色的指挥官。在红军中，盛传着他许多传奇的经历。白匪军对他非常恐惧。

　　崔可夫对阿津很崇拜，阿津不因循守旧，不拘泥于条令、条例，敢于打破传统的、已过时的东西，一言以蔽之，勇于创新。崔可夫后来回忆说道："当时处处都想模仿阿津。"

　　3月11日，白匪军第8师突入防线，对切尔内和奇斯托波尔构成了直接的威胁，那里积存了大量粮食。根据方面军的命令要求，步兵第40团立即拟订了行动计划：第2营、第3营赶往奇斯托波尔，以保护粮食；第1营加上新补的1个营前出至缅泽林斯克，到达切尔内与共产主义营会合，加强切尔内力量。

崔可夫安置团部后，马不停蹄地赶赴离敌人最近的共产主义营，以实地了解这个刚编入的营的人员组成情况，并进而摸清缅泽林斯克附近的地形情况。

而敌人方面，此时除白匪军第8师第32团占据着缅泽林斯克外，主力还离得很远。

崔可夫发现这一情况后，认为步兵第40团如果与熟悉缅泽林斯克地域地形的共产主义营密切配合，在白匪军第8师主力赶到之前出其不意地进攻缅泽林斯克，定能获得成功。如果等到敌人主力到位，要想夺取缅泽林斯克就困难多了。

崔可夫马上建议步兵第40团和共产主义营稍加休整，即于当晚向缅泽林斯克进发，夺取缅泽林斯克。但是，团长却不同意，他认为集团军司令和28师还没有下令，崔可夫是自作主张，擅自行动。最后，在团政委的支持下，团长终于同意崔可夫的意见。在行军途中，阿津师长也支持崔可夫，并指派其他部队配合崔可夫。

▲ 崔可夫在研究战术。

▶ 崔可夫（右）与苏联科技人才在一起。

敌人万万没有料到红军的出现，一时措手不及，仓皇逃跑，缅泽林斯克顺利回到红军手中。崔可夫又利用突发情况，并把握机会，获得了一次成功。

切尔内的粮食已安全运抵其他地方。但是，奇斯托波尔的许多粮食仍没有运出。敌人发起了更猛烈的攻击。

战斗十分艰苦，阿津师长指挥第28师，挫败了敌人的多次猛烈进攻。战斗进入白热化，红军内部出现叛乱，严重干扰了第28师。崔可夫所在团也出现叛乱。崔可夫的生命甚至受到威胁。

最终，崔可夫——克服了困难，完成了任务，并得到了师长阿津的高度表扬。5月4日，崔可夫被宣布成为布尔什维克党正式党员。

不久，部队调整。第40团改番号为第43团，调离第28师，转属第5师。在28师中，崔可夫从阿津师长身上学到了很多：比如，善于灵活地实施迂回、包围；在远离自己的战线时敢于实施快捷的机动、迅猛的冲击，敢于前出到敌人的翼侧和后方；敢于迅速果断地迎敌，与敌展开肉搏战。

调整后的第43团在向乌拉尔推进时，有人报告崔可夫，一股白匪军在萨拉宁斯克一带强征青年壮丁，扬言不应征，就把所有青年都杀光，并烧掉村镇。

崔可夫听到群众的控诉，义愤填膺，怒火中烧，当即决定驰援当地群众。

他带领一支由骑兵侦察队、1个步兵营和1个机枪班组成的快速支队，赶往该地。

敌人见红军赶到，立马点燃居民住宅。崔可夫部不得不先组织救火。敌人退后至村河对岸建筑工事，并使用炮击，狂轰滥炸红军和无辜群众。

▲ 1955 年时的崔可夫

　　团主力未及时赶到，崔可夫不得不先投入战斗。崔可夫命令乐队奏起《同志们，勇敢地向前》的乐曲，河对岸的敌人不知发生何事，纷纷从工事中爬了出来。崔可夫见势，急令掷弹炮班、机关枪班猛烈扫射敌人，敌人死伤半数。

　　同时，红军战士在火力掩护下跃入水中，急速向对岸游去，发动冲锋，打退了敌人，拯救了群众。

　　红军是正义之师，深得群众拥护。乌拉尔地区的工人、农民纷纷起来与白匪军作斗争，他们或拿起武器，或为红军当向导、搜集情报，或提供粮食、马草。他们不给白匪军一粒粮食、一把马草，红军部队进攻进程大大加快。

1919年2月14日,波苏战争爆发。至5月6日,波军占领基辅,并与白匪军串通一气,企图推翻苏维埃政权。许多富农也蠢蠢欲动,准备推波助澜。

1920年4月29日,苏俄政府在西部战线的西方面军向华沙方向反击。崔可夫团所在的步兵第5师调入西线后,编入第15集团军,崔可夫任团长,第43团的任务是迅速在戈罗杰茨地域集结,夺取列佩利市。

敌人挖掘了数条很深的堑壕,并设有几道铁丝网,准备顽固抵抗。铁丝网对于崔可夫而言是一个难题,第43团的火炮有限,无法对铁丝网产生冲击。他苦思冥想,寄希望于爆破力较强的2.25公斤重的诺维茨基型手榴弹。

不过,全团只有崔可夫一个人会这种手榴弹。崔可夫只有亲自担任教练,在训练中,崔可夫发现手榴弹落在地上后对铁丝网的破坏非常有限,最后,他用了一个办法:在手榴弹上系上一根1米左右的细绳,并绑上一个铅锤,手榴弹一旦扔出去,就可以挂在铁丝网上,这样就大大增强了手榴弹的破坏力。

5月13日晚,崔可夫团进入阵地,但只有一支炮兵连到达指定位置,其他的炮兵连都没有到达指定目标,如果等到天亮,崔可夫团将不得不暴露在敌人面前。

在危险时刻做果断决策一直是崔可夫的本领。崔可夫先让一只炮兵连猛烈攻击敌人的第二道防线,待第一道防线敌人乱了阵脚后,一颗颗诺维茨基型手榴弹在铁丝网上开花,炸开了一条条通道,红军不费吹灰之力就打开了敌人的第一道防线,赢得了主动。

见形势极为有利,崔可夫催动战马,挥舞马刀,在敌群中奋勇冲杀。政委卡塔列夫、连长科兹洛夫均应声倒下,崔可夫的马也被敌军击中,正危机时,一队红军及时赶到。最终,步兵第43团顺利攻占列佩利市。

7月4日,西线司令图哈切夫斯基发出了以华沙为目标的总攻命令。波兰受挫后,立即向协约国最高委员会求援。英国要求苏联停止推进,并加快武装波兰军队。协约国还派遣一个军事代表团,专程赶到华沙。波兰军队得到协约国源源不断的财政、武器装备的援助,纠集了大量预备队。

红军不久后遭遇失利,崔可夫团不得不撤退。苏维埃政府于1920年8月17日与波兰在明斯克举行了和谈。

1922年,苏联红军在粉碎了国内反革命的反扑和外国武装干涉者的进攻后,国内局势开始稳定下来。

No.4　中国情缘

国内局势稳定后，23 岁的崔可夫决定"弃官求学"。8 月，崔可夫进入苏联最高军事院校——工农红军军事学院学习。

1924 年 4 月 19 日，伏龙芝元帅受命担任该院院长。1925 年，为纪念刚刚逝去的伏龙芝元帅，学院被改名为伏龙芝军事学院。朱可夫、华西列夫斯基等苏军的许多高级指挥员都是由这里培养出来的。

崔可夫在学院中学到了很多东西。学院中的老师和专家都是全苏联最顶尖的。作为一名军事指挥人员，崔可夫认识到不仅要成为战役战术的执行者、创造者和组织者，更应该是一个教育者，要用心灵去感召自己的士兵，培养他们的爱国主义情操和勇于为祖国、人民去战斗和牺牲的精神。

崔可夫毕业后，由于学习成绩优异，政治素质过硬，军事学院决定将他留在东方系中国部继续深造。汉语的学习使他认识到了中国，对于中国革命的前途与命运产生了强烈的兴趣。

1926 年，崔可夫作为一名实习生，充当外交随员，前往中国。这是崔可夫一生中数次赴华经历的第一次。这一次初访中国，使得崔可夫认识到中国复杂的社会政治现实和受苦受难的中国人民，他认为中国应该像苏联一样发起革命。

1927 年秋，崔可夫在伏龙芝军事学院东方系毕业，崔可夫第二次来华，并担任军事顾问。崔可夫开始全面了解中国的革命现状，他认为中国共产党比中国国民党更有希望拯救中国。

1929 年，中苏由于"中东铁路"问题产生纠纷。8 月，张学良的东北军与苏联远东集团军产生对峙，崔可夫被派集团军参谋部从事情报的收集、整理工作。

不久，东北军与苏联军队发生激战，东北军失利。崔可夫在战争中第一次看到步兵坦克协同作战所具有的无穷威力。他之后参与苏军装甲和机械部队的组建，在推广新的军事技术、新的军事理论和战略战术方面做了大量工作，对于推广新的战役战术理论也作出了重要贡献。

1939 年，德国入侵波兰，继而占领法国，苏德战争难以避免。为防止苏联陷入两面夹击，苏联一方面与日本签订合约，另一方面则大力支援中国的抗日战争，以拖住日本。

除此之外，苏联政府决定派得力的军事人员前往中国。于是，崔可夫被选中派往中国，担任蒋介石的总军事顾问。

崔可夫到中国不久，蒋介石就提出了一个从整体上逐步限制和消灭八路军及新四军的方案。1941 年 1 月 6 日，爆发了震惊中外的"皖南事变"。

崔可夫知道后，非常同情中国共产党，但他的任务是促进国共合作、统一抗日。夹在中间的崔可夫只能通过有限地对国民党政府施加压力，以阻止内战的爆发。"皖南事变"使崔可夫对国共两党关系的实质有了更深的认识。

崔可夫还有很多工作要完成：除了探明蒋介石对抗日的真实态度，还有日本在 1941 年的作战计划。他着手建立了一个可靠的情报机构，并与周恩来建立了一定联系。

就任蒋介石总军事顾问期间，崔可夫制订过不少军事计划，但这些计划往往难以得到蒋介石的认同，只有部分意见为蒋介石吸取。

1941 夏，希特勒进攻苏联的迹象越来越明显，崔可夫开始调查日本下一阶段的攻击目标是谁？从之前的调查看，日军在中国东北地区把汽车涂上一种特别颜色，进行进攻苏联的伪装准备；日军正从中国华北经大连调往满洲；大批技术装备，其中包括坦克正调往汉城等，似乎都在证明日军会北上夹击苏联。

但是，综合分析各种来源的情报后，崔可夫判断日军南进的可能性大于北上，原因就在于日本没有足够的战争支援，而东南亚地区防御空虚，比起苏联远东更容易攻击。加上，日本占领了广州、海南岛、海防港等，为进攻东南亚提供了大后方。

1941 年 3 月，一架载有日本海军将领的飞机在广东失事，日本海军将领的全部文件落到了国民党手里，崔可夫费尽努力，终于将文件弄到手，证实了日本准备以海南岛、海防港作为军事基地南进的战略计划。不久后，苏日签署中立条约，苏联远东危机解除。

1941 年 6 月 22 日，法西斯德国开始实施巴巴罗萨计划，入侵苏联。

不久后，日本偷袭珍珠港，太平洋战争爆发，美国不得不参战。中国战场日趋重要，英美等西方大国开始帮助中国抗日，美国政府任命史迪威为中国战区总参谋长。

此时，身处重庆的崔可夫说："我认为，在这种局面下，我作为总军事顾问在中国已无事可做……我想回国投入我国人民抗击希特勒的战斗。"

1942 年 3 月，崔可夫应召从中国返回苏联。

No.5 斯大林格勒大血战（一）

1942 年，法西斯德国的铁蹄依然在苏联大地上肆虐。经过苏联军民的艰苦抵抗，终于在莫斯科保卫战中挫败了德国的闪电战攻击，苏军开始稳住阵脚。但德国不会善罢甘休，希特勒正在酝酿一次更大的攻势。

▲ 晚年的崔可夫

1943 年 3 月，德军最高统帅部决定放弃全面进攻、以一次战役摧毁红军主力的计划，而准备将大部分兵力集中于南线，那里有高加索油田、顿涅茨盆地的工业区、库班的小麦产区，还有伏尔加河畔的斯大林格勒。

希特勒所要达到的目标有几个：一是使苏联失去继续战争所迫切需要的石油、粮食和武器装备；二是为德国的战争机器夺取石油和粮食，来填饱德军的肚子，发动德军的坦克、飞机和汽车。东西线两线作战的德军，迫使德国必须获得更多的战争资源。

德军组建了一支包含其他轴心国部队的总计拥有 97 个师、90 万人、1200 辆坦克、1.7 万余门火炮和迫击炮、1640 架飞机的实力雄厚的"南方"集团军群。"南方"集团军群下辖南、北两个集团军群——"A""B"集团军群。

而希特勒要实现最终目的的关键，就是攻占斯大林格勒，使其无法成为连接石油产区、小麦产区、工业国的交通枢纽和工业中心。

同时，攻占斯大林格勒还具有十分重要的战略意义，它是苏联中央地区通往南方重要经济区域的唯一交通咽喉，同时，这所由斯大林名字命名的城市，也是苏联的象征。这样，苏德双方在保卫和争夺这座城市中，展开了一场历时 200 天的大血战。

7月12日，苏联统帅部成立斯大林格勒方面军，方面军以第62、第63、第64、第21集团军为第一梯队，以第57、第28、第38集团军为预备队，计划通过顽强的防御削弱并阻止德军进攻集团，不让它进至伏尔加河。此时，崔可夫被任命为第64集团军司令员。

第64集团军先遣支队自7月17日与敌军交火以来，未能顶住敌人的进攻。到7月27日，敌军已经攻占第64集团军的主要防御地带——顿河。

敌军攻势凶猛，第64集团军危机四伏。同时，由于时间问题，不少部队未能及时赶到预定的防御位置。在敌我悬殊的情况下，崔可夫不得不避敌锋芒。经过3天激战，第64集团军的右翼部队被迫后撤。

在几天的激战中，崔可夫总结了经验与教训。他发现德军步兵所使用的冲锋枪性能好、火力强，步坦协同、空地协同都很好。但是，德军也有许多弱点，他们的火炮和迫击炮射点散乱，且多集中于前沿，缺乏火力机动；冲击时不但必须配合，而且还得空中支援，步兵一旦失去坦克和飞机的协同就寸步难移了。因此，只要打破德军的空中优势，形势就将有利于苏军。

7月28任，斯大林发出第227号命令，命令的主要内容就是：一步也不能后退。斯大林的命令大大激发了全军上下的斗志。

此时，第64集团军和整个斯大林格勒方面军的左翼已逐渐被敌人从南面包围。崔可夫受命赶到南部地段调查情况，发现此地部队松散，导致防御空虚。经过两天整顿，崔可夫将守军组成独立的"崔可夫战役集群"。

德军的坦克第4集团军正从南面扑向斯大林格勒。苏军决定，第64集团军转向南方，迎击德坦克第4集团军，"崔可夫战役集群"从南面掩护第64集团军的行动。

8月5日，德军飞机开始对沿阿克赛河的苏军发动猛烈的轰炸，"崔可夫战役集群"要求拼死守住阿克赛河沿岸的阵地。

崔可夫对德军的闪电战术已经有了相当的了解，决定破坏德军的进攻。第二天天刚亮，在德军飞机还未启动时，苏军两个师的炮兵便对德军集结的兵力发动猛烈轰击，德军损失惨重。

8月7日，德军再次猛攻，并推进5~6公里，崔可夫决定在日落前两小时敌机活动减少、敌兵已经过河、坦克尚在对岸时，发动反冲击，将敌人赶回阿克赛河。最终，崔可夫的反冲击计划获得成功。

经过一个月的激战，德军整体只推进了50~70公里，每小时也就百余米，进展十分缓慢。希特勒开始改变策略，从西面实施突击，从南面夺取斯大林格勒，包围在城西和城西南地域的苏军。德军准备以第6集团军和第4集团军对斯大林格勒发动强大的"钳形攻势"。

苏军最高统帅部决定命部队退守到斯大林格勒外层围廓，严阵以待。

No.6　斯大林格勒大血战（二）

9月3日，敌军距离斯大林格勒仅有3俄里（1俄里≈1.0668公里）。9月10日，德军第6集团军和第4集团将很有可能会师，德军已经占领了沃罗波诺沃车站，这里是苏军第62、第64集团军的接合部。德军在这个方向突击成功，将给苏军带来严重后果。

不久，崔可夫改任第62集团军司令员坚守这最后10公里。担当重任的崔可夫立下决心：要么守住城市，要么就战死在那里！

崔可夫发现德军在发动战役性进攻时，通常采取两个楔子先突入苏军的防御纵深，然后在某一地域会合，合围或迫使对方撤退。德军因为有航空火力、坦克火力，因此能够很快插入楔子。但是，这种钳形攻势有一个弱点，那就是一旦苏军用顽强的防御和反冲击遏制或消灭其中一个楔子，德军的战役企图就会被打破。

在战术运用方面，崔可夫发现德军有一套固定模式：即先用航空火力、火炮猛烈轰炸苏军阵地，压制并摧毁苏军火力，随后，坦克发起冲击，待坦克接近攻击目标时，步兵跟进发起攻击。他认为，只要打乱敌军的进攻序列，使其首尾不能相顾，就能比较顺利地瓦解德军的进攻。

德军的空军优势一直使苏军心有余悸，甚至产生恐惧心理。崔可夫为此采取了近战和混战等战法，尽量地靠近敌人或使敌军前沿与苏军前沿交错混杂。

崔可夫一到任就投入了紧张的工作。摆在崔可夫面前的形势是十分严峻的，德军第6集团军和第4集团军正虎视眈眈，要吞下第62集团军这颗"眼中钉"。

由于第62集团军一直处在第6集团军的主攻方向，伤亡损失很大，集团军士气低落，甚至出现师级部队擅自后撤的严重违纪现象。因此，崔可夫命令党组织和政治部必须尽一切办法，使得每个战士、每个指挥员认识到保卫斯大林格勒的重大意义。

为了增强防御能力，崔可夫立下军令状：一步也不能后退。此外，崔可夫还下达了完善反坦克防御阵地，改造市区建筑物使之适应巷战要求等命令，使防御体系有了很大改善。

9月13日凌晨6点30分，德军发动第一波进攻。62集团军的左右两翼以及中央都遭到袭击，战斗持续整整一天，德军不断投入新的预备队，德军火炮和迫击炮实施了极其猛烈的射击，德机则在战场上空反复轰炸。第62集团军防线中央的苏联红军蒙受了巨大损失。

第二天凌晨3点，崔可夫向各部队下达了反冲击命令，第62集团军的炮弹铺天盖地地倾向德军阵地，但没有取得多大进展，经过一天的激战，许多德国的冲锋枪手已渗入了市中心的许多建筑物。战斗进入了巷战阶段。

战斗一开始，形势就对第62集团军极为不利。车站附近和米宁城郊的战斗异常激烈。一天之内，车站4次易手。经过两天激战，德军伤亡达8000~10000人，被击毁坦克54辆。第62集团军的人员、装备也蒙受了巨大损失，并且被迫后退了。血染红了伏尔加河，染红了城市的街道和公园。

从此，德军开始谨慎作战。崔可夫认识到，在城市的废墟上歼灭敌人，比在伏尔加河和顿河之间的大平原上要容易得多。

9月16、17日激战更加激烈。德军补充兵力后，发动了连续不断的进攻，马马耶夫岗、火车站附近的战斗尤为残酷。成吨重的炸弹、203毫米口径的炮弹轰炸着马马耶夫岗。火车站的争夺战持续了一周之久，15次易手。很难说清楚，哪些街道或者哪些街区曾易手多少次。为了减缓62集团军的压力，苏联其他军队不断对德军实施突击，力图分割德军。德军则不断集结兵力，多次阻住了苏军突击群的突击。

经过一个星期的巷战，崔可夫对城市防御有了许多实战经验。针对街头堡垒战分散、多样的特点，崔可夫要求各级指挥员不要为一些条例、制度束缚，要充分相信自己的士兵，给他们以充分创造的自由；各级部队可以组织人数不等的突击小组，甚至"单人堡垒"，作为新的战术单位。由于采用了机动灵活的战术，随时随地攻击敌人，迫使敌人日夜不得安宁，这样就大大分散了敌人的兵力，并杀伤了大量敌人。

德国将军汉斯·德尔在《进军斯大林格勒》一书中写道：

"战争从草原开阔地转到被大大小小沟壑分割的、有许多小树林和山谷的伏尔加河沿岸高地，转到斯大林格勒的岗峦起伏、坑洼不平的工厂区……敌我双方为争夺每一座房屋、车间、水塔、铁路路基、甚至为争夺一堵墙、一个地下室和每一堆瓦砾都展开了激烈的战斗。其激烈程度是前所未有的，甚至第一次世界大战也不能相比。"

"在伏尔加河右岸与敌人决一死战"的口号，已成为在斯大林格勒战斗的每一个红军战士的誓言。每一个坦克手、每一个步兵、每一个炮手和每一个工兵都懂得：斯大林格勒的土地，哪怕交出一米都是犯罪。

在斯大林格勒市处于最危险的时刻，崔可夫从未想过离开市区，撤到伏尔加河对岸，甚至伏尔加河中的某个岛屿。

崔可夫还指示集团军司令部成员，不要呆在自己的指挥所里，要经常到师、团的观察所去，去坑道与战士们亲切交谈，去告诉他们：将军们、军事委员会的成员们，没有离开他们，而是与他们一起战斗。

10月14日，希特勒向德军发布命令：除斯大林格勒方向以外，在整个苏德战线上转入战略防御。德军大势已去。

苏联炮兵连排长瓦·弗·弗拉基米罗夫中尉回忆说："10月14日那个晴朗的早晨是从一阵山崩地裂声中开始的，这是我们在以往的战斗中从未遇到过的。上百架飞机在空中嗡嗡地盘旋，到处响着炸弹和炮弹的爆炸声。"

德军上等兵瓦尔特描述说："斯大林格勒简直是地球上的一座地狱；是另一个凡尔登，有新式武器装备的红色凡尔登。我们天天进攻，即使我们早上攻占了20米，可是一到晚上，俄国人又夺了回去。"

虽然，德军不断投入兵力，但战事进入11月后，德军继续攻打斯大林格勒已不再可能。

在伏尔加河沿岸的狭窄地带防御达3个月之久的第62集团军采取了灵活的强击战术，使防御纵深成功向前推进了100米。

11月18日，斯大林格勒方面军电告崔可夫，红军将转入反攻，围歼斯大林格勒地域的敌人。

12月12日，曼施坦因发动了"冬风计划"行动，准备驰援被苏军围困的德军第6集团军，但为时已晚。

1943年1月31日，德军第6集团军司令保罗斯成了苏军的俘房。崔可夫率领的第62集团军在战斗中担负着市区防御的主要任务，与数倍于己的敌军斗智斗勇，出色地完成了守卫斯大林格勒的任务。

苏联最高统帅部为了表彰第62集团军的卓越战功，授予它列宁勋章，并命名"近卫"称号，并将其改编为近卫第8集团军。崔可夫因此获得"苏联英雄"称号。

▲ 崔可夫在前线指挥作战。

No.7　助力库尔斯克

　　德军在斯大林格勒会战中惨败后，一向狂妄的希特勒与德国统帅部不甘心失败，并谋划着一次关键的战役，力图扭转整个苏德战场的局势。德军精心策划之后，拟订了代号为"堡垒"的进攻计划。这就是著名的库尔斯克会战。

　　德军的进攻企图是：自北面奥廖尔和南面别尔哥罗德向库尔斯克突出部根部实施向心突击，围歼苏军中央方面军和沃罗涅日方面军，攻占库尔斯克，尔后向西南方面军后方突击。

这是德军的扭转颓势的最后一搏了。为此，德军集中了"中央"集团军群所属第 9 、第 2 集团军和"南方"集团军群所属坦克第 4 集团军、"凯姆普夫"战役集群，共 50 个师，另外约有 20 个师准备在突击集团翼侧行动，第 4、第 6 航空队进行空中支援。

为了保证突击成功，希特勒给突击集群装备了大量"虎"式、"豹"式坦克及"斐迪南"强击火炮，准备依靠这些新式武器给苏军以致命的一击。

苏军最高统帅部在得知德军企图后，指示中央方面军、沃罗涅日方面军、草原方面军在库尔斯克突出部转入有组织的防御，粉碎德军的进攻企图。相邻的几个方面军则应转入不停的进攻，使希特勒统帅部无法加强库尔斯克方向的部队。

1943 年 7 月 5 日，苏联库尔斯克方面军先发制人，在德军实施突破之前实施了强大的炮火袭击，德军被迫推迟两个半小时才发动进攻。

德军在库尔斯克发动大规模进攻后，苏军最高统帅部下达新指令：利用希特勒主力部队被牵制在库尔斯克附近的机会，向顿巴斯发动进攻。

担任这一任务的是近卫第 1 集团军以及崔可夫的近卫第 8 集团军。近卫第 1 、第 8 集团军的任务是：强渡北顿涅茨河，歼灭敌顿巴斯集团。

崔可夫军作为第一梯队，位于主突方向上。近卫第 1 集团军则把步兵第 33 军加强给第近卫 8 集团军。毋庸置疑，顿巴斯的战场和库尔斯克的战场紧密相连。

在进行一场战斗开始前，崔可夫一定会对战场的各个方面情况了解清楚。崔可夫发现，德军早在 3 月就开始在北顿涅茨河河岸构筑三道堑壕。掩蔽部和土屋式掩体每平方公里有 9 个。总而言之，敌军经过几个月的精心准备，已在北顿涅茨河筑有坚固的防御阵地，又有天然屏障可以依靠，易守难攻。

7 月 17 日 4 点 50 分，近卫第 1、第 8 集团军的飞机和炮火对敌军阵地发起猛攻。太阳还没升起，朝霞与地面的火海交相辉映，极为壮丽，似乎预示了苏军此战的顺利。

趁着浓密的浓烟还未散去，近卫第 8 集团军先遣部队登上大舢板向对岸的敌人发起猛扑，与敌人展开肉搏战。到上午 8 时，各先遣营占领了第一、第二道堑壕，为掩护后续部队渡河创造了极为有利的条件。但是，当先遣部队向敌军纵深推进时，集团军的炮兵无法对部队形成有力支援。敌人航空兵加强了对渡口的突击，而先遣部队的弹药越来越缺乏，这些情况，使得进攻难以推进。

崔可夫开始总结原因，他抓住了一名德国士兵，从对方嘴里，他了解到德军早在苏军进攻前 5 天，就已经知道了苏军突击的大概方向。同时，德军获悉苏军在顿巴斯发起突击后，希特勒就从库尔斯克调来 6 个师，建立了纵深梯次防御。

不过，从另一方面来说，崔可夫的第一次进攻失利，使得库尔斯克方向的德军兵力外调，完成了预定的战略目标。

当然，此时，加强后的德军对于崔可夫是一个十足的威胁。7 月 18 日，近卫第 8 集团军的突击依然没有起色，各部队的推进都遭到了强势的阻击。

顿巴斯的战场没有起色，在库尔斯克突出部的布良斯克方面军和中央方面军，此时的战斗也极为激烈和胶着。最高统帅部再次强调：近卫第 1、第 8 集团军必须克服一切困难，对敌人发起不间断的进攻，尽最大努力牵制更多的敌人。

7 月 20 日，近卫第 79 师占领戈拉亚多利纳镇，即秃山谷，遭到德第 17 装甲师的反扑。戈拉亚多利纳镇的许多建筑物几经易手，许多房屋在坦克和炮火的攻击下，成为一片废墟。苏德双方损失惨重，秃山谷一时成为"死亡之谷"。

近卫第 8 集团军虽然顽强奋战，一边反击敌人的反扑，一边扩展登陆场，但仍然未能达到预想战果，最后不得不暂停进攻。损失惨重的苏近卫第 8 集团军暂时撤至第二梯队。

方面军统帅调来第 6、第 12 集团军接替了崔可夫军，但是即使是两个集团的猛攻还是毫无成效。

崔可夫对 3 个集团军接连遭受的失败作了认真分析，认为苏军失利最根本的原因在于：进攻没有达成突然性，犯了兵家之大忌。不管是近卫第 8 集团军还是其他部队的行动都完全暴露给了敌人。在充分认识到这一点后，崔可夫立即拟订了实施机动、改变突击方向，以达成进攻突然性的新的进攻计划。

崔可夫放弃了对近卫第 8 集团军正面的整个地带实施分散突击的计划，主张把突击集中在一个狭窄的地段上，楔入德军防御纵深约 8 ~10 公里，为机械化军投入战斗创造条件。

8 月 22 日，崔可夫一声令下，发动总攻。苏军的强击机中队迅速扑向敌军阵地，近卫第 28、29 军发动猛攻，敌人完全没有想到苏军会突然发动进攻。

其他各部见时机成熟，迅速向前推进，很快占领了敌人的第一、第二、第三道堑壕，只等着机械化军快速插入，就可大举歼灭敌顿巴斯集团。战机稍纵即逝，崔可夫打开的口子可能一下被敌人闭上。没想到，机械化军军长已经中弹身亡，时机很快错过。

第二天，德军又调来一支新的预备队，使得受威胁的地段得到了加强。德军将可能派往库尔斯克战场的顿巴斯的其余兵力全部投入战斗，崔可夫得以消耗更多德军。

苏近卫第 8 集团虽然没有获得全部成功，但为库尔斯克会战的胜利创造了最佳条件。库尔斯克会战的胜利，使得苏军得以掌控苏德战场，完全得到了战略主动权。此后，苏军直捣德国本土，再无阻碍。

No.8　挥军柏林

1945 年 4 月 21 日，经过一年多的作战，苏军一路把德军赶出苏联、东欧，并合围了德国首都柏林，最后的胜利近在眼前。

而崔可夫和他的战友们从保卫斯大林格勒到强渡北顿涅茨河，从强渡第聂伯河到解放敖德萨，从德涅斯特河登陆场到维斯瓦河，直至最后挥军柏林，为苏军的胜利作出了极大的贡献。此时，骁勇善战的近卫第 8 集团军将与其他红军分享攻占柏林的喜悦。

崔可夫接到朱可夫的命令后，开始从南面收紧柏林合围圈。此时，近卫第 8 集团军的许多部队已经楔入柏林市区。4 月 23 日，近卫第 8 集团军开始在达米河以西的城区与敌人展开激战。

德军利用熟悉地形的有利条件，经常躲在地下室，从苏军背后牵制、袭击苏军，给进攻部队造成了很大威胁。崔可夫指示各部队成立后方警卫队，专门对付埋藏在苏军后方的敌人，取得了很大战果。

4 月 24 日，苏近卫第 8 集团军向敌人发起全线进攻，并与乌克兰第 1 方面军顺利会师，成功将柏林分割成两个部分，破坏了德军的统一指挥。

随着苏美两军在易北河会师，柏林成为希特勒最后一个"堡垒"。但希特勒仍然十分狂妄，誓要与帝国共存亡。为了保住柏林，希特勒不断将部队调往柏林。

苏军连续不断地攻击，把德军挤压在越来越狭小的地域。但是，在狭小的地域中，德军的密度越大，苏军遇到的抵抗也越来越强。

在苏近卫步兵第 28 军的进攻地带，藏身于亨里赫·冯·克莱斯特公园中一座拐角大楼里的德军，十分疯狂，他们不断地射杀德国居民，残杀妇女儿童，依托强大的火力使苏军难以靠近。崔可夫当机立断，命令独立工兵第 41 旅的背囊式喷火器分队迅速开往该地，以压制敌军的射孔、地下室窗口等，但未取得实效。

正在此时，喷火手列兵波波夫英雄虎胆，孤身一人冲向大楼，用一捆手榴弹炸开大门，并以迅雷不及掩耳之势冲入楼内，用喷射枪猛烈扫击敌人，为其他战士赢得时间，救出了德国无辜居民。

4月27日，苏近卫第8集团军进逼希特勒最后一个堡垒——蒂尔花园区，这里聚集了帝国办公厅、国会大厦、希特勒大本营。

德军构筑了极为坚固的阵地，为了守住这一核心地区，党卫军最精锐部队驻守这里。虽然蒂尔花园区已经是四面楚歌，但疯狂的纳粹士兵并不会轻易投降，崔可夫只能强攻歼灭之。

为了一举拿下蒂尔花园区，崔可夫广泛地听取了各军军长和各指挥员的建议，并亲自到前线勘察地形。地域日益狭小，炮兵的行动必须十分谨慎。崔可夫要求东、南、西、北方向的炮兵，必须密切协同；步兵在冲击时，应尽量以小规模部队行动，以免被敌人大火力杀伤。

战斗到了尾声，部队也出现了一些消极懈怠的情绪，为了打好这最后一战，崔可夫严令共产党员、共青团员必须起模范带头作用。

一切准备就绪后，4月28日，崔可夫一声令下，近卫第8集团军扑向蒂尔花园区前的兰德维尔运河。

苏近卫第8集团军的猛烈攻击，很快就碰到了第一个困难。隐藏在小巷内和十字路口拐角的德军机枪火力的疯狂扫射，使苏军一线冲击部队损失很大。

崔可夫经过细心观察，决定也从侧翼突袭敌军侧射火力。但是，炮兵在对运河旁的纵深目标射击时遇到了困难。崔可夫只能集中可实施隔屋射击的迫击炮，来压制敌人，并取得了一定效果。

由于敌军火力太猛，坦克多次尝试着想冲过兰德维尔运河拱桥，都未能成功。崔可夫便利用步兵，突击拱桥，力图扫除敌军的火力发射点。后来，战士们突发奇想，在坦克上挂满发烟罐，冲抵拱桥附近，迅速燃发烟罐，使敌人一时慌乱。坦克兵利用这一机会，迅速冲过拱桥，并联合与步兵消灭了对岸的敌人，打破了党卫军的防御。

4月30日，苏近卫第8集团军和其他集团军将负隅顽抗的敌人团团围住，党卫军气数已尽，希特勒自杀。

次日凌晨3点55分，德军陆军参谋长克莱勃斯将军带着他的参谋部和翻译走进了苏近卫第8集团军的前沿指挥所，代表德国进行谈判。

此时，克莱勃斯还想与苏军再作周旋，试图让苏联同意关于组织了新政府才能谈判停战的论调，企图与苏联单方面媾合，以此分裂盟军。

崔可夫充分发挥他在外交生涯中积累的经验，与克莱勃斯巧妙周旋。

9 点 45 分，苏联发出最后通牒：德军或柏林守军必须彻底投降。如果拒绝投降，苏军将在 10 点 40 分开始对城市实施新的炮火准备，以彻底打消他们再作抵抗的任何念头。

克莱勃斯不得不回到地下掩蔽部，与戈培尔等人商讨对策。戈培尔得知后，不再抱有希望。他毒杀了自己的 6 个小孩，并自杀身亡。不久，克莱勃斯也自杀身亡。

同时，苏军对帝国办公厅、政府街区和国会大厦的攻势越来越猛烈，并取得了巨大战果。

5 月 2 日，在崔可夫指挥部，德军柏林城防司令魏德林签署投降令。

5 月 9 日，德军最高统帅部代表同意签署无条件投降书，崔可夫参加了苏联一直渴望已久的受降仪式，成为柏林纳降第一人。

No.9　战后担重任

1945 年 5 月 9 日，红场的 1000 门火炮齐鸣 30 响，庆祝苏联红军取得举世瞩目的伟大胜利。这一天也被苏联政府宣布为苏联全民的节日——胜利日。

6 月 24 日，苏联政府举行规模宏大的阅兵式，崔可夫作为这一群体中的杰出代表参加了这一盛典。

第二天，克里姆林宫举行招待会，崔可夫接过斯大林递过去的斟满酒的酒杯，与斯大林举杯一饮而尽。这似乎预示着斯大林将继续重用崔可夫。

德国投降后，苏、美、英、法四国在这块土地上成立了盟国管制委员会。1945 年 6 月 10 日，驻德苏占区的苏军部队被统编为苏军驻德占领军集群。11 月，索科洛夫斯基任总司令，崔可夫任第一副总司令。1949 年 3 月，崔可夫升任总司令。

1948 年初，西方国家决定建立西德后，索科洛夫斯基随即封锁了苏占区与西德的大部分交通联系。1948 年底，柏林分裂，加速了西德的成立，同时，西方成立北约组织，对抗苏联。西方世界与苏联的对立已不可避免。

1949 年，苏联政府改变策略，崔可夫开始缓解柏林危机。

5 月，各占领区解除封锁。苏联恢复柏林与德国西占区、德国东占区与西占区之间的运输、交通与贸易；恢复柏林 – 马格德堡 – 赫姆斯特之间的铁路交通；恢复柏林 – 杜肯多夫桥 – 赫姆斯特之间的汽车运输等。

5 月 12 日，柏林危机解除，但德国分裂已成定局。崔可夫作为苏联驻德代表，参与筹集了德意志民主共和国，即东德。9 月 21 日，德意志联邦共和国政府成立。10 月 7 日，德意志民主共和国成立，10 月 10 日，威廉·皮克当选为德意志民主共和国总统。

崔可夫发布声明：苏联政府认为，建立分立政府是对波茨坦决定的重大违反，是在加深德国的分裂。在这种情况下，苏联政府决定支持德国人民委员会关于实施德意志民主共和国宪法和成立临时政府的决定，并把属于苏联军政府的行政职权移交给德意志民主共和国临时政府。

崔可夫又成立了德境管制委员会，并任主席。由于采取了比较机动灵活的外交策略，崔可夫在一定程度上缓解了东西方关系。

1953 年 5 月 28 日，崔可夫调任基辅军区司令员。期间，他做了大量有利于改善部队日常训练和训练条件的工作。比如，修复和新建了许多军营、野营、车场、靶场、机场、坦克教练场等设施。

崔可夫十分注意总结和研究战争经验，并结合不断发展的军事技术装备，运用到部队的训练工作中。他还善于设置各种复杂情况，培养指挥官的应变能力。

有时候，在听取一个指挥官的汇报时，他会突然打断别人的话，问："你中了弹、负了重伤，现在由你的代理人负责指挥。"他还经常提到诸如桥梁被"破坏"、指挥所遭敌航空兵"轰炸"、道路被"封锁"、与上级指挥机关失去联系等意外情况，令部队上下丝毫不敢放松警惕，提高了部队的整体素质。

由于崔可夫的卓越战功与组织领导才能，1952 年，他当选为苏共中央候补委员。1961 年，当选为苏共中央委员，成为苏联武装力量的中坚力量。

古巴导弹危机期间，赫鲁晓夫采取"退却"政策，令苏联军方的许多强硬派人物十分不满。崔可夫受赫鲁晓夫委托，去提醒军方，党有监督和指挥军队的权力。

崔可夫引用了列宁和斯大林在 1920 年苏波战争中的一次谈话，斯大林当时诉苦说，"我们的外交有时把我们通过军事胜利所得的成果破坏得很厉害。"列宁反驳说："我们的外交是听从中央委员会的，它决不会破坏我们的胜利。"因此，抑制了军方的不满。

从 1972 年开始，崔可夫改任国防部总监小组总监。此时，崔可夫已近古稀之年，但仍然参与军事理论问题研究。

多年以来，崔可夫一直笔耕不辍，著述甚丰。他以自己丰富的经历撰写了 10 余部著作：《在战火中锤炼青春》忆及了他的童年和自己怎样从一个贫苦的农民儿子成长为一名红军优秀指挥员的历程；《在华使命》回忆了他前后四次来华活动的情况。

晚年的他更是把全部精力投入到回忆录撰写中，他对自己的历次战役做了详细的叙述和总结。这些著作都成为研究、总结集团军战役战术理论和经验的重要著作。

1982 年 3 月 18 日，崔可夫逝世，享年 82 岁。

No.10　崔可夫的军事思想

崔可夫的军事生涯创造了很多了不起的胜利。从 17 岁开始，他就不断为红军创造惊喜，擅长在紧急情况中抓住机会，给敌人以突然的袭击。他不做教条主义者，擅长根据各自作战情况，作出切合实际的决策。在戎马一生中，他打的每一仗都有独创性。由战斗侦察直接发展为大规模进攻、由强击队的夜间袭扰直接发展为夜间的大规模袭击是他用兵的最具创意的佳作。

纵观崔可夫的军事生涯，他的军事思想值得研究。

首先军人必须有灵活的创造性。崔可夫认为：灵活战术是战斗的灵魂，是取胜的法宝。要做到灵活地与敌人展开战斗，首先就需要实施周密的侦察。而且，进攻需要侦察，防守也需要侦察。只有获得及时、准确的情报，才能采取恰当的对策，先发制人实施隐蔽的机动，达到作战的突然性。

在斯大林格勒保卫战，苏第 62 集团军被挤压在一个十分狭小的地域，实施机动十分危险，但崔可夫仍然利用夜幕或烟幕的掩护实施隐蔽的机动，使得苏军能够在敌人的主攻方向实施有效的防御。

作为一名高级指挥员，必须要有高度的创造性，能够利用所在恶劣环境中的方方面面，创造有利的环境。

这种创造性、灵活性思想应用在防御上，则表现为攻防的一体化。在防御过程中，假如指挥官实施单一的消极固守，只会不断消耗部队的有生力量。

在斯大林格勒保卫战中，崔可夫就写信给东南方面军司令官，建议部队"不要限于消极防御，而要抓住每一个有利时机转入反攻，实施反突击"。

在阿克赛河防御战中，崔可夫就成功利用机会实施反突击，将敌人赶回去。这种"积极防御"不但能够成功拖延时间，而且还能挫伤敌人的进攻积极性。

其次，政治工作和军事工作一样重要。崔可夫认为一支部队要想在艰苦的环境中不断夺取战斗的胜利，除了需要源源不断的兵力和武器以及物资，还需要坚定的战斗信念。培养战士的战斗信念是极其重要的。

崔可夫从担任指挥员的第一天起，就严格要求他的指挥员和政治工作者，必须和最前线的战士站在一起，要做到让战士们感觉到：他们不是孤立的，各级指挥官和他们站在一起。这有利于提振战士们的信心。

同时，崔可夫认为集团军必须有一个强有力的党的核心，每个连队必须有一个坚强的党组织。

崔可夫领导的苏第62集团军的兵员来自全苏各地，有9000名左右的共产党员，党务工作者500多名。共产党员和共青团员是战斗中的中坚力量，必须起示范作用。他们只有一种特权，那就是冲锋在前。

为了表彰共青团员在斯大林格勒保卫战中的杰出贡献，斯大林格勒重建后，把最美丽的大街命名为共青团大街。

大量的基层党组织还是在部队被冲击打散后能够很快有效组织起来的保证，在特殊的战斗环境中，比如巷战中，发挥了巨大的作用。

崔可夫坚决地认为：党政工作者应把思想政治工作的重点从营、团转移到连、强击队，在传达党的重要决议和首长命令时，必须雷厉风行。

除此之外，崔可夫对炮兵的运用也颇有心得。崔可夫主张，不同口径的火炮应在不同的场合使用，在运用各种火炮射击时，也必须采用不同形式的指挥方式，或分散、或集中。

他对炮兵狙击手、迫击炮狙击手以及反坦克狙击手十分重视，培养了一大批狙击手。其中，舒克林曾以自己准确的射击驰名苏军；别兹季德科的迫击炮"能穿过烟囱击中敌人"；反坦克神炮手普罗托季亚科诺夫则使敌军坦克闻风丧胆。

崔可夫还非常看重步兵狙击手的作用。他也曾直接参与领导步兵狙击手，并率领狙击群成功阻击德国的"超级狙击手"。

崔可夫对步兵狙击手射击、隐蔽的特点十分了解，能很快辨别哪些步兵狙击手是有经验的，而那些步兵狙击手是新手。崔可夫认为开展广泛的步兵狙击手运动，是扰乱敌人的有效途径。

崔可夫曾经亲自会见过许多著名的步兵狙击手，并竭尽所能帮助他们克服困难。被授予"苏联英雄"称号的步兵狙击手扎伊采夫、梅德韦杰夫、库利科夫等人，就经常受到崔可夫的召见。

在众多"二战"将领中，若论著作立说，崔可夫无疑是最突出的一位。他前前后后，写了超过几十本书籍，全面而详细地论述了他的军事思想以及人生。当然，他的军事思想是博大的，远远不止这少数的几点，还需要我们继续发掘和整理。

▲ 苏德战场上，德军士兵向苏军目标炮击。

第六章

"进攻将军" 科涅夫

　　科涅夫元帅，和朱可夫、罗科索夫斯基并称苏联陆军的野战"三驾马车"。他早年从政，后期从军，并在抗击德国法西斯的卫国战争中立下了汗马功劳。他在战场上叱咤风云，却在政治斗争中差点沦为牺牲品，最后被朱可夫从军事法庭的审判台上救了下来……

▲ 戴满荣誉勋章的科涅夫元帅

No.1 早年时期的军事天才

伊凡·斯捷潘诺维奇·科涅夫于 1897 年 12 月 28 日出生于基辅区洛杰伊诺一个普通农民家庭。

和很多"二战"将帅一样，他的家境并不好。12 岁从地方学校毕业后，科涅夫没条件再继续读书。为求生路，他做了一名木匠学徒，生活过得并不快乐。他常常对身边的伙伴说："我是要干一番事业的。"

1914 年，第一次世界大战爆发，他找到一个机会应征入伍。对于很多穷孩子来说，应征入伍是一条不错的道路。更何况，当时的世界是充满战争的，军人的前途并不差。

年纪轻轻的科涅夫很快成为俄军西南战线的一个炮兵师的士官。科涅夫表现得不错，表现出了异于常人的机智和勇敢。

1917 年十月革命之后，俄国军队被解散，科涅夫复员回乡。作为一名农民家庭的孩子，他对于俄国十月革命抱有好感。

回到家乡后，科涅夫积极参加地方苏维埃。由于出色的表现，没过一年，科涅夫就加入了苏联共产党，并担任工农"战斗支队"的政委。在他的带来下，工农"战斗支队"具有相当强的战斗力。科涅夫在此时已小有名气。

苏联成立后，欧洲反共势力和国内势力勾结，使得年轻的苏联不得不应付艰苦的国内国外战事。

一心一意地跟党走的科涅夫主动请缨，加入战斗。他向所在军区政委伏龙芝报告说，让他率领自己的工农支队开赴东线战场，这无疑是具有非凡勇气的。与之前相比，此时的科涅夫有了共产主义信仰，这使得他的思想水平上升了一个台阶。

伏龙芝，也就是后来的苏联元帅、伏龙芝大学的第一任校长，对于这个血气方刚的青年非常欣赏，并很快答应了他的请求。

就这样，科涅夫被任命为第 102 装甲列车的政委，率领装甲列车执行在敌后战场作战，主要任务是骚扰和牵制敌人。

科涅夫干得很顺手，后来他又担任旅政委和师政委。对于这一成绩，别人只有羡慕。这时的科涅夫也被人们看出是一个"军事天才"。1922 年，苏联国内战争取得胜利。科涅夫第一次品尝到了胜利的滋味。

1922 年，科涅夫被受命担任远东共和国人民革命军司令部政委。远东共和国是苏联政府在远东和西伯利亚贝加尔湖以东地区建立的一个共和国，虽然名义上是独立国家，但实际上

◀ 年轻时的科涅夫

受苏联控制，是一个战争缓冲区。

科涅夫在远东共和国军事部部长乌博列维奇领导指挥下对盘踞远东的日军作战，将其最后赶出苏联领土。

国内战争结束后，科涅夫先担任了一个海岸兵军的政委。后来，由于苏联红军大规模裁军，科涅夫又调任为莫斯科军区一个步兵师的政委。相对于苦闷的少年，这个时候的科涅夫觉得非常满足。他认为是"党拯救了他"。

No.2　贵人相助

这期间，科涅夫遇到了一个关键的人，这个人将会影响他的一生。此人就是伏罗希洛夫元帅。

伏罗希洛夫元帅有一个特点，即善于发掘人才。他关心年轻的指挥员，对朱可夫和科涅夫这些新一代杰出将领的成长和提拔起了不容忽视的作用。

在莫斯科军区里，科涅夫有过几次与他的面对面交流。在元帅的心里，他觉得这个农民出身的政委精明干练，是一个有潜力的人才。

1925 年，伏罗希洛夫接替逝世的伏龙芝元帅，担任苏联革命军事委员会主席和陆海军人民委员。事实上，伏龙芝元帅也曾经赏识科涅夫。

科涅夫是幸运的，它先是被伏龙芝信任，参加了苏联国内战争。而这次又被一名苏联元帅欣赏，这注定了他将取得更大的成就。

在一次军事工作人员会议上，年轻的科涅夫就加强部队纪律和秩序，以及提高战备发表了大胆而有原则性的讲话，与会者都很受感触。

而伏罗希洛夫则直接称赞他说："您是一位有战斗能力的军事委员！"伏罗希洛夫敢说敢做，立即在陆海军人民委员上建议改任科涅夫为军事指挥员。伏罗希洛夫的话当然一言九鼎，从政委到指挥员，科涅夫华丽转身。

1926年，科涅夫进入了红军军事学院的高级指挥人员进修班。早早辍学的他非常渴望继续学业，尽管此时他已经接近30岁了。

科涅夫此前长于政委工作，现在他努力向红军指挥员转变。

1927年，科涅夫学习期满后，回到原来所在师。当时的陆军参谋长图哈切夫斯基对他这种政工改行当军官的比较轻视，一声令下，就把他降级当了步兵团团长，呆了5年后才升任师长。

科涅夫很谦虚，向来不自大。他知道只有充分学习，才能彻底改变自己，而此前自己默默摸索出的经验在重大战争中很快会变得不够用。

▲ 科涅夫于布拉格入城时受到群众欢迎。

所以，科涅夫又向上级申请进入红军最高军事学府——伏龙芝军事学院深造。时任国防人民委员伏罗希洛夫又一次支持了他。科涅夫得以从部队离职，进入伏龙芝军事学院学习。

科涅夫在伏龙芝军事学院以优异成绩毕业，学院对他的评语是能胜任军级指挥。

从学院毕业后，科涅夫还是担任师长的职位，

1936 年 6 月，苏联进行肃反期间，图哈切夫斯基因被指控犯有"间谍和叛国罪"而遭处决。科涅夫和朱可夫并没有受到冲击，其中有受到伏罗希洛夫保护的原因。

此后，不再受到图哈切夫斯基排挤的科涅夫当上军长、集团军司令等一系列职务。

除了给予科涅夫在政治上的帮助的伏罗希洛夫以外，在军事上，一位苏军的杰出将领乌博列维奇也使得科涅夫受益匪浅，成为对科涅夫成长的又一关键人物。

在苏联国内战争期间，科涅夫就在他的麾下战斗过。内战以后，科涅夫在莫斯科军区和白俄罗斯军区担任职位时，乌博列维奇是军区司令员，所以科涅夫与他交情颇深。

乌博列维奇不仅在战争中战功赫赫，而且在和平年代也治军有方。乌博列维奇对部队严格要求，和伏罗希洛夫一样，特别重视对年轻人的培养。

在他的关怀下成长起来的红军指挥员们，许多人日后在卫国战争中脱颖而出，成为闻名于世的军事统帅。

科涅夫后来多次以崇敬的语气谈到乌博列维奇，称他是战前岁月中苏联的一位最杰出军事家，说在他领导下工作的这段时期，对自己受益匪浅。

1939 年，科涅夫在联共（布）十八大上成为候补中央委员。1940 年，他晋升为中将，被任命为外贝加尔军区司令员，成为红军的高级将领。

1941 年 1 月，他又被任命为外高加索军区司令员。

No.3　败走麦城

1941 年，苏德战争爆发。科涅夫作为苏第 19 集团军司令率领西方方面军作战。科涅夫终于可以大展身手了。

战争初期，德军一路凯歌，苏军一路溃败。苏军防线处于严重的威胁中。而西部防线面对的是德军主力，德军中最为强大的中央集团军群来势汹汹，它直奔莫斯科，意图在短时间内征服苏联。

此时，科涅夫面对的是德军对莫斯科最后一道屏障斯摩棱斯克的猛攻。由铁木辛哥指挥

的西方方面军、预备队方面军、中央方面军和布良斯克方面军对抗由曼施坦因指挥的德第3和第2装甲集群主力等部。科涅夫属于西方方面军。

1941年7月10日~1941年7月20日，德军在苏联红军西方面军右翼和中央突破防御。

科涅夫的苏联红军第19集团军在斯摩棱斯克地域陷入德国军队战役合围。他指挥部队顽强固守，阻住了当面德军的进攻。

1941年9月1日，西方面军第19、第30、第16和第20集团军在斯摩棱斯克附近重新转入进攻，科涅夫有力地钳制住了德中央集团军群的突击尖刀——第3坦克集群。

相比苏军节节溃败，科涅夫在德军猛烈进攻中顽强反击、寸土必争，丢失地盘较少，因而被称作"永不后退的将军"，很快引起了苏军最高统帅部的重视。

战役以德军取胜，主力南调结束。论功赏罚之时，西部军区司令员巴甫洛夫和几位集团军司令员因为部队的惨败而被送上法庭审判和枪毙，而科涅夫得到晋升。

由于在摩棱斯克战役末期苏军的反攻中表现突出，科涅夫在9月11日晋升为上将，次日接替铁木辛哥元帅成为西方方面军司令员，接过了防守莫斯科方向的重任。

科涅夫新接手的西方方面军共有6个集团军、480辆坦克（其中先进的T-34和KV型坦克只有45辆），实力在当时仅次于苏军西南方面军。

科涅夫刚接手西方方面军之时，无仗可打。9月份，由于德军中央集团军群的装甲主力之一——古德里安的第2坦克集群被调往南方包抄苏军西南方面军，中央战场出现短暂平静。

德军在基辅围歼战中使得苏军西南方面军全军覆没，古德里安的第2坦克集群在完成基辅战役之后，立即回师中央战线，不顾人员疲劳和战斗损失、机械损耗严重，马不停蹄地连续作战。

科涅夫面对的形势更恶劣。德军投入中央方向的共有三个坦克集群（第2、第3和第4）和三个野战集团军（第2、第4和第9），占当时苏德战场德军总兵力的50%和装甲兵力的75%，共有180余万人、1700辆坦克、1390架飞机、1.4万门火炮和迫击炮。

而面对德军，苏军西方方面军、预备队方面军和布良斯克方面军共有125万人、995辆坦克、677架飞机、6808门火炮和迫击炮，明显弱于德军。况且，德军比苏军更具有战斗经验。

根据德军攻占莫斯科的"台风计划"，德军中央集团军群以南突击集团实施向心进攻，突破布良斯克方面军防御，围歼该方面军，尔后以快速兵团从南面和东南迂回莫斯科。

14日，德军将苏军布良斯克方面军所属第50、第3、第13集团军合围在布良斯克南北地区，大部被歼。

◀ 科涅夫的乌克兰第 1 方面军与盟军于易北河会师。

随后，德军开始向维亚济马方向实施强大突击，合围并歼灭苏军于维亚济马地域。

科涅夫的西方方面军和预备队方面军的任务是：阻止德军在维亚济马方向突破，并为在此组建和集中新的预备队赢得时间。

10 月 2 日晨，德军第 3、第 4 装甲集群转入进攻，德军各坦克集团从北、南两面前出维亚济马地域。10 月 7 日在维亚济马附近会合，切断了苏军 4 个集团军的退路。

苏军在武器、人员等客观条件弱于德军，更重要的是在战役态势上部署不当。

苏军在战前强调进攻战略，对防御研究不够，对如何抗击敌坦克集群的强大突击更是缺乏研究。科涅夫和其他将领一样，都没有将主力部署在纵深，而是呈前沿一线部署，这就使苏军的防御纵深过浅，容易被德军装甲部队突破。同时，错误地估计了德军可能发动进攻的方向，将重兵部署在西面。

德军强大的坦克兵团已经向西方方面军司令部所在地的维亚济马进逼，很快就要推进到西方方面军后方。

科涅夫用高频电话向斯大林报告了这一情况，说明西方方面军主力被包围的危险已经出现，但斯大林当天没有作任何指示，而科涅夫竟然一时缺乏主见，没有当机立断撤退。

西方方面军和预备队方面军主力被团团围住。南面的布良斯克方面军主力也被德军包围。这场史称维亚济马－布良斯克包围战，是卫国战争中苏军最大的悲剧之一，苏军 3 个方面军共有 8 个集团军被德军合围，超 30 万苏军被俘。

此时莫斯科的形势岌岌可危，苏联被迫将大部分政府机构和各国外交使团撤退到古比雪夫。但斯大林坐镇莫斯科，暂时稳住了形势。

而科涅夫不得不接受这一重大失败。他的能力和经验还不足以适应大兵团作战，而他也将面临处罚。

No.4 在艰难中晋升

比起之前的将军，科涅夫还是幸运的。他并没有遭到过分严厉的处罚，而这是因为得到了别人的帮助。

西方面军的失败使得中央委员会派遣了由莫洛托夫和伏罗希洛夫元帅组成的调查团来处理失职指挥员。尽管伏罗希洛夫元帅对科涅夫很看重，但胜败明显地摆在那里。夹杂着"恨铁不成钢"的情绪，伏罗希洛夫俨然以最高统帅的语气训斥科涅夫。

科涅夫据理力争，就苏军防御的战争形态问题，和伏罗希洛夫大吵了一架。

在指挥调度上，科涅夫派给罗科索夫斯基的第16集团军部队没能及时来到维亚济马地区，导致苏军没有向德军侧翼进行反突击，致使战败且罗科索夫斯基差点儿被俘。作为方面军司令，科涅夫负有不可推卸的责任。

伏罗希洛夫一气之下，扬言要将科涅夫送上军事法庭。伏罗希洛夫的指责也遭到了科涅夫和其他方面军领导的反驳，但决定权还是在斯大林手里。

正在形势对科涅夫极其不利时，朱可夫来到西方方面军司令部，他是新任西方方面军的司令员。朱可夫亲自打电话向斯大林说：采取这种极端手段无助于挽救局势。

须知一个将军的培养是漫长的，斯大林清楚地知道无法一直使用较极端的手段，比如军事法庭以及枪毙。

朱可夫还和斯大林说，他在白俄罗斯军区工作时了解科涅夫，此人聪明能干，是块当方面军司令员的料。他建议留下科涅夫给自己当副手。斯大林考虑之后对此表示同意。

在朱可夫的麾下，科涅夫得到了暂时的庇护。但是，这终究不是长久之计。

在担任朱可夫副手才两天，科涅夫就被派到加里宁指挥方面军的右翼部队。朱可夫还是非常信任他的。

在经历了一场大失败后，科涅夫吸取了教训。科涅夫指挥这支远离主力的部队，顽强抗击德军的进攻，再次显示出他干练的指挥才能，重新赢得了最高统帅部的信任。

◀ 科涅夫与女儿的合影。

　　苏军最高统帅部鉴于西方方面军防守的正面过宽，不利于指挥，于是将科涅夫指挥的 4 个集团军组成加里宁方面军，任命他为司令员。

　　根据苏军统帅部 1941 年 10 月 17 日训令，加里宁方面军为统一指挥从西北方向掩护莫斯科的部队而组建。下辖西方面军右翼第 22、第 29、第 30、第 31 集团军。

　　科涅夫重回一线部队，尽管比起之前，加里宁方面军规模要小一点，但正是加里宁方面军给了他证明自己的机会。

　　1941 年 12 月初，苏军对莫斯科城下德军的反攻开始后，科涅夫实施了加里宁战役，向前推进 60~120 公里。

　　1942 年 1 月，加里宁方面军在进行瑟乔夫卡 – 维亚济马战役时，推进 100 余公里，前出至德军勒热夫 – 瑟乔夫卡集团后方，切断了维亚济马 – 斯摩棱斯克铁路。

　　苏军在莫斯科反攻的目标当然是歼灭德军中央集团军群，但此时苏军还没有强大的坦克和机械化兵团，炮兵力量也不足，在突破敌军防御时困难重重。

　　因此朱可夫和科涅夫两军经过几个月的艰苦奋战，虽将德军击退 150 公里，但远未能消灭德军中央集团军群主力，也未能把战线重新推回到斯摩棱斯克。

　　但由于朱可夫和科涅夫的顽强进攻，仍然收到了效果：德军的中央战线已经难以向前推进，迫使希特勒在南线寻求突破。

　　1942 年夏季，德军在南方重新发起进攻，一路势如破竹，直逼斯大林格勒城下。朱可夫被斯大林紧急召回。随后朱可夫被任命为最高副统帅，被支去应付南线危急形势。南线上曾经发生"围歼基辅"的巨大失败，使得斯大林十分担心。

朱可夫在和科涅夫的作战配合中，真正认识到了科涅夫的才华。所以，他推荐科涅夫接替自己的西方方面军司令员一职。科涅夫又得以被重用。

科涅夫在重掌西方方面军后，按照斯大林和朱可夫的部署，指挥部队在阴雨连绵中继续对中央战场的德军猛攻，使得德中央集团军群无法南调，当然西方方面军也无法南调。

1942 年 7 月 30 日~9 月 6 日，西方面军协同加里宁方面军实施勒热夫 – 瑟乔夫卡进攻战役。战役结果是，西方面军右翼向前推进 40~60 公里，收复祖布佐夫城，并进至伏尔加河和瓦祖扎河畔，左翼进至沃里亚河。

但是，苏军在连续强攻德军的坚固防线中，也不可避免地遭到了很大伤亡，这给方面军司令部和科涅夫招来了批评。

1943 年 3 月，科涅夫被调任西北方面军司令，由于他不愿在条件不成熟的时候发起反攻，使斯大林大怒，再次被撤职，又被调任为二线的草原军区司令。

从这一时间段看来，科涅夫在艰苦中得到晋升，不过又很快被降级。这都源于他战争经验不足和不擅长处理人际关系的结果。当然，科涅夫最终还是稳住了阵脚，并得到了苏军统帅部和斯大林的信任。

No.5　库尔斯克大反击

草原方面军是第二线军队，从第一线的西方方面军降级至第二线的草原方面军，科涅夫有苦难言。但目前最要紧的还是做出成绩，证明自己。

▶ 科涅夫元帅（右）与美国五星上将布莱德雷（左）在一起。

此时，苏军在"二战"中的其他几位新星已经大放异彩：朱可夫和华西列夫斯基都已晋升为元帅，成为最高统帅部主要成员；罗科索夫斯基和瓦图京都因为在斯大林格勒战役中的卓越战功，双双跃升为大将，在前线指挥着主要的方面军。

而科涅夫此时还挂着上将肩章。

不过，担任草原方面军司令也是幸运的。草原方面军辖近卫第 4、第 5、第 7 集团军，近卫坦克第 5 集团军，第 69、第 57、第 37、第 46 集团军，皆为精锐部队。

尤其是近卫第 5 坦克军，这是一支令德军闻风丧胆的钢铁雄师，在斯大林格勒之战中建立了殊勋。这意味着科涅夫得到了"二战"中最重要的、苏军中最优秀的装甲机械化部队。

草原方面军在库尔斯克方向的中央方面军和沃罗涅日方面军后面展开。而此时，苏德战场的重心已经从中部战线转移至南方战线，此时希特勒正要在库尔斯克发动大规模袭击，科涅夫有了建立重大功勋的机会。

科涅夫如果在西方方面军或西北方面军担任司令员，就难以碰上苏德双方的这场大规模会战。

1943 年 7 月，德军发动库尔斯克会战。苏德两军都投入了最精锐的部队和最精良的武器，以期一决胜负。希特勒孤注一掷，将德国最先进的"虎"式和"豹"式坦克、"费迪南德"式白行火炮、"海因克尔 129"式和"福克—乌尔夫 190A"式飞机等装备都用上了。

苏联也不差，1943 初，苏联的一系列军事经济指标就已经全面超过了德国。1943 年夏，红军已经拥有足够数量的当时最先进的新式技术装备，在飞机、坦克、火炮的数量上超过了德军。

由于苏军对德军进攻时间的充满掌握，德军一开始的攻势就被遏制，进攻速度锐减。

但是，沃罗涅日方面军司令员瓦图京错误地让第 1 坦克集团军放弃集中性，分散迎战德军。当德军转移战役主攻目标时，瓦图京已经无法集中坦克来阻挡德军的进攻了。德军在沃罗涅日方面军方向楔入纵深 35 公里。

在这最危急时刻，斯大林亲自下令科涅夫率领草原方面军的两支主力——近卫第 5 坦克集团军和近卫第 5 集团军立即驰援瓦图京。

科涅夫的两个集团军立即急行军，并及时赶到指定位置。7 月 12 日，近卫第 5 坦克集团军和近卫第 5 集团军到达普罗霍罗夫卡，与德军最精锐的装甲部队——党卫军"帝国"装甲师、"骷髅"装甲师、"阿道夫·希特勒"装甲师的 200 辆坦克遭遇。

普罗霍罗夫卡地域展开了大规模的坦克交战，双方共有 1200 辆坦克和自行火炮参加。

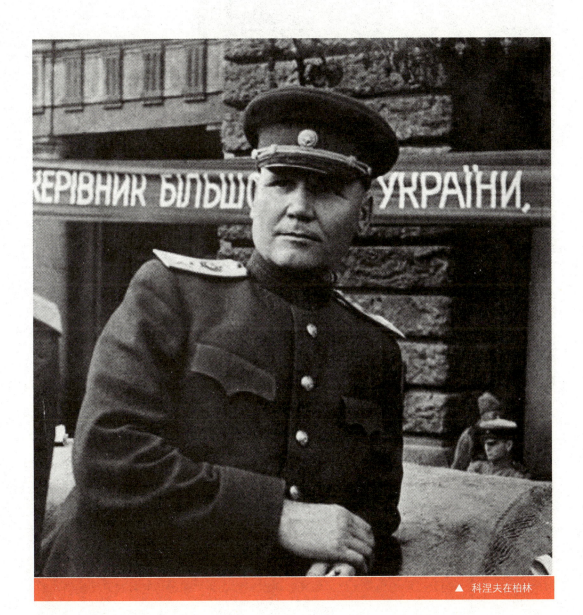

▲ 科涅夫在柏林

◀ 晚年的科涅夫

苏近卫第 5 坦克集团军司令罗特米斯特罗夫知道苏军 T-34 坦克在远距离对射中不敌德军的"虎"式坦克，于是他下令全军勇猛冲击，与敌展开近战。

苏近卫第 5 坦克集团军的 750 辆坦克和自行火炮开足马力全速前冲，楔入德军坦克的战斗队形，与之展开近距离混战。

战斗结束后，虽然苏联损失的坦克是德军的几倍，但德军坦克兵由于数量不足却被迫先撤出了战场。这场翻天覆地的坦克大战，后来被科涅夫称之为"德国坦克兵这只天鹅临终前的美妙歌声。"

科涅夫的草原方面军立即声名大振。7 月 12 日，库尔斯克会战发生了转机，库尔斯克反攻开始。

7月18日，草原方面军得到命令，加入大反攻。德军被击退到他们在开始进攻前占领的阵地。

7月24日至8月2日，草原方面军和沃罗涅日方面军部队加紧认真地准备突破敌人防御并转入坚决的反攻。

8月，草原方面军在库尔斯克反攻中，参加了别尔哥罗德－哈尔科夫战役，别尔哥罗德－哈尔科夫一带被德军统帅部寄托了重要的意义。哈尔科夫在防御中占有特殊的地位，它被希特勒称为"东大门"。

因此，德军在这个地区布置了大量的防御部队。但是，90万苏军以压倒性优势开赴别尔哥罗德－哈尔科夫前线。

▲ 已升为元帅的科涅夫在研究战局（右边）。

▲ 朱可夫（左）和科涅夫（右）在一起。

8月3日，反攻开始。苏军在强大的炮火准备和航空兵火力的配合下，使得德军防御被突破。上午，沃罗涅日方面军和草原方面军楔入德军防御纵深5~6公里。

8月4日~8月5日，草原方面军第53和第69集团军经过激战，攻占别尔哥罗德，解放了奥廖尔。

在稍作休整之后，草原方面军立即向哈尔科夫进发。8月11日，草原方面军和沃罗涅日方面军成功在哈尔科夫西北、西南方向扩大了突破口。8月18日，草原方面军又攻破了德军在哈尔科夫外围的防线。

22日，德军第8集团军放弃哈尔科夫撤退。草原方面军成功解放了号称乌克兰第二首府的哈尔科夫。

战役结束5天后，科涅夫获得大将军衔，和罗科索夫斯基、瓦图京站在了同一高度。科涅夫在战场上的真正声威从库尔斯克会战开始建立，其"进攻将军"的美誉从此在苏军流行起来，斯大林也彻底信任了他。

No.6　直捣柏林

库尔斯克战役后，德国已经无法再发动大规模进攻。而苏军从此转入战略反攻，开始了直捣德国本土的伟大行军。

1943 年 8 月中旬，苏军为了收复第聂伯河左岸乌克兰、顿巴斯、基辅，夺取第聂伯河右岸各登陆场，发起第聂伯河会战。

苏军参战兵力为中央方面军、沃罗涅日方面军、草原方面军、西南方面军和南方面军。

一开始，德军组织强大的力量发起反击。经过两次大交战，苏军进攻受挫。第聂伯河水量大，河面宽阔，是继伏尔加河和多瑙河之后的欧洲第三大河流，德军构筑了工程完备、布满防坦克兵器和防步兵兵器的防御，称之为"东方壁垒"。

随后，苏军统帅部改变主攻方向。1943 年 8 月 ~9 月，苏军向第聂伯河左岸乌克兰和顿巴斯实施进攻，粉碎了德军在这一地区组织防御的计划。

第聂伯河会战是苏军在克服大的江河障碍及其接近地上的强大工事方面表现高水平军事学术的一个典型例子。

草原方面军经激战于 9 月下旬收复波尔塔瓦，并在第聂伯罗捷尔任斯克西北、克列缅丘格东南和上第聂伯罗夫斯克夺取登陆场。

科涅夫进展神速，以致斯大林对在第聂伯河桥头堡受阻的沃罗涅日方面军进行了严厉批评，指责它们行动不坚决，并拿草原方面军做榜样。

1943 年 10 月 ~12 月，苏德双方为争夺第聂伯河右岸登陆场展开激战。苏军实施收复和保卫基辅的攻防作战。沃罗涅日方面军终于突破了德军防线，收复了苏联第三大城市——乌克兰首府基辅。

10 月，瓦图京的沃罗涅日方面军和科涅夫的草原方面军被改名为乌克兰第 1、第 2 方面军继续向西进攻。

1944 年初，乌克兰第 1 方面军占据基辅以西的大登陆场，乌克兰第 2 方面军近至切尔卡瑟登陆场并占据基洛夫格勒，对两登陆场间的卡涅夫突出部的德军形成夹击之势。

卡涅夫突出部宽 130 公里，面积大约 1 万平方公里。时间短促，苏军统帅部只给了两个方面军 5~7 个昼夜的准备时间。所以，苏军尚未完成进攻准备，好在德方也未构筑完工事。

攻击首先由科涅夫的乌克兰第 2 方面军发起，苏军只进行了短短 10 分钟的炮火准备，然后便将由坦克掩护的步兵投入了进攻。

战斗进展得异乎寻常的顺利，苏军很快便在德军第一防御地带上打开了一个口子。但是，德国最精锐的党卫装甲军 6 个坦克师偷偷靠近，并将苏军坦克第 20、29 军合围。

疏于准备的后果出现了，但苏军的应变能力已经有了很大进步。坦克第 20 军的坦克开足马力向原定目标继续突击。一路上，德国部队四散奔逃，苏军如入无人之境。

坦克第20军与乌克兰第1方面军方派出的坦克第233旅穿插部队会合于兹维尼哥罗德卡，形势又一次发生了戏剧性变化，被围苏军反倒切断了德军的后路。

乌克兰第2方面军乘机组织进攻，将德军装甲部队打退，重新打开了突破口。经过一系列后续战斗，终于将德军2个军部、10个师，约6.8万人合围于卡列涅夫突出部。

这场大捷使科涅夫得以超越罗科索夫斯基和瓦图京，在苏联卫国战争中继朱可夫、华西列夫斯基和斯大林之后成为第4位荣获苏联元帅军衔的人。

此役后，由于春季解冻的雪水融化，苏联南方成为泥泞的海洋。德军认为苏军将无法继续推进，但是，苏联T-34坦克的履带比德国坦克宽，能在泥泞中行驶自如，同时美国援助苏联的大量卡车也具有出色的越野性能。苏军出乎德军的意料，在南方发动了声势浩大的春季攻势。

科涅夫指挥的乌克兰第2方面军攻势凌厉，发起了乌曼-博托沙尼战役，短短一月内挺进了200~600公里。在苏军的快速挺进中，德军丢兵弃甲，溃不成军。科涅夫部队在进攻中毙俘敌8万余人，击毁和缴获600辆坦克和220辆装甲车。

3月底，乌克兰第2方面军前锋部队进入罗马尼亚境内。这是苏军在苏德战争中首次前出到国境线外。消息传出，苏联举国振奋。

但是，指挥乌克兰第1方面军的瓦图京大将于1944年4月15日被乌克兰游击队打死了，这是苏军胜利行军中的悲哀。

科涅夫奉命把两个方面军合并为一个新的部队——乌克兰第1方面军。科涅夫的兵力达到120万人，拥有2050辆坦克和自行火炮，3250架飞机。

科涅夫的下一个目标是粉碎德军最强大的"北乌克兰"集团军群。该集团军群有90万人，900辆坦克，700架飞机。

7月14日，科涅夫发动了史称利沃夫-桑多梅日战役的攻势。他大胆地将方面军编成内90%的坦克和自行火炮集中在主要突击方向，对敌形成强大优势。

苏军步兵在强大炮火支援下，经英勇奋战在德军坚固防御体系上打开了一条长18公里、宽4~6公里的突破走廊。科涅夫当机立断，不顾狭窄的走廊，下令近卫第3和第4两个坦克集团军立即投入进攻。

苏军强大的坦克兵团进入突破口后，德军的防线迅速崩溃。仅在7月份的作战中，乌克兰第1方面就毙、伤、俘敌20余万，彻底打垮了"北乌克兰"集团军群，并且跨过维斯瓦河在对岸建立了桥头堡。

1945年1月，科涅夫率领乌克兰第1方面军，同朱可夫指挥的白俄罗斯第1方面军从各自在维斯瓦河的登陆场向德国发起了最后的强大攻势，直指德国柏林。

第二次世界大战中最壮观的维斯瓦河－奥得河战役开始了。科涅夫在突破方向集中了强大的炮兵集团，每公里正面的火炮密度达到250~280门，有的地段甚至达到300门。

进攻开始后，苏军炮火的猛烈程度有如山崩地裂，苏军空前的炮火威力，竟然使德军失去控制，纷纷擅自脱离阵地向后溃逃。

战斗进行到当天中午，科涅夫下令两个坦克集团军进入突破口发起进攻，迅速击溃了德军。

科涅夫在神速的进攻中，还完整地夺取了西里西亚工业区，这是欧洲居鲁尔区之后的第二大工业区。

科涅夫一鼓作气地打到尼斯河，与朱可夫大军一起对德国首都柏林形成威逼态势。

No.7 易北河会师

1945年4月，摆在苏联统帅部面前的问题不再是对付德军，而是决定谁来指挥柏林战役，并以举世瞩目的胜利者的身份占领柏林。

斯大林原来的意图是让红军统帅中最有声望的朱可夫指挥白俄罗斯第1方面军占领柏林，但由于德军向首都集结百万重兵，因此有必要让科涅夫指挥的乌克兰第1方面军也加入柏林作战。

是朱可夫？还是科涅夫？由谁的部队攻占柏林，成为摆在斯大林面前的难题，因为这两人都是战功赫赫。他踌躇再三，最后决定让这两位统帅进行竞争，谁的部队最先打到柏林，就让其攻占柏林。

柏林战役的目的在于，消灭在柏林战略方向上作战的德军集团。苏军面临的任务是，粉碎"维斯瓦"集团军群和"中央"集团军群的基本兵力，尔后攻占柏林，前出至易北河同盟军会师。

科涅夫的乌克兰第1方面军的任务是：在柏林以南进攻，协助攻占柏林，将德军的战线分割成两半，并与美军会合。科涅夫协助作战是有限的，这也是斯大林允许的。

为了争夺攻占希特勒巢穴和德国首都的荣誉，朱可夫和科涅夫都使出了浑身解数，此事被苏军戏称为"展开社会主义劳动竞赛"。

4月16日，进攻柏林的战役开始后，朱可夫的白俄罗斯第1方面军在第一天中就发射了

▼ 苏军即将在德国国会大厦上升起苏联红旗。

123万发炮弹，这是迄今为止东线中的最猛烈炮火，令德军的幸存者们日后无不谈虎色变。

科涅夫的乌克兰第1方面军在稍后开始的炮火准备，比朱可夫白俄罗斯第1方面军更为猛烈，以致当毁灭性的炮火准备停止后，许多德军士兵不顾指挥部的死守命令，纷纷溜之大吉。

乌克兰第1方面凭借着足以压倒一切的炮火威力和强击机撒布的烟幕掩护，顺利地渡过了尼斯河，突破了德军防线，并打退了德军以大量坦克进行的反冲击。

由于胜券在握，科涅夫命令他的两个坦克集团军司令员：脱离方面军的主力部队，更大胆地向战役纵深挺进，不要顾及后方，而后方部队将在他们身后保障其后方的安全。

朱可夫方面并没有科涅夫的乌克兰第1方面军幸运，他遭到德军的顽强抵抗，进攻开始受阻。

斯大林就打电话问科涅夫，是否可以将朱可夫的两个坦克集团军调过来，通过他的方面军打开的缺口向柏林方向突击。

显然，因为朱可夫的受阻，斯大林把攻占柏林的希望放在了科涅夫身上。

但是，科涅夫认为这将造成很大混乱，现在他这里战事发展顺利，没有遇到德军十分强大的阻击，他完全可以用自己手中的两个坦克集团军向柏林进攻。斯大林表示同意。

接完电话后，科涅夫立即向两个坦克集团军司令下达命令，让他们向柏林方向迅猛发展进攻。

科涅夫的两个坦克集团军接令后，立即风驰电掣地杀向柏林，于4月22日进抵柏林城郊。

4月25日，乌克兰第1方面军同白俄罗斯第1方面军在波茨坦胜利会师，将柏林完全包围，并在当天进抵易北河畔，同美军实现了历史性的"易北河会师"。

不过，最终还是朱可夫的白俄罗斯第1方面军部队把苏联红旗插上了德国国会大厦。

苏联柏林之战的胜利，使德军在欧洲各路的部队大都停止抵抗。不过，捷克境内还有一个德军强大集团拒不投降，这就是费迪南德·舍尔纳元帅指挥的中央集团军群，它拥有近50个精锐师，总数近90万人。

苏军统帅部命令科涅夫强大的乌克兰第1方面军主力迅速向捷克境内出动，与乌克兰第2、4方面军一起会歼该敌。

科涅夫以最快速度将他的部队从柏林的废墟中撤出，并重新进行部署。随着他一声令下，乌克兰第 1 方面军以 10 个坦克军、1600 辆坦克向南方勇猛进击。

德军中央集团军群司令部在毫无提防的情况下被苏军的先头坦克部队所歼灭，90 万德军失去指挥，陷入混乱。

科涅夫的坦克部队进抵布拉格，与城中的起义者和随后到达的乌克兰第 2、第 4 方面军的部队会师，收拢了对德军主力集团的合围圈。90 多万德军走投无路，被迫放下武器。

几个小时后，莫斯科以 1000 门大炮齐鸣 30 响，庆祝苏联卫国战争的胜利。

No.8 科涅夫的余生

战争结束后，苏联政府在克里姆林宫举行了为红军指挥员们庆功的盛大招待会。

莫洛托夫代表党和政府发表讲话，他先提到朱可夫，称赞他的名字是与莫斯科保卫战、列宁格勒保卫战，解放华沙和攻克柏林永远联系在一起的。

莫洛托夫第二个提到的就是科涅夫，他提议向乌克兰战役的英雄、布拉格的解放者祝贺，并热情地提到"科涅夫的军队与朱可夫元帅的军队一起冲入柏林！"

战争期间苏军最高统帅部发布的命令中，朱可夫与科涅夫两人的名字是最经常并列的。

从个人而言，科涅夫努力、节俭，这都是他贫苦的童年留给他的。他也很有教养，甚至在野外，他都随身携带诸如托尔斯泰的《战争与和平》及李维的《罗马历史》这样的名著。他懂得学习的重要性。在科涅夫的军队中，科涅夫能够体谅他的军官和士兵。

"二战"胜利后，斯大林在克里姆林宫的军事会议上讨论胜利阅兵时，提出由科涅夫元帅主持阅兵式。

但科涅夫却拒绝当阅兵总指挥，说自己不是骑兵，宁愿在本方面军的排头步行走过红场。

斯大林听了，大笑地说道："你翘尾巴了，科涅夫同志！得了，我们把这个交给罗科索夫斯基同志。"

1946 年科涅夫被改派为"苏联陆军总司令"与苏联"第一代理国防部长"，接替原部长朱可夫任职至 1950 年。

之后，科涅夫接掌苏联"喀尔巴阡山脉战区"司令官。

斯大林逝世以后，科涅夫担任"华约组织"三军统帅到 1960 年卸任。

在 1961 年至 1962 年，科涅夫担任驻东德苏军司令，并接受担任考核将军们的"苏联国防部"新职务。

1973 年在莫斯科，科涅夫先于朱可夫逝世，葬在有着众多苏联最伟大的英雄人物们长眠归宿克的里姆林宫红场墓园。科涅夫著有《1945 年》《方面军司令员笔记》军事著作。

第七章

"逆境英雄" 罗科索夫斯基

　　母亲眼中的"希望"，工友眼中的"叛逆"，长官眼中的"将才"，众多女性眼中的"风流种"……这些标签都可以贴在罗科索夫斯基身上。他经历了多变的童年，也经历过激情的军旅岁月，他在卫国战争中身先士卒，即使身负重伤依然不顾医生阻拦赶赴前线。他与德军殊死较量，战功赫赫，连斯大林都对他极其青睐，并予以"特别照顾"……

▲ 1945年6月24日，罗科索夫斯基元帅任胜利阅兵仪式总指挥。

No.1 自强的少年

康斯坦丁·康斯坦丁诺维奇·罗科索夫斯基于 1896 年 12 月 21 日出生在波兰华沙近郊洛瓦河畔的小城大卢基。他的祖父是波兰族人，在华沙近郊当过林务员。他的父亲也是一个波兰人，在当地的铁路公司担任火车司机，收入并不差。他的母亲是俄罗斯人，当过女教师，是一个非常重视子女教育的人。

尽管罗科索夫斯基的家庭带有波兰血统，但他的家庭早已经彻底俄罗斯化了，罗科索夫斯基终身认为自己是俄罗斯人。

罗科索夫斯基四岁的时候，因为父亲工作的调动，全家人都迁入波兰首都华沙。他则进入一所不错的学校——安东·拉贡学校。幼小的罗科索夫斯基聪明好学，但并没有表现出对军事的特殊热爱，但他尤其喜欢阅读一些传奇英雄的故事。

罗科索夫斯基的家境不错，父亲作为火车司机收入颇丰。所以，罗科索夫斯基的童年是无忧无虑的，和大多数孩子一样过着天真烂漫的日子。

但是，命运无常。父亲在一次交通事故中身亡，这使得罗科索夫斯基家境巨变。罗科索夫斯基还有两个姐姐。一家四口的重担压在了母亲身上。

母亲不得不担起养家的重担，她开始从袜厂揽些零活，并且没日没夜地干，只有如此，才能勉强维持四个人的温饱。为了帮助母亲，大姐退学了，并主动去纸厂做工挣钱贴补家用。而二姐因为艰难的生活，不幸病逝。幼小的罗科索夫斯基面对这一切不知所措。

尽管生活十分艰难，但是母亲还是坚持让小儿子罗科索夫斯基上学，因为她认为只有上学才能根本改变家里的境况。

1910 年，罗科索夫斯基刚刚上完了 4 年级，母亲就已积劳成疾，病倒在了病床上，再也无力干活为罗科索夫斯基挣学费了。罗科索夫斯基只有退学，刚满 14 岁的他接替母亲进入袜厂工作，开始了作为工人阶级的生涯。

又一年，罗科索夫斯基的母亲去世，而大姐也在不久后出嫁了。

1912 年，华沙工人举行了大规模的罢工和示威游行。在工厂度过两年生活的他，也认识到了资本家剥削与政府的无能腐败，他勇敢地加入了工人斗争的行列。

在一次与宪兵的冲突中，罗科索夫斯基被抓入监狱，并被关押了两个月。在监狱里，他认识了在工人生活中经常被提及的布尔什维克。出狱后，他被工厂解雇，之后到了一个石坊里当起了石匠学徒。

1914 年，第一次世界大战爆发。在奥匈帝国向塞尔维亚宣战的当天，俄国卡尔戈波尔龙

◀ **年幼的罗科索夫斯基**

骑兵第 5 团开进了华沙。一直对布尔什维克十分崇拜以及以俄罗斯人自居的罗科索夫斯基虚报了两岁，加入了俄国军队，并被分到了骑兵第 6 连，先后任列兵和下士，由此参加了第一次世界大战，也开启了自己的军旅生涯。

随着俄军与德军的战争全面展开，罗科索夫斯基也投入了作战。由于从小锻炼出的坚强意志，罗科索夫斯基表现得很不错。他作战英勇而机智，两次获得四级乔治十字奖章。

1916 年 7 月初，卡尔戈波尔团调到后方，罗科索夫斯基被选送到团教导队，接受了正式的军事训练。

1917 年十月革命爆发，卡尔戈波尔团站到了苏维埃政权一边，罗科索夫斯基当然也站在了苏维埃政权一边。不久，他被选为副队长。

随着苏联的成立，英法等国外势力进行了军事干涉，而苏联国内也内战不断。罗科索夫斯基随队南征北战，为了保卫他所信仰的苏维埃政权，与国内外反动势力进行了艰苦卓绝的战斗。

▶ 在沙俄军队服役时的罗科索夫斯基

1918 年 9 月，红军东方面军第 3 集团军乌拉尔第 3 师组建乌拉尔骑兵第 1 团。罗科索夫斯基担任了骑兵团第 1 骑兵连连长。

1919 年 3 月 7 日，罗科索夫斯基加入布尔什维克党。5 月底，骑兵团分编成两个骑兵营，他被任命为乌拉尔独立骑兵第 2 营的营长，指挥近 500 名骑兵。

11 月，罗科索夫斯基获得他在红军中的第一次奖赏——红旗勋章。1920 年 1 月底，几个独立骑兵营合并成第 30 团，罗科索夫斯基任团长。

24 岁的罗科索夫斯基开始崭露头角，成功为保卫苏维埃政权贡献了自己的力量，并连连获得了上级的表扬。

1922 年底，苏联成立。库班骑兵第 5 师对罗科索夫斯基的鉴定如下："具有坚强的意志，精力充沛，果断，冷静而沉着。对部下和对自己一样要求严格。关心别人。受到部下们的爱戴和拥护。热爱军事，能轻松地承受军旅生活。具有杰出的智慧，热爱本职工作，比较注重战斗工作，对组织和行政工作重视不够。俄共党员。受过中学 5 年级的教育。未受过专业军事教育，但热爱军事工作并以自学方式进行自修。经历长期实战，拥有在红军中以及在帝国主义战争中积累的战斗经验。由于在东方面军中参加过反高尔察克和温甘伦的作战而被授予两枚红旗勋章……"

罗科索夫斯基用自己的坚强与奋斗从一名苦难的童工成为前途无限的苏联军官，改变了自己的命运，实现了他死去的母亲的梦想。

No.2 "浮沉"的人生

由于罗科索夫斯基在苏联国内战争的优异表现，骑兵第5师首长认为罗科索夫斯基是很有前途的将才，极力主张上级给他进修机会。

1924年9月，罗科索夫斯基进入列宁格勒高等骑兵学校进修。这是罗科索夫斯基的上升期。由于早年有辍学的经历，罗科索夫斯基比别人更加努力，并获得了不错的成绩。

1926年9月，进修班结业后，他被派回外贝加尔，历任骑兵团团长、骑兵第3旅旅长，不久被派往蒙古人民共和国担任蒙古人民革命军骑兵第1师的教官。1928年9月归国后，他被任命为库班骑兵独立第5旅旅长兼政治委员，因战功卓著又获得第三枚红旗勋章。

1929年1月，他又进入莫斯科伏龙芝军事学院高级首长进修班进修了两个月。这使得他的晋升之路更加顺畅。1930年起罗科索夫斯基先后任骑兵第7师和第15师师长。1932年2月，库班第5旅扩编为骑兵第5师，他升任师长。由于训练工作成绩突出，他荣获了苏联政府的最高奖赏——列宁勋章。1935年9月，罗科索夫斯基被授予师级军衔。1936年初，他被任命为隶属列宁格勒军区的骑兵第5军军长。

正当他如沐春风之时，命运还是和他开起了玩笑。

1937年8月，罗科索夫斯基遭到逮捕，一夜之间便成为了阶下囚。1934年，苏联国内发生了历时四年的"大清洗运动"，众多高级政府官员和军官将领遭到无情逮捕，不少人含冤而死。

有人揭发罗科索夫斯基在哈尔滨与日军长官有过往来，还有人怀疑他是波兰在苏军中的间谍。说他与日本人有预谋一事，这完全是内务部人员的一种猜测，因他在20世纪20年代曾经在蒙古当过骑兵教官。说他是波兰的间谍，这来自一位与他在国内战争时期一起作过战的军官阿道夫·尤什凯维奇的供词，也毫无逻辑可言。

罗科索夫斯基深知，对他的指控都是无中生有，蓄意谋杀。在审讯室里，他遭受到严刑逼供和拷打，他的几颗前门牙被打掉了，肋骨也被打断了三根，铁锤敲打了他的脚趾，他还两次被押到刑场陪斩，并差点被处死……

但这些非人的拷打和折磨都未能摧毁罗科索夫斯基的意志，他既不承认自己有任何间谍罪行，也没有因此指控他人，表现出一名军人的铮铮铁骨与良知，并受到了其他将领的尊重。罗科索夫斯基就这样在监狱了呆了三年。

1940年，罗科索夫斯基获释出狱。斯大林的亲信铁木辛哥，这位后来的苏联元帅非常了解罗科索夫斯基，认为他无罪，而且还亲自去跟斯大林说情。罗科索夫斯基的骑兵身份也令斯大林有所偏爱。更重要的是，斯大林也认识到了在"大清洗"运动中犯了一些严重的错误，尽管他依旧认为利大于弊。综合多种原因以及罗科索夫斯基的案件始终毫无进展，最终，罗科索夫斯基得到了释放。

罗科索夫斯基重返第5骑兵军，不仅官复原职，还被授予了少将军衔。10月，罗科索夫斯基奉命接任新组建的第9机械化军军长。此时，纳粹德国已经在欧洲大陆称霸，德国与苏联的战争一触即发。

第二次世界大战爆发后，许多国家看到了德国的"闪电战"的成功，开始重视机械化部队。苏联也认识到机械化部队的重要性，并下令组建了20个机械化军。

罗科索夫斯基的第9机械化军属于基辅特别军区。由于斯大林认为德国将把主攻方面定在乌克兰，所以苏军在这里布置了最雄厚的兵力。

第9机械化军被部署在第二线。骑兵出身的罗科索夫斯基需要尽快熟悉这一新式装备和新的战术，刚刚从监狱中走出的罗科索夫斯基来不及休息，便投入到了紧张的训练生活中。

1941年6月22日，苏德战争爆发。这一天是星期天，早晨天气清爽，罗科索夫斯基原来打算去钓鱼，以缓解一下疲劳的训练生活，但突如其来的战争使得他的休假计划落空了。

罗科索夫斯基很快发现他的第9机械化军与其他部队失去了联系，凌晨4点时，他收到一个装有作战指令的信封，除此之外，他没有接到任何一个命令。

而这个信封只有在时任国防人民委员铁木辛哥元帅亲笔签署下，他才有权力打开信封。时事紧张，出于直觉，罗科索夫斯基还是下令打开信封。

在得知作战命令的下午两点，第9机械化军擅自向前线进发。除了极度缺乏弹药和燃料储备，第9机械化部队井然有序，在这一天就前进了50公里，前线部队更是前进了100公里。

此时的苏军形势十分险恶，德国南方集团军群已经击溃了第一线部队，而此时第二线部队还未展开。

▲ 罗科索夫斯基喜欢钓鱼。

第9机械化军奉命发起反冲击，以阻滞德军。27日，罗科索夫斯基发起进攻。但在第一天的战斗中，第9机械化军损失惨重。

罗科索夫斯基不得不违抗命令转入防御，他精心地组织部队及设置陷阱进行防御。28日，德军陷入陷阱，第一次受挫。

7月初，罗科索夫斯基的第9机械化军遭到了德军两个装甲师的轮番进攻，但他的防线几乎牢不可破。

这是罗科索夫斯基自国内战争结束以来获得的最高成绩。由此，罗科索夫斯基真正地从含冤入狱的屈辱中摆脱出来，成为一名纵横捭阖的苏联将军。

No.3 斯摩棱斯克会战

1941 年 7 月，苏联统帅部已经认识到德军的主攻方向是战线的中部，而非南部。因此，大批部队被调往中部。尽管罗科索夫斯基两次违反命令，但是，由于他的出色表现，他还是得以继续指挥苏军作战。

斯摩棱斯克是通往苏联首都莫斯科的门户，对于连连败退的苏联来说，斯摩棱斯克是必须守住的城市。

7 月的第一周，苏军完成了斯摩棱斯克的军力部署，而德两个装甲集群已经接近了斯摩棱斯克。

7 月 6 日至 7 月 11 日，苏联两个机械化军和两个步兵军与德军两个装甲集群展开了激烈的坦克大战，最终以德国人取胜而告终。德军很快占领斯摩棱斯克南部，守城的苏第 16 集团军克服种种艰苦条件，并炸掉连接斯摩棱斯克南北通道的重要桥梁，暂时抵御了德军的疯狂进攻。但敌军已经绕到第 16 集团军的背后，包围圈正在形成。

7 月 17 日，罗科索夫斯基抵达斯摩棱斯克。罗科索夫斯基手里没有部队，而斯摩棱斯克更是缺兵少将，他只得到两个不满员的师。所以，罗科索夫斯基只能自己去接受斯摩棱斯克周边被打散的苏联军队。他的参谋部也是十几个刚毕业的年轻军官。当然，由于他的大胆利用，他的参谋部成为苏军最杰出的单位。

7 月 18 日，罗科索夫斯基集群就与德军开始了激烈的战斗，罗科索夫斯基自开战以来就开始研究如何对付德军的"闪电战"，他首次把自己的思想运用于作战，这一思想在苏军中是第一次出现，后来成为了苏军防御作战的重要策略。

罗科索夫斯基在德军前进路线上组建了一条纵深的防御地带。在这一防御地带里，他巧妙地配置了炮兵与步兵，组建了以反坦克中心为基础的防御工事，同时以 80 辆坦克作为机动部队，随时策应防线中的薄弱点。

从 7 月 18 日到 23 日，罗科索夫斯基打退了德军所有的进攻，从而保证了德军无法完成对斯摩棱斯克的合围。德中央集团军群司令包克对希特勒无奈地报告说："我们在斯摩棱斯克形成了一个口袋，但这个口袋有个大洞。

苏军在斯摩棱斯克的顽强抵抗，不得不使希特勒担心无法在中部突破苏军防御，而开始计划在南部寻找出路。

同时，中部苏军开始计划发动大规模的反攻。德两个集团军群像钳子一样夹着斯摩棱斯克。中央方面军司令铁木辛哥打算打断这钳子的两只钳柄。

▲ 罗科索夫斯基元帅在检阅部队。

7月21日，苏军发起反攻。不过，由于苏联各方面的准备不足，这次反攻并没有什么效果。但希特勒决定开始首先解决斯摩棱斯克两翼已经展开的苏军，从而把中央漏了出来。

而处在中央位置的罗科索夫斯基集群有了机会，它的对手是德第7装甲师。

7月24日，罗科索夫斯基以他的40辆轻型坦克为核心发动了反击，并成功推进至德军背部。不过此时，南北两翼的苏军败局已定。

7月27日，更多德军向罗科索夫斯基集群发动攻击，罗斯科夫斯基也得到一些支援，其中的第7机械化军的参谋部，使他的工作变得更加畅快。

加强后的罗科索夫斯基集群打退了德军的又一次进攻，并夺回了重要的交通枢纽亚尔采沃。

7月30日，苏联统帅部放弃斯摩棱斯克。苏军开始突破。德军的进攻变得更加强势，但德军在罗科索夫斯基的防线面前还是没有办法。苏军主力成功突围，这也是苏军自开战以来唯一一次成功突围，而罗科索夫斯基无疑是功臣之一。

同时，罗科索夫斯基牵制了德军准备用于叶利尼亚战役的大部分预备队，从而协助第24集团军收复叶利尼亚并向西推进25公里。

在斯摩棱斯克会战中，罗科索夫斯基凭借极其有限的兵力和资源，在战场上第一次受到了苏联统帅部的关注和重视。

8、9两个月的时间里，在中部战场，德军日夜加紧备战。9月下旬，德军已经做好了进攻莫斯科的准备。为此，希特勒抽调了众多的兵力，并在9月30日对莫斯科发起进攻。

此时，罗科索夫斯基担任第16集团军司令，经过几天战斗，他基本守住了防线。但统帅部决定把他的第16集团交给其他人。

10月5日，罗科索夫斯基被调往维亚济马，组建新的16集团军。这里的情况还是和他初到斯摩棱斯克一样的情况，几乎没有任何部队。同时，罗科索夫斯基和统帅部的联系也全部中断了。

仅仅几个小时后，德军便开进了维亚济马。罗科索夫斯基迅速离开，险些被炸弹炸中。到达市郊后，罗科索夫斯基迅速集结他的司令部，并准确判断了德军对维亚济马的合围还未完成，城里只是德军装甲部队的前锋。

罗科索夫斯基一边突破，一边接收部队，并成功地把一个完整的步兵师带出德军包围圈。不久，罗科索夫斯基被晋升为中将军衔。

但是，在维亚济马－库良斯克战役中，苏军惨败，20万苏军阵亡，近100万苏军被扫荡一空。这使得莫斯科会战的气氛变得异常紧张。

No.4 莫斯科会战

德军在维亚济马－库良斯克战役的巨大胜利，使得苏联的莫斯科防线不断后撤。在难以撼动的德军坦克的不断推进下，苏联军队只能通过不断阻击和袭扰为莫斯科守军争取时间。

10月8日，苏联元帅朱可夫临危受命，奉命整顿已经十分混乱的莫斯科防线。此时的莫斯科城内的大部分政府机构都被撤往古比雪夫，莫斯科城内基本是无政府状态，由于斯大林将坐镇莫斯科，才暂时稳住了人心。莫斯科的危急状态也使得大量莫斯科市民主动投入了与纳粹德国的斗争工作中。

从朱可夫奉命来到莫斯科，到离德军对莫斯科发起总攻的时间只有短短两天。朱可夫几乎完成了一个不可能完成的任务。当然，这条防线有严重的问题，比如各支点上非常缺乏武器和后勤。

罗科索夫斯基指挥的新组建的第 16 集团军担任着防守任务。在第 16 集团军的右翼担任防守任务的第 3 骑兵军中还有不少的莫斯科军校的学生。

罗科索夫斯基的情况也不好。罗科索夫斯基的预备队包括第 18 步兵师和第 126 步兵师的一个团，第 16 集团军的炮兵包括 2 个反坦克炮团、2 个榴弹炮团、3 个"喀秋莎"火箭炮团，而他要靠这点兵力去防御一条长达 100 公里的防线。

10 月 10 日，德军发起总攻。直至 10 月底的 3 个星期里，莫斯科城的西部战斗异常残酷。尽管苏军连连败退，在面对占压倒性优势的德军面前，苏军还是以顽强的精神对德军的进攻进行了激烈的抵抗。

11 月初，苏军还在后撤，但莫斯科防线并未被突破。这一点使得守城苏军士气高昂，在苏军中流传了这样一句话："俄罗斯虽大，我们已无路可退，我们的背后就是莫斯科！"显然，苏军的战斗意志并没有受到连续失败的影响，反而在战斗磨炼中变得更加顽强。

这时，天气也帮了苏军的忙。俄罗斯进入雨季，泥泞的道路上的德军的推进速度减缓，苏军乘势牵制了大量德军，最终使得德军暂停了进攻。

随着莫斯科防线的慢慢巩固，加上大量部队和物资的到位，苏军的形势开始好转。对莫斯科来说，最危险的时刻已经过去。

前线的战事减少，罗科索夫斯基的第 16 集团军也慢慢得到了补充。他最先得到的是卡图科夫的第 4 坦克旅，这支军队将成为罗科索夫斯基的一张王牌。除了第 4 坦克旅，罗科索夫斯基还得到了第 1、20、24 和 44 骑兵师，这些师的兵力约在 4000 人左右。此外，他还得到第 58 坦克师。

11 月中旬，气温下降，泥泞季节结束，道路已经可以通行。德军将很快发起新一轮的攻势。

而得到补充后开始壮大的莫斯科守军正在计划着一次先发制人的反攻。但是，罗科索夫斯基坚决反对，他坚定地认为苏军力量偏弱，不应该白白消耗自己的力量。朱可夫也感到一点担忧。不过，朱可夫认为这次反攻可以为后方组建预备队争取时间。

▲ 罗科索夫斯基在前线与士兵们在一起。

在朱可夫的坚持下，11月15日，也就是德军计划发动攻击的同一天，苏军发起了大规模的反击。第16集团军在16日加入战斗，罗科索夫斯基组建了一个突击集团向德一个步兵军和装甲军发起猛攻。不过，仅仅在前进了3公里后，苏军就无法向前推进了。但第16集团军却为此付出了惨重的代价。

▲ 竖立于莫斯科的罗科索夫斯基元帅的骑马雕像局部图

　　17 日，罗科索夫斯基下令回撤。朱可夫的攻势取了一定成功，并为苏军争取到了大约 3 天的时间。可以这样说，形势是罗科索夫斯基和朱可夫的判断的综合。

　　在击退苏军后，德军随即发起攻势。德第 3 装甲集群和德第 9 集团军很快把罗科索夫斯基的第 16 集团军和右翼的苏第 30 集团军分割。

　　罗科索夫斯基的右翼遭到了德军的猛烈进攻，在第 16 集团军的顽强抵抗下，前三天内德军进展甚微。

　　11 月 19 日，苏第 16 集团军的右翼被突破。在德军急速推进近 20 公里后，罗科索夫斯基才勉强挡住了他们。

　　此时，第 16 集团军在德两个装甲集群迂回包抄下，显得力不从心。而急需增援的罗科索夫斯基只得到了一个从各个集团军中抽调的满员的步兵排。朱可夫又命令第 16 集团军不能后退一步。

罗科索夫斯基和左、右翼的第 5 集团军及第 30 集团军只能在德两个集团军及两个装甲集群不断的迂回侧击下拼死坚守。

所幸的是，苏军的顽强抵抗以及寒冬的降临使得德军攻势开始疲乏，11 月底，德军的总体攻势失去威力，而德军前锋部队一度抵达莫斯科市郊。

事实上，此时的苏军已经具备反攻的实力，部分部队已经进入预定反攻位置。德军占领莫斯科的可能性越来越渺茫。同时，在外交上，苏联已经确认日本将不可能进攻苏联，大量远东苏军的抽调加强了全国苏军的实力。

12 月 5 日，朱可夫的 110 万兵力向 70 万德军发起反攻。

12 月 7 日，第 16 集团军从防御直接转入进攻。经一天激战，罗科索夫斯基解放了克留克沃。到 10 日，德军丧失了全部主要抵抗枢纽部，向伊斯特拉河一线退去。

罗科索夫斯基丝毫不给敌人以喘息之机，命令部队不停息地全速追击。

在 12 月 11 日至 12 日的两天之内，第 16 集团军推进了 10 至 16 公里，在许多地段前出到伊斯特拉河一线。

12 月 15 日，第 16 集团军强渡伊斯特拉河，突破德军防线，德军退却。

12 月 20 日，第 16 集团军同友邻部队前出到拉马河和鲁扎河一线。至此，罗科索夫斯基的部队在十几天的战斗中推进了 100 公里左右。

1942 年 1 月 16 日，第 16 集团军攻克德军 14 个防御枢纽部。

1 月 21 日，罗科索夫斯基率第 16 集团指挥机构调离第 16 集团军，接受新任务。

4 月 20 日，莫斯科会战结束。莫斯科反击战取得重大胜利，德军损失兵力 50 多万，苏联迎来第一次大胜利，极大鼓舞了苏联人民和全世界人民反法西斯战争的胜利信心。

No.5 斯大林格勒围歼战

罗科索夫斯基总是在危机中接受任务，他又受命赶到苏希尼奇地区，接管部队，并恢复原来的态势。这是他半年里第三次接手新部队。

此时，德军对苏第 10 集团军发起反突击，控制了苏希尼奇这个大铁路枢纽及其周围地区。

1 月 29 日，又一次，罗科索夫斯基充分利用所能集中的少得可怜的部队，对德军防御筑垒据点逐个进行攻击，动摇了德军防御，将德军逼到日兹德拉河。

但不幸的是，罗科索夫斯基受到一次弹片攻击，一颗炮弹在司令部旁边爆炸，弹片击中罗科索夫斯基脊椎，但还算幸运，这只不过使他耽搁了不少时间，却没有要命。

7 月初，苏军最高统帅部任命罗科索夫斯基为布良斯克方面军司令员。在担任布良斯克方面军司令员仅仅两个月后，由于斯大林格勒局势危急，罗科索夫斯基奉命前往斯大林格勒。

7 月中旬，德军集结了 71 个师发起斯大林格勒会战。8 月中旬，德军攻占了顿河西岸的所有地区，苏联防线被压缩在斯大林格勒市郊。9 月中旬，德军突入斯大林格勒。

17 万人德军与 9 万守城苏军进行了近代以来最为血腥的巷战。苏军展现了堪称伟大的战斗精神，硬是牢牢牵制了德军，消耗了敌军大量有生力量。

刚到斯大林格勒，罗科索夫斯基又改任为顿河方面军，他的作战任务是对德第 6 集团军和第 1 装甲集团军的北翼施加压力，减轻斯大林格勒城内苏军的压力，并为反攻做好准备。

10 月初，罗科索夫斯基辖第 65、24、66 集团军，战线达 400 公里。

由于斯大林格勒城内守军的奋勇抗敌，10 月中旬，顿河方面军转入进攻，欲图歼灭斯大林格勒以北的德军，与坚守在城内的苏军会合。但这次进攻未能突破德军防线。

11 月 13 日，苏军统帅部正式批准代号"天王星"的大反攻计划。3 个方面军攻击斯大林格勒德军集团两翼并围而歼之。这是罗科索夫斯基第一次独立指挥一个方面军部队发动如此大规模的攻势。

11 月 19 日和 20 日，苏西南方面军和罗科索夫斯基的顿河方面军从谢拉菲莫维奇和克列茨卡亚一线，斯大林格勒方面军从萨尔平斯耶湖一带，先后发起反攻。

经几天激战，3 个方面军于 23 日在卡拉奇以东的苏维埃村会师，合围德保卢斯上将指挥的第 6 集团军全部和坦克第 4 集团军一部，共 22 个师，33 万余人。

因为罗科索夫斯基表现异常出色，斯大林就把围歼保卢斯第 6 集团军的"指环"作战计划交给罗科索夫斯基统一指挥实施。斯大林格勒方面军编制被撤销，所辖第 57、第 64 和第 62 集团军转隶罗科索夫斯基的顿河方面军。于是，罗科索夫斯基指挥了一支无比庞大的方面军，下辖 7 个集团军。

1943 年 1 月 1 日，方面军司令部的元旦庆祝会上，罗科索夫斯基看着屋外飘着漫天的风雪，有感而发，一下子想到了包围的德军。罗科索夫斯基一向优厚待人，所以部下都极其依赖和信服他。

罗科索夫斯基跟部下说道："包围圈中的那些德国人的日子一定不好过，在古时候，在这种情况下，人们会给被围困的敌人一个机会让他们投降的。"

第二天，罗科索夫斯基命令下属向被围的保卢斯递交了一封劝降书，提出如果德军立即

▲ 罗科索夫斯基（左一）与其他将军们在前线指挥作战。

投降的话，罗科索夫斯基承诺将保障他及其他德国军人的生命安全和尊严，并保证在战争结束后立即遣返他们。署名是罗科索夫斯基，这完全是罗科索夫斯基个人的行为。

不过，保卢斯没有同意。一方面，希特勒不允许他投降，另一方面，作为德军集团军司令，他无法承担因投降给德军造成的后果。

1月10日早8时零5分，"指环"战役开始实施。几千门苏军大炮齐声怒号，炮火持续了55分钟。随后，苏军突击部队全速前进，迅速冲垮德军防线。

1月11日，担任先锋的苏第65集团军楔入德军防御纵深1.5公里至4.5公里。又经过3昼夜酗血战，苏军消灭了德军防御西面突出部的守军。

1月12日终时，苏第65集团军和第21集团军前出至罗索夫什卡河西岸。1月15日，苏军突破了德军中层防御围廓。这一天，罗科索夫斯基晋升为上将。

1月22日，罗科索夫斯基发起总攻，顿河方面军全线出击。

1月26日，苏第21集团军的部队冲入斯大林格勒城内，与坚守数周的苏军守卫部队正式会师。

1月31日，无计可施的保卢斯及其司令部向罗科索夫斯基投降。

▲ 身着波兰元帅服的罗科索夫斯基

2月2日，罗科索夫斯基向苏军统帅部报告："顿河方面军务部已于1943年2月2日16时完成了您的命令，全部粉碎并歼灭了敌斯大林格勒集团……斯大林格勒市及斯大林格勒地域的战斗行动已经停止。"

当晚，按照一般情况，取胜后的罗科索夫斯基被斯大林调往他处，去接受又一项紧急而艰难的任务。

历时5个多月的的斯大林格勒会战以苏军的最后胜利而告终。苏军共消灭德军150万人。斯大林格勒会战的胜利是苏德战场的一个转折点。苏军从此开始由战略防御转入战略进攻阶段。

No.6 南征北战

1943年2月15日，斯大林命令罗科索夫斯基以顿河方面军的指挥机构，编组苏联中央方面军，罗科索夫斯基任方面军司令员。

罗科索夫斯基需要紧急开拔到叶列茨地域，在布良斯克方面军和沃罗涅日方面军之间展开，对奥廖尔地区的德军集团的翼侧和后方进行攻击，配合苏军全歼德中央集团军群。

罗科索夫斯基的时间非常紧迫，按计划他将在2月23日发动进攻。但是，在短短3个星期里，罗斯科夫斯基根本无法完成修整，同时，凭借苏联的运输能力，根本无法把这么多的部队运到前线。

所以，直到2月25日，罗科索夫斯基才加入战斗。此时，其他两个方面军的进攻并没有什么进展，而且还被德军死死牵制。

不过,罗科索夫斯基的加入,德军却并无察觉。苏第65集团军在第一天就突破了德军防线。

3月2日，罗科索夫斯基的中央方面军基本实现第一阶段的目标，第65集团军和坦克第2集团军突破了德第2集团军防线。但是，苏军其他两方面军却还未止住颓势。

3月7日，苏军先锋部队深入了德军后方达160公里。

德军很快增调了数个步兵师和坦克师，援军的到来使得德国守军倍受鼓舞。罗科索夫斯基的中央方面军也停滞下来，在取得初步的成功之后，罗科索夫斯基不得不紧张地等待着苏军预备队。

预备队一直没有来。而这对于罗科索夫斯基来说是一场灾难。德军的反扑使得苏军自乱阵脚。3月底，罗科索夫斯基被打回了原来发动进攻的地点。战斗结束，罗斯科夫斯基损失30万人，第一次败得如此惨痛。

事后，罗科索夫斯基总结了失败原因：苏军各方面准备不足，而进攻时间过于仓促。当然，作为方面军司令，他没有推卸责任。

3月间，德国元帅曼施坦因在南部战场也成功组织了反击，苏军损失约2.3万名士兵。

德军形势出现一定程度的好转，希特勒计划发动一次战略性的大反攻。

4月10，罗科索夫斯基给总参谋部的报告中明确指出："1943年春夏时期，敌人的进攻将只能在库尔斯克－沃罗涅日方向。"朱可夫和其他方面军司令也都同样指出了这一点。

4月12日晚，苏军统帅部下定决心在库尔斯克突出部，建立巩固的纵深梯次配置防御，先以强大的防御迎敌，然后转入反攻并彻底歼敌。这一主要任务落到了罗科索夫斯基身上。

4月15日，为了从苏军手中夺回战略主动权，希特勒下达了6号作战令，决定发动库尔斯克会战。

4月28日，罗科索夫斯基晋升为大将军衔。

5月后，德国在库尔斯克突出部发动进攻的迹象已经非常明显。罗科索夫斯基建立了纵深梯次配置，设立了6道基本防御地带、大量的中间地区和斜切阵地，挖掘堑壕和交通壕5000公里。

为加强奥廖尔－库尔斯克铁路沿线的第13集团军，罗科索夫斯基调去拥有700多门火炮和迫击炮的炮兵军，使每公里正面上有92门76毫米以上的大炮，这是前所未有的密度。

在德军进攻的整个方向上，苏军部署了罗科索夫斯基的中央方面军和瓦图京大将的沃罗涅日方面军共130万人，2万门火炮和迫击炮，3600辆坦克和自行火炮，3130架飞机。其后还有科涅夫的草原方面军58万人，9000门火炮和1640辆坦克及自行火炮。

在如此严密火力和庞大军队的防御下，德军从进攻一开始就失败了。

7月4日，罗科索夫斯基从德军俘虏中得知德军将于次日凌晨3时开始进入出发地，罗科索夫斯基决定先发制人。

7月5日凌晨2时20分，罗科索夫斯基的部队开始对正面德军进行射击，反击持续了30分钟。5时30分，德军发起进攻，但在主要地段的德军主力经4次突破无果后，被迫后撤。之后，德军开始投入全部预备队，但经4天激战，仅前进了10公里。

7月12日，德坦克第4集团军和苏近卫坦克第5集团军在库尔斯克突出部南正面的普霍罗夫卡附近展开了一场对攻战。这是世界战争史上最大的一次坦克战，双方共投入了1200辆坦克。激战后，双方各损失了300辆坦克，且都退回了出发地，而德军此后已再无力进攻。苏军转入反攻。

▼ 罗科索夫斯基

库尔斯克会战以德国的完败结束，德军已成强弩之末。

7 月 18 日，战线恢复到德军未进攻之前的态势。罗科索夫斯基开始扩大战果，最终将德军逐出奥廖尔。同天，沃罗涅日方面军解放了别尔哥罗德。

8 月 30 日，罗科索夫斯基的部队进入北乌克兰境内，随后相继解放了雷利斯克、克罗列韦茨、普季夫利、沃罗涅日等地。

9 月 18 日，战事十分顺利，中央方面军改称白俄罗斯方面军。

11 月底，罗科索夫斯基已肃清了白俄罗斯大片领土上的德军，并解放了战略要地戈梅利。接着，罗科索夫斯基继续推进。1944 年 2 月中旬，白俄罗斯方面军改称白俄罗斯第 1 方面军。进入 4 月后，因为天气问题，战斗暂停。

1944 年 6 月 23 日，苏军代号"巴格拉季昂"的白俄罗斯战役计划开始实施。拥有最大规模兵力的罗科索夫斯基的白俄罗斯第 1 方面军于 24 日开始进攻，激战 5 天，在 200 公里正面上突破德军防御，围歼德军博布鲁伊斯克集团，向纵深推进 110 公里。29 日，罗科索夫斯基被晋升苏联元帅军衔，达到了军旅生涯的顶峰。

7 月中旬后，罗科索夫斯基进入波兰国境，迅速向维斯瓦河推进，24 日解放了卢布林，28 日解放了布列斯特，并开始准备华沙战役。就在此时，斯大林突然调他转任白俄罗斯第 2 方面军司令员，并把白俄罗斯第 1 方面军交由朱可夫指挥。

1945 年 1 月 13 日，罗科索夫斯基的白俄罗斯第 2 方面军共 167 万苏军发起西进德国的东普鲁士战役。1 月底，罗科索夫斯基和朱可夫合力消灭了乌祖里地区的德军。苏军将东普鲁士德军分割成三个孤立集团，德军防线彻底崩溃。

至此，德军已无力阻挡苏军。4 月 16 日，柏林战役打响。罗科索夫斯基受命向西前进，包围德军坦克第 3 集团军主力，分割柏林地区德军集团。5 月 3 日，白俄罗斯第 2 方面军先锋部队与英国第 2 集团军的部队胜利会师。

5 月 2 日，柏林战役结束。

5 月 8 日，德军向苏军和盟军远征军投降，苏德战争和欧洲战争结束。

No.7　红场阅兵

纵观罗科索夫斯基的一生，从加入俄国到成为苏联的伟大元帅，他几乎很少犯错。不仅如此，罗科索夫斯基因为意志顽强、临危不惧以及道德高尚，使得他受到苏军上下的爱戴。

▶ 著名女演员瓦连京娜·谢罗娃

　　尤其是在即将攻入柏林的关键时刻，斯大林把他撤换为白俄罗斯第 2 方面军司令，而把攻占柏林的荣誉给了朱可夫，他都豪无怨言。在离开之后，罗斯科夫斯基把自己经营多年的享誉苏军的参谋部给了朱可夫，孑然一身就任白俄罗斯第 2 方面军。这和他在围攻德第 6 集团军时主动劝降敌军的行为如出一辙，都带有深深的人文情怀和大局意识。

　　1945 年 6 月 1 日，苏联最高苏维埃主席团发布命令："为表彰苏联元帅康斯坦丁·康斯坦丁诺维奇·罗科索夫斯基在东波美拉尼亚和梅克伦堡地域模范地完成最高统帅部赋予他的战斗任务，卓越地指挥了与德国侵略者进行的各次战役，以及在战役中获得的胜利，特授予他第二枚苏联英雄'金星'奖章，建立铜像，按在座台上，立于受奖者的故乡。"

　　罗科索夫斯基从一个"童工"成为"元帅"的故事，已经使得他载入史册。凭借世人对他的成绩和人格的了解，人们丝毫不会认为他会逊于朱可夫等第一流的元帅。

罗科索夫斯基与朱可夫以及科涅夫被誉为苏联陆军的"三套马车"。

6月22日，也就是苏联卫国战争爆发4周年的日子，斯大林发布了命令："为庆祝伟大卫国战争的胜利，兹定于1945年6月24日在莫斯科红场举行作战部队、海军部队、莫斯科卫戍部队胜利阅兵式。在举行胜利阅兵式时，由我的助理、苏联元帅朱可夫负责检阅，苏联元帅罗科索夫斯基负责指挥。"

6月24日将是罗科索夫斯基最为荣耀的一天，苏联人民将注视着他，全世界的人民也关注着他。

6月24日上午8时，各受阅部队在红场周围列队。

10时整，罗科索夫斯基骑着白色战马，随着克里姆林宫钟楼的钟声响彻红场，军乐队演奏格林卡的名曲《光荣啊，俄罗斯人民》。

10时零5分，罗科索夫斯基在受阅的英雄部队齐声高喊"乌拉"的欢呼声中骑马而过，这些英雄士兵一个个面目坚硬，像一座座雕塑，发出了震天动地的声音。罗科索夫斯基一个个看在眼里，并致以最崇高的敬意。

第二次世界大战结束后，罗科索夫斯基年任苏联北部军队集群总司令。

由于罗科索夫斯基的波兰血统，1949年10月，经苏联政府批准，罗科索夫斯基应波兰人民共和国政府邀请，赴波兰担任波兰人民共和国部长会议副主席兼国防部部长，获得波兰元帅军衔，并被选为波兰统一工人党中央政治局委员、议会议员。

1956年，罗科索夫斯基回到苏联，历任国防部副部长、总监察长等职位。

1962年4月，罗科索夫斯基任苏联国防部总监组总监。他根据以往战争经验和军事上的科学技术革命，为战后时期苏联武装力量的发展做了大量工作。

1956~1968年，罗科索夫斯基为苏共中央候补委员、苏联最高苏维埃代表。

1968年8月3日，罗科索夫斯基在莫斯科逝世，终年72岁，并葬于红场克里姆林宫红墙下，结束了他辉煌的一生。其著有《军人的天职》一书。

No.8 "风流倜傥"的元帅

罗科索夫斯基在苏军统帅中具有几乎完美的人格，他不像朱可夫那样暴躁，他鲜少犯错误，他与下级的关系要比一般关系紧密和忠诚得多。同时，这位苏联元帅还拥有一张非常帅气的脸孔，关于他的私生活实在值得一说。

罗科索夫斯基的妻子叫尤利娅·彼得罗夫娜·罗科索夫斯卡娅。她 1923 年嫁给罗科索夫斯基，之后在战争中一直与丈夫患难与共，无论是罗科索夫斯基无辜入狱 3 年，还是他在前线南征北战，尤利娅都一直在后方忠诚地等着他。

但罗科索夫斯基在前线还是与一位女军医加林娜·塔拉诺娃产生了恋情，而即使是这样，尤利娅也一直很坚强，没向任何人谈起此事，而把自己内心的痛苦埋在心底，她的忠诚换得了丈夫的归来。

加林娜·塔拉诺娃在卫国战争开始后就加入了战争。有一天，她听说有一辆汽车运着伤员来了，便跑去迎接，没有发现罗科索夫斯基在一旁站着。

罗科索夫斯基就问她：为什么不给首长敬礼？就是这样一个偶然的机会，罗科索夫斯基与塔拉诺娃相识，两个人很快坠入情网。

外界流传着的关于罗科索夫斯基的故事有很多，主要的是他与著名影星瓦连京娜·谢罗娃的一段交往。"将军"配"明星"，这样的故事颇能打动许多人。

1942 年，罗科索夫斯基与著名影星谢罗娃相识。那是 3 月 8 日，罗科索夫斯基在苏赫尼奇村郊外受伤，弹片伤及肺部和脊柱，他的伤势很重，很快就被送往莫斯科治疗。这也是他在战争期间受的最重的伤。

有一天，女演员谢罗娃和其他演员一行来到罗科索夫斯基的病房慰问伤员。

谢罗娃进门后，身材魁梧的罗科索夫斯基躺在床上，对她礼貌的微笑，她一下子就被吸引了。谢罗娃此时还是单身。

传言说罗科索夫斯基斯基也被她吸引了，并在认识当天就为她举办了一个颇具浪漫色彩的舞会，而谢罗娃则邀请罗科索夫斯基去大剧院看戏，两个人你来我往，日后总是待在一起。当然，传言终究是传言，没有确凿的证据证明他们两人发生了超越友情的关系。

非常重要的原因是，当时，谢罗娃其实是苏联著名诗人西蒙诺夫的女友。而罗科索夫斯基很尊敬西蒙诺夫，并喜欢西蒙诺夫的诗歌，还把诗人赠送的签了名的诗集放在家里书橱显眼的位置。他与西蒙诺夫在前线多次见过面。因此，以罗科罗索夫斯基的人品，不大可能去夺人之美。

当然，有人说谢罗娃还有选择的权利，她可以从西蒙诺夫和罗科索夫斯基中选择一个人作为终身伴侣。

谢罗娃争取罗科索夫斯基还是有机会的。尽管，罗科索夫斯基已经有两个心爱的女人，一个是尤利娅，一个是加林娜·塔拉诺娃。但是，爱情对于每个人来说都是无条件的。

　　她开始勇敢地追求罗科索夫斯基，可是，外人盛传的罗斯科夫斯基也爱慕女演员似乎是人们的一厢情愿。谢罗娃虽然美丽动人，但罗科索夫斯基就是不为所动。

　　紧张之下，谢罗娃给将军朗诵了一首诗，还是西蒙诺夫的诗：

　　等着我吧，我会归来的，

　　但你要苦苦地等待，

　　……

　　往昔的一切，

　　都一股脑抛开……

　　罗科索夫斯基听了，苦着脸。他不得不扬言说：要让自己的妻子和女儿来莫斯科，并请求她以后别再来打扰他。打那以后，他俩的交往就结束了。

　　实际上，罗科索夫斯基不仅不会夺人所爱，而且他对谢罗娃也谈不上有感情。

　　这个被人们期望的故事实际上是以这样尴尬的结果结束的：谢罗娃后来和西蒙诺夫结婚。

　　不过，罗科索夫斯基是风流的，除了发妻之外，他和另一个女人交往了。这个女人还给他生了一个女儿，在前线陪他度过了许多艰苦的岁月。

　　但是，在卫国战争结束后，罗科索夫斯基回到了自己的合法妻子和女儿身边，他与塔拉诺娃的故事也就彻底结束了。

　　尽管罗科索夫斯基最后离开了塔拉诺娃，但是塔拉诺娃倒一直没有怨言，她也从来没有奢想能成为将军夫人，乃至元帅夫人。后来，她嫁给了一个飞行员。

　　从罗科索夫斯基的私生活中，我们可以看到他是一个富有激情、洁身自律的人。或许，这就是罗科索夫斯基成功的秘诀。

第八章

"海上狼王"邓尼茨

　　邓尼茨研制的"狼群战术"，曾给英美等国的海上运输造成极大威胁，被盟军称为"面目狰狞的海底魔王"。他是希特勒的贴心将领，甚至一度将成为希特勒的"接班人"，但却又在最后时刻背离了希特勒。他在第三帝国灭亡之际，成立"新政府"，企图取代纳粹政权和盟军谈判。但在最后的审判时，他却出人意料地逃脱了绞刑架，并安度晚年……

◀ **年轻时的邓尼茨**

No.1　早年的丰富经历

卡尔·邓尼茨于 1891 年 9 月 16 日出生于柏林近郊的格林瑙。他的祖先一直是世袭庄园主和村长，也有出现过牧师、军官和学者，尽管不是显赫的家世，但也是一方耀眼的人物。

到了邓尼茨这一代，家族已经完全平民化了。父亲是一名工程师，母亲在邓尼茨 4 岁时去世了。父亲在母亲死后，没有再娶。所以，邓尼茨又是一个单亲家庭的孩子。

邓尼茨有一个哥哥。父亲一个人把兄弟二人抚养成人，费了很多心血，邓尼茨对此看在眼里，记在心上。

为了使两个儿子接受更好的教育，父亲把两个儿子送到了德国魏玛的私立学校，希望他们能够继承自己的事业。高中毕业后，兄弟二人却没有子承父业。

兄弟二人都投身到了海洋事业，哥哥是有关商业的，而邓尼茨则在他 18 岁的时候，应征入伍，正式参加了德皇海军。

不久，父亲也去世了。兄弟二人成了孤儿，随着二人各奔东西，邓尼茨彻底成了孤身一人，邓尼茨不得不变得成熟而强大。心无旁骛的他积极投入到自己的海洋事业中，以排解日益增加的孤独感。

入伍之后，邓尼茨以海军预备军官的身份服役于德国海军的"汉莎"号战舰。此时，邓尼茨还是一个小人物，所以他在艇上的工作是最脏最累的，但他还是适应了。

一年后，邓尼茨进入德国海军学院学习。德国海军学院是一所名校。在校期间，除了学习必要的军事理论和技能以外，每一个学院还要掌握必要的骑马、跳舞等礼仪性的内容，以期最终成为一名合格的绅士。一年后，邓尼茨取得军官任职资格。

1912年秋，邓尼茨以海军少尉的身份被派往德国海军的"布雷斯劳"号巡洋舰上。这是德国军队当时最现代化的轻型巡洋舰，这艘舰艇还曾经护送过德国皇帝。

1912年11月6日，"布雷斯劳"号被调往地中海。之后，巴尔干战争爆发，邓尼茨第一次参加了实战。在异国他乡的他，见识到其他国家海军的状况及各国形势，大大开阔了眼界。

1914年，"布雷斯劳"号又执行护送德国皇帝的任务。在执行任务期间，邓尼茨和德国皇室有了一定的交往。这使得他更加注重行事的分寸。

1914年7月18日，第一次世界大战爆发。"布雷斯劳"号巡洋舰加入战斗。在一次战斗中，面对敌军优势力量，"布雷斯劳"号突围至君士坦丁堡。当时，德国为了与土耳其结盟，就将"布雷斯劳"号和另一首战舰暂时交给土耳其海军使用。

两年时间里，"布雷斯劳"号在黑海行动，完成了一系列护航任务，并参与了击沉俄国战列舰和14艘运输船的行动。邓尼茨获得了更丰富的实战经验，他开始意识到在不同时间里与敌交战应该采取不同的措施，并学会了准确、快速、凶狠地攻击敌人。

1916年3月，邓尼茨晋升为海军中尉。5月，一直单身的他也收获了自己的爱情，并结婚生子。这使得他更加没有顾虑地专注于海洋事业。

这一年秋天，邓尼茨的军事生涯迎来了关键时刻。邓尼茨志愿加入潜艇部队，在经过为期三个月的潜艇技术训练后，邓尼茨返回战场。

1917年2月，邓尼茨当上了负有盛名的U-39潜艇的军官。10月初，U-39潜艇进行了5次远航作战，成功击沉了协约国的32艘运输船。就是在这个时候，邓尼茨学习到了潜艇于夜间进行水面攻击的战术，这成为未来惊天动地的"狼群战术"的一部分。

1918年2月，邓尼茨被提升为UC-25潜艇艇长，正式承担重任。他两次出征，成功布设了两个雷区，击沉5艘运输船，并以此获得十字勋章。

7月，邓尼茨调任 UB-68 潜艇艇长。渴望建功立业的他快速出征，因为第一次世界大战留给他的时间真的不多了。

邓尼茨计划和另一艘潜艇协同作战，到马耳他附近的海域等待英国穿越苏伊士运河的大型护航运输队，利用夜晚时间发起攻击。

协同作战的作战方式还是第一次，由于当时的潜艇间的通信技术并不发达，所以潜艇更多的是"单兵作战"。

10月3日，邓尼茨进入预定位置，但是另一艘潜艇没有及时赶到。凌晨1点，UB-68 潜艇发现英国护航运输队如庞然大物驶来。

UB-68 潜艇计划对最外侧的运输船发起攻击，但运输队走的是"之"字型路线，邓尼茨一时无法下手。

随着一声巨响，邓尼茨仓促地发射了一颗鱼雷，一艘英国运输船很快被击中并下沉。潜艇随后立即潜入海底。但英驱逐舰并没有发起进攻，潜艇又浮上水面，伺机而动。

然而，黎明来得太快，潜艇即将要暴露在水面上。邓尼茨立即命令下潜，不过潜艇又出现了一些故障，下潜速度有限。随着不断下潜，潜艇难以承受水压。不得已，潜艇只能浮上水面。

而英国驱逐舰和商船的炮口已经对准潜艇，邓尼茨只能下令离艇。随着 UB-68 潜艇被击沉，邓尼茨也被抓进了英国战俘营。

纵观邓尼茨的早年经历，内容十分丰富。无论是家庭，还是工作，他都比起一般人要丰富得多。这种丰富经历培养了邓尼茨精于钻研、思想广泛的性格气质，对他后期的指挥起到了关键的作用。

No.2　多年的蛰伏

邓尼茨被抓一个月后，德意志帝国崩溃，第一次世界大战以德国的无条件投降而告终。

在英国战俘营里邓尼茨一直在思索自己的失败。邓尼茨认识到：潜艇在暗夜的掩护下从水面对运输队实施攻击是可行的。并且，如果同一时间发动攻击的潜艇越多，对每一艘潜艇就越有利。由于敌人船舰在受到攻击后容易产生混乱，如果配合更多的潜艇行动的话，敌人将遭到致命的攻击。

邓尼茨的"狼群战术"已经初次形成：即必须集中多艘潜艇进行战术指挥，使潜艇既具

▲ 着便装的邓尼茨

有水面作战的灵活性，也具有进行水面夜袭的优越性。在战俘营里的 10 个月时间里，邓尼茨都在思考他的战术。

德国战败后，民生凋零加上利益被战胜国瓜分，曾经威风凛凛的德国海军很快解体。

1919 年 7 月，邓尼茨回到德国，当他看着空荡荡的德国军港，心里涌出了深深的悲伤。

有人问他："您还打算干海军吗？"邓尼茨反问："我们不久就会有潜艇，你信不信？"问话的是一名海军上校。

德国战败后，海军编制被限制为 15000 人。邓尼茨凭着发展海军事业的热情和过硬的工作能力，成功挤进了海军，进行了长达 20 年的蛰伏。

1920 年春至 1923 年 3 月，邓尼茨以海军中尉的身份担任鱼雷艇艇长。在 1935 年之前，德国不许拥有潜艇。这也给邓尼茨带去了不小的苦恼。但所幸的是，鱼雷艇也具有反潜功能。期间，邓尼茨晋升为上尉军衔。

1924 年至 1927 年 10 月，邓尼茨在海军总司令部担任助理。在这段时间里，他更多的是忙于一些政务工作。在这里，他和各个岗位的海军人员打交道，充分了解了海军的基本情况。

1928 年，邓尼茨晋升为海军少校，并被任命为第 4 鱼雷艇支队支队长。历时两年的艰苦训练，从战术演习到人员训练，邓尼茨为未来担任更高的领导职务打下了基础。

1934 年，邓尼茨晋升为海军中校，调任为"埃姆登"号巡洋舰的舰长，并在世界范围内进行远航任务。

1935 年 7 月，德国潜艇限制令被解禁。海军总司令雷德尔命邓尼茨训练德国的新潜艇部队。配备有 3 艘德国的首批作战潜艇的"韦迪根"型潜艇将服役，邓尼茨任"韦迪根"型潜艇支队支队长，并晋升为海军上校。

▼ 德军的 U 型潜艇在大洋中作战。

▲ 邓尼茨（左三）参加陆军上将胡北的葬礼。

自1933年，希特勒担任德国总理以来，德国就不断摆脱《凡尔赛条约》的限制。国内的"军国主义"气氛越来越浓，邓尼茨认为可以放开手去试验研究他的新战术了。

从1933年到1939的几年间，邓尼茨虽然只拥有有限资源，但是他励精图治，为德国海军做出了极大的贡献。

邓尼茨潜艇支队确立了以下目标：

1. 要使艇员们热爱和信赖他们的武器，教育他们要具有忘我的精神。

2. 尽可能按实战要求训练潜艇部队。

3. 规定潜艇要在600米的近距离上实施水面攻击或水下攻击。

4. 潜艇是一种出色的鱼雷携带工具，即使在夜间实施水面攻击时也是如此。

邓尼茨还圈定了需要重点研究的战术：利用集群潜艇来对付集群目标；利用飞机为潜艇担任侦察任务。

"韦迪根"型潜艇支队的一年训练工作结束后，1936年，邓尼茨开始担任德国海军潜艇部队司令，这使他获得了更大的自主权。

1937年秋，德国国防部举行了一次大规模的"国防军"演习，海军第一次采用了潜艇协同战术。

邓尼茨在基尔港乘坐一艘潜艇护卫舰，用无线电指挥东波罗的海的潜艇。潜艇的任务是在波莫瑞湾和东西普鲁士海岸以北的波罗的海公海海区的搜索，跟踪和攻击敌方一支潜艇编队。在演习中，集结的潜艇十分成功地接近了敌编队。

后续的几次演习证明集群战术基本成功了，所有不利因素都得到了较好的坚决。这时，该战术有了一个威风的名字：狼群战术。

在自己的权限范围内，邓尼茨还尽可能地为潜艇部队争取能够适应未来战争的潜艇。面对德国对潜艇的忽视及轻蔑，邓尼茨经常据理力争，促进了德国对潜艇的重视。但实际上，潜艇的发展仍然受到压制。

1938年，希特勒批准了"Z"计划，计划的重点是建立一支大型水面舰队。但邓尼茨对此是颇有微词的。他认为世界空军的发展对于水面舰队是一个无法消除的威胁。他还列出了多种理由来反对这一浪费国力的计划。从未来的发展看，邓尼茨比当时的其他的海军领导而言都更具有前瞻性。

这时，第二次世界大战马上就要打响了。

No.3　一鸣惊人

1939年，第二次世界大战爆发。英国对德国宣战，德国海军与英国海军的战争将不可避免。事实上，邓尼茨对于这次战争是心存不满的。这是因为：第一，德国潜艇部队的装备实在有限；第二，希特勒曾经答应过他，尽量避免德国与英国开战。

作为德国潜艇部队司令，邓尼茨鼓励下属和艇员，安抚他们的心理，促使他们尽快进入战争状态，并不断说服海军元帅雷德尔停止"Z"计划，从而尽快建造300艘潜艇，不过这还是没有得到通过。

此时，邓尼茨对潜艇部队的任务已经非常明确：将对载货商船的进攻放在其他一切战事之上；力求将潜艇派到最容易击沉敌方商队的地方去，以及使每艘潜艇和每个出航日都能达到对敌船的最高击沉率。

邓尼茨抓住了英国是岛国,而生活和工业用品需进口的弱点,同时这也是英国最为担心的。

德国海军仅有的38艘潜艇做好了战斗准备。短短4天内,21艘潜艇进入待命状态。至8月28日,德国潜艇进入预定各个阵位。

英国人对德军潜艇部队的部署过程全然无知。由于英国实行绥靖政策,所以海军对此疏于防范。

9月3日12时56分,德国统帅部向德国海军下达作战命令。但是,潜艇部队被要求按兵不动。由于希特勒并不想和英国彻底闹翻,他采取了缓和的措施。

当然,希特勒很快抛弃了这一幻想。邓尼茨的"狼群"像挣脱了锁链一样开始大开杀戒。

首当其冲的是击沉"雅典娜"号客轮。"雅典娜"号客轮是一艘13500顿级客轮,当然,这是一个明显的错误。由于"雅典娜"号客轮并非商船,加之有不少美国人在船上。希特勒拿着这只烫手山芋,十分担心。

所以,德军紧急封锁消息,并嫁祸给英国,暂时使德国没有成为世界舆论的指责对象。而邓尼茨也不得不对潜艇部队严格限制,以防闯祸。

尽管"雅典娜"号客轮的击沉并没有让德国人高兴,但也初次证明了"狼群"的威力。

此时,英国派出了数艘航空母舰。9月17日,英国"勇敢"号航母由四艘驱逐舰掩护担任反潜巡逻。

18时,德国潜艇发现英海军"勇敢"号航母。U-29号潜艇慢慢靠近,随着英国四艘驱逐舰鲁莽地去援救被德国潜艇击伤的运输船,暴露在潜艇鱼雷管口的"勇敢"号成为"孤家寡人"。

19时40分,3条鱼雷冲向"勇敢"号,两条鱼雷击中。仅仅20分钟后,"勇敢"号就因大爆炸而沉没。而英国驱逐舰对U-29潜艇进行了长达4小时的深水炸弹反击,却一无所获。德军潜艇获得大胜并且全身而退。

德国潜艇部队第一次获得了名副其实的骄人战绩,而英国则只能把航空母舰尽数撤回,以防损失。这使得德国潜艇士气大振,开始肆无忌惮。

9月26日,德国潜艇开始把目标瞄准斯卡帕湾。斯卡帕湾具有重要战略意义,是英国海军本土舰队最重要的军港,英军的布防十分严密,所以德国潜艇袭击斯卡帕湾存在极大的风险。

9月26日,德国空军通过侦察,取得了一些有利的资料。潜艇司令部研究后得出结论:潜艇必须在夜间攻击,因为那时海底水流缓慢。

10月1日，邓尼茨晋升为海军少将。当时，邓尼茨发现：在10月13日至10月14日夜是新月天，而且海流较平缓，有利于潜艇隐蔽进入。

10月8日，U–47潜艇出发。此次行动十分隐蔽，等到10月12日，艇员们才得知进攻目标是斯卡帕湾。

10月12日晚，在水下摸索航行了整整一天的U–47潜艇开始浮出水面，经过短暂的修整航线后，又下潜至深海，重新开始一整天的潜伏。其间通过中断照明、减少走动等措施，使得潜艇的噪音降至最低。

13日下午4时，潜艇鱼雷开始装填，又进行了灯火管制。

傍晚7时，夜幕降临。U–47潜艇小心翼翼地避开水下密布的沉船和人工障碍物，几乎是渗透入斯卡帕湾。23时31分，潜艇进入斯卡帕湾，而英军士兵却都在沉睡之中。

不出意外，U–47潜艇成功击沉了"皇家橡树"号战列舰，并重创了"反击"号战列巡洋舰。随着"皇家橡树"号战列舰的沉没，包括英国皇家海军少将、士官和士兵在内共834人丧生。英军根本没有意识到U–47潜艇的存在，U–47潜艇又得以全身而退。

德国潜艇的又一大胜利，使得英国海军不得不撒谎说：已经击沉德国U–47潜艇，以安抚英国民众。这令德国海军十分自豪，U–47潜艇的艇员在德国受到了英雄般的欢迎。

德军潜艇部队依靠少量的潜艇在大西洋战事中取得了傲人的成绩，使得德国开始正视潜艇部队的建设，邓尼茨用实际行动证明了潜艇在海战中的优势。

No.4　大展身手

从1939年9月至1940年5月间，德潜艇采取的都是单艇战术，由于潜艇数量较少，邓尼茨的"狼群战术"还未真正得以实践。

但是，德潜艇的战绩还是不可小视。英国损失了一半的商船。英国不得不违反国际规定，在商船上也安装反潜武器。

随着德国陆军占领法国，德国迅速在大西洋沿岸国家建造了潜艇基地，这使德国潜艇部队的补给等都得到了极大的改善。随着潜艇部队的壮大，"狼群"战术正式在实战中得以应用。

1940年夏秋季节是德国潜艇的"第一个黄金时间"。6月~10月，德国潜艇每月击沉英国商船的数量平均维持在55艘以上。而英国海军一直无法遏制损失。

例如，9月20日，U–47潜艇发现一支从加拿大开往英国的运输船队。该船队有41艘

▲ 邓尼茨

▲ 邓尼茨被盟军逮捕。

运输船、1 艘驱逐舰和 4 艘护卫舰。此时 U-47 潜艇只剩一条鱼雷，无力采取攻击，它一面跟踪船队，一面联系附近潜艇。天黑后，U-99 潜艇对船队实施进攻，击沉 3 艘运输船。U-48 潜艇也赶来攻击，又击沉 1 艘运输船。

又一天夜晚，U-100 潜艇突入船队，进行了长达 4 小时的攻击，共击沉 12 艘运输船。德国潜艇部队极其活跃，并展开了各潜艇间的"吨位"竞赛。

邓尼茨的"狼群"就像对待猛兽一样，不断袭扰，不断损耗对方，直至彻底吃掉对方。

1940 年全年，德军潜艇共击沉 471 艘英国运输船，但只损失 31 艘潜艇。较为松散的"狼群战术"大获成功。

英国海军的无能使得英国国内民怨沸腾，而运输船队的损失也造成了英国国内的物资供应紧张，德国就像掐着英国的脖子一般。

面对如此的窘境，丘吉尔只能向美国总统罗斯福求援。1941年1月5日，美英达成协议，规定美国应该担负起北大西洋的护航责任。

由于希特勒一直不愿与美国交战，所以他一直严令邓尼茨不可与美国发生冲突。这无疑加大了潜艇作战的难度。英美海军开始合作，以英美船舰混合编队的形式进行护航任务。这令邓尼茨十分郁闷。

等到希特勒认为美国已经实际加入战争中时，他才取消了这一限制。而邓尼茨的潜艇部队面对的对手却变得更加强大。面对强敌，他丝毫不敢怠慢。

早在1940年12月，邓尼茨就发现了潜艇缺乏侦察保障。在海军司令部的支持下，邓尼茨很快得到了一个大队的远程侦察机的指挥权。

1941年，德军开始实施改进的战术，即以6~8艘甚至更多的潜艇在护航运输船队可能经过的海域以450公里间隔一字展开，形成潜艇巡逻线。只要其中任何一艘潜艇发现船队，就立即报告潜艇司令部，再由潜艇司令部组织附近潜艇展开连续的夜间水面攻击。

▼ 邓尼茨检阅部队。

"狼群战术"不断得到改进。后续，邓尼茨又放弃固定巡逻线，开始尝试在更大海域内的大范围搜索战术。改进后的战术使得各潜艇更容易撤退。

同时，德军逐渐将建造潜艇列为军事工业优先生产项目，这使得德军潜艇数量大大增加，不仅可以补充作战时的损失，而且极大地加强了潜艇部队的力量。当时的潜艇总数高达236艘，投入实战有90艘，达到了邓尼茨理想中的水平

1941年第二季度，英国损失的船只吨位高达170余万吨，英国称之为战争中最艰难的一个季度。

其中U-107号潜艇在一次战斗中取得了击沉14艘船只的战果，创造了德国在整个战争期间单艘潜艇单次战斗的最大战果。

整个1941年，德军潜艇使用"狼群战术"集中兵力攻击英美防御薄弱的海域，取得了全年击沉432艘敌方舰船的成绩，而自己则仅损失24艘潜艇。

德国潜艇横扫大西洋。"狼群战术"成为英美船队的梦魇，而丘吉尔更是把邓尼茨认为第一敌人。

No.5　四面出击

1941年9月，北非战场吃紧，意大利军队无力对抗英国的地中海军队，使得德军的地中海运输线几乎被切断，北非的德军将可能陷入孤立无援的境地。因此，希特勒命令德国潜艇进入地中海，打击英国海军，支持非洲的德军。

当然，从各方面而言，邓尼茨都认为这是充满风险的。

第一，英国的命脉是大西洋运输线上的商船，如果德国调潜艇进入地中海，则可能导致大西洋战场的失败。第二，地中海海域狭小，潜艇活动区域极其有限，容易被英军发现乃至消灭。第三，直布罗图海峡有一股强劲的海流，进入地中海是顺流，但出地中海则是逆流，不利于潜艇突围。

但是，在希特勒的严令下，邓尼茨只好向地中海派出部分潜艇。

1941年9月至11月，德军先后两次派出20艘潜艇进入地中海，其中就有5艘在通过直布罗图海峡时被英军发现并击沉。

11月3日，U-18潜艇击沉英军"皇家方舟"号航母。

11月25日，U-331潜艇击沉"巴勒姆"战列舰。

到1941年底，德军在地中海的潜艇数量保持在27艘，后又损失4艘。

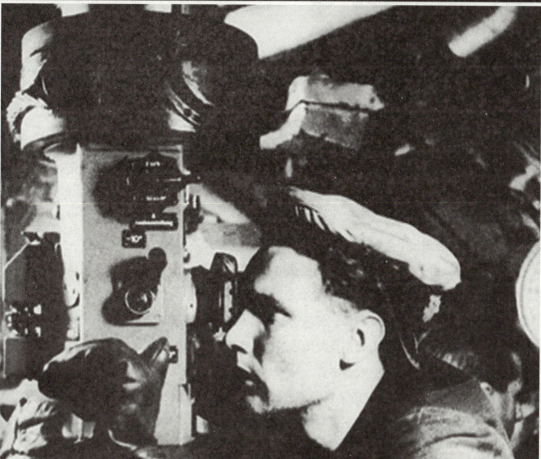

▲ 德国潜艇 U-30 上的艇员正在通过潜望镜寻找袭击目标。

◀ 邓尼茨正在向德国海军士兵发表讲话。

1942 年 8 月 11 日，U-73 潜艇击沉"鹰"号航母。

11 月，希特勒又要向地中海增派潜艇，但却遭到了邓尼茨的极力反对。最后，希特勒只向地中海增派了 4 艘潜艇。希特勒与邓尼茨只能各让一步。

直到 12 月底，由于德军在北非战场已经失败，德军统帅部才下令终止潜艇进入地中海。

至 1942 年底，进入地中海的德军潜艇共击沉 432 艘运输船。

尽管德国潜艇在地中海表现不俗，但是这是用主力的德军潜艇部队和代价不小的损失换取的成果。希特勒三番两次强迫邓尼茨向地中海战场增派潜艇，这严重影响了大西洋战场的作战行动，使英国得到了更多的战备物资。

除了地中海的作战，邓尼茨还策划了"击鼓行动"计划。1942 年 1 月 12 日，5 艘德国潜艇到达美国东部海域，开始对缺乏反潜措施的美国实施进攻，以牵制美国在大西洋的护航力量。

那时，美国反潜措施非常缺乏。沿海地区普遍没有灯火管制；夜间航行的船只仍旧开灯行驶，并公开使用明码通信；沿海基本没有编组护航船队。

由于德国潜艇数量较少，所以无法采取"狼群"战术。德国潜艇一般在白天远离商用航线的海域潜入海底，当夜幕降临，才浮上水面开始搜索目标。一旦发现猎物后，潜艇往往是靠近再打，甚至为了节约鱼雷，一般还会使用甲板上的炮火攻击对方。

德国的5艘潜艇在美国近海如入无人之境，击沉了较大数量的商船。邓尼茨得知后又开始抱怨希特勒，他认为如果将部分地中海的潜艇加入美国近海的战斗，成功将会更加巨大。那将会对美国的军心士气产生相当大的消极影响。

为了扩大战果，邓尼茨又抽调了5艘潜艇前往美国东海岸。面对防备缺乏的美国，第二批潜艇也取得了圆满的胜利，乘胜而归。

接着，邓尼茨开始将战斗力稍弱的第三批15艘排水量600吨的中型潜艇加入战斗。

2月17日，美军开始加强警戒，并开始实行灯火管制，使得夜战的德国潜艇难以发现岸上目标。2月间，德国潜艇击沉85艘美国商船。

3月14日，德军又派出第四批共11艘潜艇作战，并创下了与美开战以来最高月纪录，共击沉敌舰95艘。同一天，邓尼茨被晋升为德国海军上将。

1942年前3个月，德军没有损失1艘潜艇，并取得了击沉242艘运输船的战果。因此这几个月又被称为德国潜艇部队的"第二个黄金时间"。

▶ 邓尼茨视察部队。

随着更多的新潜艇下水服役，德军潜艇部队数量达至 111 艘。所以，邓尼茨能够不断向美国东海岸投入力量。

4 月 8 日，德军向美国派出第 5 批 12 艘潜艇。到 4 月 18 日，美国驱逐舰击沉了 1 艘德国潜艇。为了给德国造成更大损失，英国空军开始把德国潜艇生产工厂列为战略轰炸的目标，一定程度上打击了德国潜艇工厂的生产效率。

4 月 26 日，德军向美国和加拿大派出了第 6 批潜艇，加拿大海域也有了德国潜艇活动的身影。

4 月底，英美建立护航运输船队制度，成功将德军潜艇驱逐出了美国近海。4 月间，德国潜艇击沉英美船只共 74 艘，袭击行动受到了一定程度的遏制。

5 月 15 日，德国潜艇被逐出美国东海岸。尽管如此，德军潜艇还是取得了空前的战绩。

从对比希特勒和邓尼茨的计划可以得出：邓尼茨的中心战场一直是大西洋，他进攻美国东海岸也是为了协同大西洋战场，而希特勒则分割了地中海战场与大西洋战场，使两者无法形成有效呼应。而两者取得的成绩也是不同的，地中海的成绩是有限的，在战略上是妨碍了大西洋战场的。而美国东海岸战场则有力地补充了大西洋战场。

1942 年，德国潜艇共击沉盟军运输船 1160 艘，是整个战争期间的最高战果。

No.6　盟军的反制

针对德国潜艇的威胁，盟军在战争开始头两年，并没有拿出有效的应对措施，从而使得德国潜艇频频得手。

在海军的力量上，德国海军根本无法给英国海军造成有力的威胁，而邓尼茨利用了潜艇这一有力武器，使得英国海军的大炮巨舰一时难以施展威力。邓尼茨还将攻击目标对准了英国最为担忧的海上运输队，取得了辉煌的成就。

当然，盟军在与德国潜艇的对抗中也逐步总结了一些有效的经验。

1942 年 5 月，美国在整个东海岸建立护航船队体系。美国海军总司令金上将全力进行护航体系的组织，从最早的局部护航，即将运输船从一个锚地护送到下一个锚地，并逐渐扩大为整个近海护航体系。大规模护航船队体系的建立以及岸基航空兵的空中掩护使得德国潜艇的攻势变弱。

7 月，美军护航体系延伸到加勒比海。8 月，美国开始实施分段护航体系。所有在美国大西洋沿岸航行的船只都被纳入该体系。

▲ 邓尼茨检阅水兵。

严密的护航编队使得德国潜艇的作战成功率变得更低。从 1942 年 7 月到 12 月，同盟国在美国东海岸的损失减少到 39 艘。一套有效的海空反潜体系使得德国潜艇难有作为。

从美国东海岸撤离的德国潜艇又回到了大西洋战场，这使得英国又变得十分敏感紧张。当然，英国的反潜措施也开始变得更加强大。

从战术来看，德国潜艇必须在浩瀚的海军上搜索一支护航船队，这无异于大海捞针。英国据此成立了潜艇跟踪室，如此一来，通过情报交流，护航运输队可以选择较安全的路线或者不断变换航线，以躲避德国潜艇。

从德国海军的总体来看，德国潜艇的明显缺陷是缺乏空中侦察，属于单一军种作战。攻击目标的发现和搜寻主要依赖跟踪潜艇。假如英国海军能将跟踪潜艇击沉或迫使它中止跟踪，护航运输队就可能避免遭到攻击。通过对跟踪潜艇的无线信号进行破译，英国将掌握德国潜艇的动向。

在无线电技术上，英国得到了突破。英国研制了一种小型高频定向探测仪，这种探测仪装备到舰艇上，护航舰船就可以利用这一仪器准确地测出两个或数个方位，并由此可以准确地推算出跟踪潜艇的位置。同时，精密雷达的安装和使用，也使得德国潜艇无法再轻易利用黑夜掩护自己。

英国海军还研制了新型机载探照灯，又叫"利"式探照灯。这种探照灯被安装在轰炸机上，能够在夜间发现敌军。1942 年 7 月 4 日，德国 U-502 潜艇在返航途中成为第一艘被"利"式探照灯发现并击沉的德国潜艇。

在体制上，英海军成立了"反潜艇战委员会"，以协同英美海军在大西洋的监控和反潜工作。该委员会还建立了"支援部队"，即不担任护航任务，主要进行跟踪、攻击德国潜艇等任务。

在德国和盟军海军的对比中，尤其是在水面舰艇上，德国海军是一败涂地的。这使得德国潜艇部队成为唯一能够有效进攻盟军海军的部队。英美海军虽然受到德国潜艇的牵制，但归根结底地说，德国海军的总体实力远小于英美海军。

随着英美更为严密的护航体系和"海空一体化"力量的加强等变化，德国潜艇的行动将更加受限。

而邓尼茨也意识到了盟军的反潜能力会得到快速提升，对此，德国潜艇绝对不能止步不前，所以他一直呼吁尽快建造大批潜艇以及研发相关技术。

▲邓尼茨与希特勒。

No.7 "狼群"的衰败

1943年1月30日，邓尼茨晋升为德国海军总司令。邓尼茨对德国海军进行了一系列的整改。

1943年，从德国各个战场看，德国已经在斯大林格勒战败，而盟军在北非登陆作战取得成功，战争的天平已经向盟军倾斜。而从1943年的海上战争形势来看，德国的"狼群作战"也难以有效。

而身为新晋德国海军总司令的邓尼茨不得不奋力一搏。尽管身为德国海军总司令，邓尼茨拥有了更大的自主权，但形势依然很不利。

1943年1月，德军前线作战的潜艇数量分别为：大西洋64艘，地中海24艘，挪威海21艘，黑海3艘。从数量来看，德国潜艇部队相当庞大。但邓尼茨仍然感觉严重不足。因为德国海军几乎只能倚赖潜艇作战了。

面对着盟军立体化、数量庞大的反潜兵力，德国潜艇的形势急转直下。

1943 年 2 月，德国潜艇部队从某一航线上俘获的英国军官那里得知，将有一支大型盟军船队从同一航线驶来。

邓尼茨根据这一情况，组织了一场大规模的围歼战。他把附近海域的所有潜艇编成一个"箭"潜艇群，以偷袭盟军护航船队。

1 月 24 日，从加拿大开往英国的共 63 艘运输船，装载着一批极为贵重的军用物资。护航兵力为 3 艘驱逐舰、4 艘护卫舰和 1 艘驱逐快艇。

2 月 4 日，德 U-187 潜艇发现了船队。不过，当它发出了无线电时，就被船队护航军舰的高频测向仪锁定了位置。随后，U-187 潜艇就被两艘护卫舰击沉。德潜艇开局不利。

同一天，德 4 艘潜艇靠近船队，但又被护卫舰驱走。两艘潜艇突入船队，各斩获 1 艘运输队的战绩。

2 月 5 日傍晚起，德潜艇再次逼近船队，但此时船队得到了盟军增援，从冰岛赶到的 2 艘驱逐舰又将德潜艇驱走。

2 月 6 日，两艘潜艇遭到重创，但 1 艘潜艇抓住机会闯入船队，取得了击沉 6 艘运输船的战绩。不过盟军护卫舰还以颜色，击沉 1 艘潜艇。这一天，德潜艇击沉 7 艘运输船。

2 月 7 日至 2 月 8 日，盟军空中力量加强，击沉 1 德国艘潜艇以及重创 1 艘潜艇。德国潜艇无计可施，只能放弃。

此役，德军共击沉 13 艘运输船，而德军的代价是 3 艘潜艇被击沉，3 艘潜艇受重创。这场战斗被邓尼茨称为最艰苦的战斗，也宣告了德潜艇的衰弱。

2 月 17 日，德潜艇部队以损失两艘潜艇的代价才击沉了两艘运输船，邓尼茨指出这是潜艇战史最大的代价。

2 月间，德潜艇取得了击沉 63 艘运输船的成绩。

面对连续的颓势，邓尼茨开始寻找原因，他开始组织人员调查：盟军是否从德国潜艇部署中发现了什么情况？

但海军情报部门得出了的结论都是：盟军无法破译德军的密码。邓尼茨开始寻找其他原因，他发现了盟军可能利用远程机载雷达确定德国潜艇的信息，从而成功规避了德潜艇的袭击。

此后德军的攻势似乎变得顺畅多了。进入三月，德国潜艇部队在一次行动中成功击沉盟军 13 艘运输船，而德国潜艇无一损失。3 月，德军潜艇共击沉 108 艘运输船，似乎已经挽回了颓势。

当然，德潜艇的衰败已难以避免。这是德军最后一次胜利。

▲邓尼茨在指挥作战。

3月，大西洋护航会议召开，盟军开始统一使用反潜兵力，其中英国和加拿大负责北大西洋的护航，美国负责中大西洋和美洲海岸的护航。

盟军在护航上大胆地加入航母，使得轰炸机可以随时待命，更重要的是，德国潜艇的无线电通信密码的确被盟军所掌握，而这一点是邓尼茨和德国海军所忽略的。

盟军还不断改进技术，比如改进舰载声呐和高频测向仪，加紧生产对潜艇威胁极大的反潜"刺猬弹"等。

其中，最重要的措施是建立了规模庞大的反潜战斗群。3月后，德军潜艇再也无力对抗。

4月，德军潜艇共击沉56艘盟军运输船，而损失了15艘潜艇。

4月底到5月初，德军潜艇被击沉6艘，击伤4艘。

邓尼茨把这次巨大的失败原因归罪于恶劣的天气，而真正的原因在于盟军雷达可以清晰地发现德潜艇的活动。

5月8日，在一次战斗中，德军共有5艘潜艇被击沉，1艘被重创。此次战斗中，盟军的护航航母和舰载机开始发挥巨大作用。连邓尼茨也不得不承认：盟军的反潜力量已发展得非常强大。

5月，德军潜艇击沉50艘运输船，而损失了41艘潜艇，被德军潜艇部队称为"黑暗的五月"。

局势已经明朗化，盟军的反潜措施已经超过了德国潜艇的战斗能力。

No.8　21天的总统

邓尼茨总的来说是一个正直的德国军人，它对纳粹党并不热心，对于其他纳粹将领也敢于顶撞，因对下属的爱护而被德国水兵亲切地称为"老爹"。

当时的形势需要他做出决定：是撤回潜艇部队？还是继续与盟军运输队战斗？

潜艇并不像其他水面舰艇，潜艇一旦被击中，艇上十几名艇员根本没有生还的机会。在这一点上尤其让邓尼茨忧心。

但是，从另一方面来说，既然德国潜艇部队撤回，那么盟军庞大的护航部队就会去攻击德国军队及德国本土，那时候，德国的损失会更加大。

邓尼茨的决定是继续战斗！他似乎还留存一丝侥幸，认为潜艇部队还可以发挥很大的用处。因为直到1943年7月后，盟军的船只生产能力也才可以弥补船只的损失。

除此之外，邓尼茨还得知了盟军对战败的德国的处理消息，他知道战败后的德国将四分

▶ 晚年的邓尼茨及其夫人。

五裂。一份美国的处理意见显示：德国经济将回到 100 年前，德国人口将降至 2000 万。这些消息让他咬牙切齿，更加痛恨盟军。

为了减少损失，邓尼茨彻底放弃了"狼群战术"，改以单艘巡弋的战术。

至 1945 年，潜艇战对德国海军已经不是主要任务了。由于德军整体的败退，德国海军的战略空间被大大压缩，工业生产能力也一步步丧失，使得潜艇的建造处于搁置状态。德国海军此时的任务是运送德国难民、伤员和士兵等。

德国的战败不可避免，而邓尼茨却尴尬地被推到前面。

1945 年 4 月 30 日，希特勒自杀。1945 年 4 月 30 晚，一份绝密电报中提到：

邓尼茨海军元帅：元首任命您，海军元帅阁下，为他的继承人，以代替前帝国元帅戈林。

邓尼茨不得不担负这一并不荣誉的职务。邓尼茨的第一个想法是向英国人投降。他还做了几项人事安排：委派弗雷德堡海军上将与英国司令蒙哥马利谈判；告知党卫军头子希姆莱关于元首的决定；命令陆军元帅凯特尔前来，以便他了解军事形势；命令新的外交部部长，准备与西方媾和。

5月1日，邓尼茨发表广播讲话，正式告知元首的决定，并表达了继续战争的决定。在讲话中，他鲜明地表达了反对苏联的态度，企图拉拢西方，分化盟国。

邓尼茨还是稳定了德国的局面，使德国军队和人民都听命于他。这或许是他做的最成功的一件事。

不过，5月2日，柏林战役结束，情况已经越加不利。

5月3日晚，弗雷德里带给了好消息。蒙哥马利同意局部投降，这让邓尼茨认为他和西方可以实现停战。

蒙哥马利有两个条件，把德军占领的丹麦和荷兰划入盟军占领区以及在投降区交出全部战舰和商船。

5月4日，邓尼茨下令各个海域的潜艇战全部停止。

5月4日晚，弗雷德堡与蒙哥马利签署投降书。邓尼茨感觉与西方媾和的第一步成功了。

邓尼茨以同样的方式和艾森豪威尔的美军实行局部投降。但是，艾森豪威尔没有同意。这无疑直接宣布了邓尼茨的策略无效。

5月7日，德国与英美签署全面投降条约。5月8日，德国又与苏联签署全面投降条约。

5月9日零点，第二次世界大战的欧洲战场结束战斗。

5月22日，邓尼茨被逮捕，并被判处十年监禁。

1956年10月1日，邓尼茨被释放，之后他在一座德国村子定居，并创作了多部作品。

1958年，他的回忆录《10年和20天》在德国出版。"10年"指的是邓尼茨作为潜艇指挥官的任职时间，"20天"则是他作为总统的日子。在书中，邓尼茨将纳粹政权解释为时代的产物，并且争辩说他不是一个政治家，因此不能在道义上负起纳粹政权的大部分罪行。

和一些悔罪的德国高级官员不一样的是，邓尼茨完全不后悔在第二次世界大战中所做的一切，因为他认为"没有人会放弃对国家的信念与责任，无论是大或小的背叛。"

1980年12月24日，邓尼茨因心脏病去世，享年89岁。

第九章

"纳粹爪牙" 伦德施泰特

出身军人世家的伦德施泰特，有着在战场上建功立勋的荣誉感。他喜欢看侦探小说，却又厌恶这是一种低级趣味。他身为纳粹将领，却时常和希特勒争论。作为军人，他有时表现得很高尚，有时又表现得很龌龊。纽伦堡审判后，伦德施泰特与妻子安度晚年……

▲伦德施泰特

No.1 军人世家

卡尔·鲁道夫·格尔德·冯·伦德施泰特于 1875 年 12 月 12 日出生于德国中北部小城阿舍斯莱本。

伦德施泰特出生在一个有 850 年军人历史的家庭,是一个历史优秀的军人世家。他的父亲是第 10 皇家骑兵团的一名中尉军官,母亲是一位资产阶级小姐。这是一个有着军人传统的富裕家庭。伦德施泰特是家里的长子,被倾注了太多的期待,他也注定要走上从军的道路。

父亲是当时德意志帝国的职业军人,加之家族的历史原因,他很期待伦德施泰特能够成为一名职业军人,所以他总是有意地按照军队的做法训练小伦德施泰特。

当然,年幼蒙昧的伦德施泰特还不懂得父亲的用意,在他眼里,父亲是一个全能之人,会骑马、会游泳、会钓鱼、会射击、会做玩具……他觉得没有父亲不会的。所以,他对父亲非常崇拜,一有机会,他就缠住父亲陪他玩。当和其他小朋友一起玩打仗游戏时,他看起来总是做得有模有样。

相比而言,母亲则注重培养他的忍耐力和责任感。

伦德施泰特的小学生活是在法兰克福小学度过的。

有一天,父母带着伦德施泰特漫步在法兰克福街头。伦德施泰特好奇地向父亲问道:"爸爸,这里为什么叫法兰克福?"

父亲听到提问,娓娓道来:"原来这里有一个兵营,后来被毁掉了。传说有一天早晨,当时天起了大雾,什么都看不清。查理大帝打了败仗,逃到了美因河。他想找向导渡河,可是到处都看不见人影,就在紧急的时刻,他看到一只母鹿从河里涉水过去了。查理大帝就紧随其后,带着部队安全地渡过了美因河。为了纪念母鹿引导部队渡河这件事,后来查理大帝下令在这里建造一座城市,取名法兰克福,意思是法兰克人的渡口。"

这一天,父亲给伦德施泰特讲了好多军事历史方面的故事。

父亲不断给伦德施泰特灌输这方面的知识:比如普鲁士形成的历史、家族的历史和荣光、德国历史上民族大迁徙的故事、日耳曼民族英雄的神话、腓特烈一世和德国猎犬骑士远征的故事等。

慢慢地,一颗想当英雄的种子在小伦德施泰特的心里种下了。

在法兰克福小学里,伦德施泰特对军事产生了浓烈的兴趣。放假在家的时候,他常常带着弟弟妹妹们玩战争游戏。

1888 年,13 岁的伦德施泰特选择了进入奥拉宁堡军校学习,正式学习军事。一开始,

▲ 青年时期的伦德施泰特

他很不习惯军校里的严格管理，在父亲的不断鼓励下，伦德施泰特最终学会了坚强和独立。

伦德施泰特很快把心思和精力放在学习和锻炼身体上，在学校学了两年后，伦德施泰特于1890年进入格罗斯利希费尔德高级军官学校学习。

格罗斯利希费尔德高级军官学校是一所历史悠久的军事学校，也是世界上最好的军事学院之一。据统计，德国在"一战"中80％的高级军官，"二战"中60％的高级军官，均就读过这所学校。

格罗斯利希费尔德高级军官学校有一项被德国人所津津乐道的工业革命的新奇成果：从军官学校通往当地火车站的有轨电车。伦德施泰特在这所与时俱进的学校里大开眼界。

在学校学习的日子，伦德施泰特看起来循规蹈矩。在步兵单兵战术、实弹射击、挖战壕、演习等方面，他都做得很扎实。他还系统地接受了一位称职的高级军官和参谋人员所需要的业务知识。不过，他不太喜欢和别人玩在一起，喜欢一个人思考、散步和学习。

学校向学员们灌输帝国主义思想，使学员立下了最初的理想：为帝国扩张而奋斗。

1892 年，17 岁的伦德施泰特从格罗斯利希费尔德的高级军官学校毕业。伦德施泰特被派到驻卡塞尔的步兵第 83 团任见习教官。

伦德施泰特的军人生涯一帆风顺。1893 年 6 月，伦德施泰特晋升为少尉。父亲在信中说："这是我们整个家族的荣耀！"

1900 年 3 月 22 日，25 岁的伦德施泰特升任中尉，担任团副官。过了没多久，伦德施泰特被选送到柏林的普鲁士精英军事学院学习。这所学院是普鲁士军事理论教育的集大成之地，是专门为了培养德国军队的高级军官而设。

1907 年，伦德施泰特毕业。毕业后他晋升为上尉被调往总参谋部工作，正像他父亲所期待的那样，大步走向一个职业军人的人生。

No.2 卓越的军人

第一次世界大战爆发后，伦德施泰特任预备第 22 师参谋，而后获晋升为中校。

战争结束后，伦德施泰特的晋升更快了。1920 年伦德施泰特以中校军衔加入魏玛共和国陆军，任第 3 骑兵师参谋长。1923 年晋升上校，1926 年任驻卡塞尔第 2 集团军参谋长。1927 年晋升少将，1928 年任第 2 骑兵师师长，一年之后伦德施泰特又被晋升为中将。到 1932 年获任命为第 3 步兵师师长兼柏林第 3 军区司令，半年后又被任命为柏林第 1 集团军司令，下辖 4 个步兵师和两个骑兵师并获晋升上将。

从德意志帝国到魏玛共和国再到臭名昭著的纳粹德国，伦德施泰特经历了三个政权。但是，他对政治并不感兴趣。不过，从政治倾向而言，他是亲纳粹的。

1932 年魏玛共和国的总理弗朗茨·冯·帕彭宣布实施戒严令并命令伦德施泰特从州政府办公室驱逐纳粹党党员。伦德施泰特同情纳粹，没有执行命令，迫于总理压力于 1938 年 10 月 31 日请辞。

如果说伦德施泰特与纳粹关系密切，似乎也并非如此。希特勒掌权后，德国国防军与纳粹党存在意见分歧。国防军当局认为，希特勒的大量扩军会影响军队的素质，同时也会导致西方列强的干涉。作为国防军的一员，伦德施泰特也在反对声中。

1938 年元月，陆军总司令弗里奇受纳粹秘密警察诬告而被解职，伦德施泰特立即要求见希特勒，并与其激烈争辩。

▲ 伦德施泰特检阅部队。

伦德施泰特的正直和敢言精神虽然顶撞了希特勒，但希特勒却认为他是可用之才，对他更加信任，很快提升其为上将。但伦德施泰特却没有买账，请辞退役了。

在纳粹的扩军备战的旋风中，伦德施泰特是少数几位经常警告希特勒避免引起第二次世界大战的人。但是，伦德施泰特终究心甘情愿地为纳粹卖命，在他的心里：德国的利益胜于一切。

希特勒在吞并奥地利和肢解捷克斯洛伐克后，波兰成为下一个目标。德国在"一战"战败后，但泽地区割让给了波兰。波兰大部分居民为斯拉夫人和犹太人，这些正是纳粹种族理论中被称为"劣等民族"的人。同时，德国占领波兰又可以获得大量军事资源。总而言之，希特勒要攻占波兰。

至于攻占波兰的指挥官，希特勒看中了伦德施泰特。军人家族的血统以及在战场上建立功勋的军人荣誉感在召唤着伦德施泰特。

1939年8月24日，伦德施泰特再次服役，并接管了整个对波兰作战的南路集团军群的指挥权。

早在4月3日，希特勒就下达了代号为"白色方案"的秘密指令，德军统帅部计划以快速兵团和强大的空军，实施突然袭击，闪电摧毁波兰防线，占领波兰西部和南部工业区，继而进入波兰腹地，将波军分而歼之，力求半个月内结束战争。

德军共集结了62个师、88.6万人、2800辆坦克、1939架飞机、6000门火炮或迫击炮，组成南路和北路两个集团军群。

伦德施泰特任南路集团军群总指挥，参谋长是曼施坦因。任务是消灭西里西亚地区的波军集团，而后攻占波兰首都华沙。

1939年9月1日拂晓时，伦德施泰特率领着3个军团共36个师发起进攻。

伦德施泰特看起来很自信，战争开始后，伦德施泰特一边指挥进攻，一边与参谋长和其他高级幕僚人员吃一顿丰盛的早餐，似乎是在调剂和松懈一下紧张的气氛。

波兰陆军号称欧洲第五，但是就像英国军事理论家指出的，"他们的思想落后了80年"。波兰似乎也是有所准备的，组建了7个集团军部署在国境线上"守株待兔"。

但是，波兰有很多错误。比如，军队过于突前，缺乏战略纵深；忽略发展机械装甲部队；几乎没有空中力量；认为英法军队会支援波军。有德国飞行员在进行战略轰炸时说：他们就像放鞭炮一样，将波兰的战略中心、交通枢纽、指挥机构等全部炸毁。

在德国空军的掩护下，德军大规模机械化部队长驱直入，势不可挡。

9月7日，伦德施泰特的南路集团军群重创波军两个集团军，占领了波兰工业中心和第二大城市克拉科夫，先遣部队已经抵达华沙南郊。

波军开始撤退，德军司令部马上发布命令，要求南方集团军群第10集团军渡河拦截波军。伦德施泰特和曼施坦因做出了准确判断，认为波军尚未撤退，并反向合围波军。最终波军几乎被割成一块块碎片，只能任由屠宰。

9月16日，波兰政府和波军统帅部逃亡罗马尼亚。

19日，波军19个师和3个骑兵旅残部约170000人，在司令官博尔特诺夫斯基将军率领下投降。

25日，伦德施泰特率部进攻华沙，并发动炮击。

28日，波军投降。波军伤亡共20万人，被俘40余万人。而德军只有数万人的死伤。

伦德施泰特成功地实施了德国最新战术——闪电战。"闪电战"这一战术在战争史上首次成功运用，并显示出巨大威力，令全世界为之震撼。

进攻波兰获得成功，伦德施泰特因战绩而获得骑士铁十字勋章。

此时，伦德施泰特地位显赫，贵为集团军群统帅，远超父亲的成就，并且在实战中获得了第一次大胜利，称得上是一名卓越的军人。

No.3 曼施坦因计划的关键

入侵波兰成功后，伦德施泰特调任东线任总司令。但是，希特勒派了一个狂热的纳粹分子弗兰克与他共事，这让他极其不满，以至于两人关系迅速僵化。

1939年10月18日，伦德施泰特又调任为西线的A集团军群总司令。

伦德施泰特并不热衷于继续扩大战事。10月24日，伦德施泰特到达西线，开始接管新成立的A集团军群。他的司令部迁入莱茵河畔一座优美而古老的建筑物里，每天上午习惯在莱茵河岸上作长时间的散步，日常喜欢看侦探小说，常用这类小说来消遣，日子仿佛十分惬意。

希特勒在征服波兰后，提出了"和平建议"，计划与英法和谈。英法终于放弃绥靖政策，决心与纳粹德国决战。希特勒只能用武力迫使英法求和。他坚信进攻西欧是德国唯一的出路。

在希特勒的催促下，陆军司令部制定了代号为"黄色方案"的进攻计划，这个计划和"一战"时的"施里芬"计划类似，即将德军主力放在右翼，通过广阔的比利时平原侵入法国。

但是，伦德施泰特的参谋长曼施坦因认为这个方案缺乏新意，而且已为敌人所知，不足为取。

曼施坦因提出了一个新的计划：以一个集中的装甲部队为进攻主力，在中央地区利用强大的机械化部队快速通过阿登森林从而绕过马奇诺防线切断英法联军南北联系，分而歼之。陆军参谋部形象地把这个计划比喻为"镰刀收割"。

伦德施泰特对这一计划非常赞赏，并让其主持了陆军高级将领参加的沙盘演习，担任第19装甲军军长的古德里安也非常赞同。但是陆军军部认为该计划过于冒险，未予采纳。不过，在伦德施泰特的强烈支持下，曼施坦因得以把计划面呈希特勒。

1940年2月17日曼施坦因前往柏林，以伦德施泰特新任命的第38军军长的身份向希特勒报告。希特勒在书房里细心听取了曼施坦因的见解，他称曼施坦因"简直像精灵似的，理解非常快"。

2月22日，希特勒批准了这一作战计划。这也就是著名的"曼施坦因计划"。

▲ 伦德施泰特检阅部队。

曼施坦因计划之所以能够通过的原因还在于：1940年1月10日，一名携带"黄色方案"的德国军官因座机迷航不得不迫降于比利时，因为无法及时销毁方案资料，使得比利时政府获得了相关资料，继而也使得法国政府得知该方案内容。所以，"黄色方案"已经泄露，那么，曼施坦因计划对于英法联军也就更具迷惑性了。

尽管有两位陆军首脑还坚持反对曼施坦因计划，但在希特勒的支持下，曼施坦因计划终

▲ 伦德施泰特步行途中。

于得到坚决的执行。据古德里安说，除了希特勒、伦德施泰特、曼施坦因以及他本人以外，所有人对这个计划都缺乏足够信心。

按照新计划，A集团军群担任主攻，由伦德施泰特担任指挥，下辖第4、第12和第16集团军，配置在亚琛至摩泽尔河一线，其任务就是经由卢森堡和比利时的阿登山区，绕过马奇诺防线，割裂法国北部和比利时境内的英法联军，分而歼之。伦德施泰特麾下有曼施坦因、古德里安、隆美尔等悍将。B集团军群作为北翼从荷兰向英法联军推进。C集团军群作为佯攻，牵制马奇诺防线的法军。

5月9日，德军对法国、比利时、荷兰、卢森堡以及英国远征军发动攻击。德军的飞机咆哮地扑向各国的机场、铁路、城市，顿时西线战场升腾起一片弥漫的硝烟。

古德里安率领的第19装甲军仅用两天时间便成功穿越阿登山脉110公里长的峡谷地带，在英法联军防线上撕开一大片缺口。

5月12日，第19装甲师已经到达马斯河北岸，马斯河也被誉为德国人在法国侵略战中的关键。

5月14日上午11时，德军的坦克师和摩托化部队紧急编为第一梯队，对抗法军第2和第9集团军的结合部。马斯河上方发生了激烈的空战，双方投入500余架飞机。

下午4时，德军冒着英法飞机的袭击乘坐百艘橡皮艇强渡马斯河。5点30分，德军终于在河对岸获得一个立足点。随着夜幕降临，至此德军共击落英法飞机数百架，掌握了制空权。晚8时，德军顺利渡过马斯河。

马斯河失守后，德军便可以对巴黎和英吉利海峡造成直接威胁。

5月21日，A集团军群的快速部队到达英吉利海峡沿岸，成功分割英法联军，包抄了比利时和法国边境的英法联军。随着德国空军与海军对加莱海峡的封锁，英军无法实现增援。而英法联军约有40个师在腹背受敌的情况下被包围在敦刻尔克地区，突破无果。

5月24日，A集团军群抵达达格拉夫林，距离敦刻尔克只有10多公里路程。70余万英法联军主力唯一的希望就是从敦刻尔克等海港乘船撤退到英国。古德里安等装甲部队只需要向前迈一步，就可以将英法最后的资本毁灭。

但是，就在此时，古德里安接到了停止前进的命令，并且被要求连续3天不准坦克师团前进。这就是希特勒的古怪决定。

伦德施泰特不得不惋惜地说："正是这个喘息机会成为战事中几个重大转折之一。"

5月26日，英法联军敦刻尔克大撤退，近30万英法联军成功撤退至英国，为德军未来

▲ 伦德施泰特手持象征权力的德国元帅手杖。

的失败埋下致命的因子。

当希特勒取消命令，英法联军已经撤退成功。有专家认为由于希特勒西线战争的目的是为了迫使英法求和，所以，他试图给英法两国求和的机会，未曾想到错过了重大的全歼敌军的机会。

6月9日，伦德施泰特发起新的攻势。德军很快击败残余的法国军队。

6月14日，德军占领巴黎。

6月25日，法国战事结束。

7月19日，伦德施泰特晋升为陆军元帅。10月，他被任命为西线总司令，负责指挥法、比、荷等国的海岸防御。德军称霸欧洲大陆，伦德施泰特的军人生涯到达光辉的顶点。

No.4 节节胜利

英法联军敦刻尔克大撤退后，德意联军顺利控制地中海。欧洲大陆完全被控制在以德国为首的轴心国手里了。德军西线战事宣告结束。

"闪电战"的巨大成功使得希特勒的野心进一步膨胀。

1941年3月，希特勒在布雷斯老召开会议，部署对苏联的入侵计划。希特勒在对200多名德高级军官的训话中这样讲道：这是一场种族和思想的歼灭战争，不必顾虑任何国际法和军人道德。

这就是著名的 "巴巴罗萨"计划，德军将出动190个师、3700辆坦克、4900架飞机、47000门大炮和190艘战舰，共550万人，划分为三个集团军群，从北方、中央、南方三个方向以闪击战的方式对苏联发动突然袭击。希特勒狂言三个月灭亡苏联。

对于希特勒的疯狂扩张计划，伦德施泰特以及陆军总司令布劳希奇等高级将领都表示反对。他们认为希特勒过于迷信"闪电战"，以至于忽略其他因素。

而伦德施泰特最初完全对入侵计划毫不知情，他也反对希特勒的战争观念。

但是，希特勒的一意孤行仍然使伦德施泰特服从，他被调往东线出任南方集团军群总司令。他指挥的部队除德军外，还有罗马尼亚、匈牙利、意大利等国的部队。主要目的在于攻取苏联在乌克兰的粮食和高加索的油田和工业基地，并获得黑海港口作为补给站。

伦德施泰特建议把战略重点放在北方，从波罗的海三国向列宁格勒前进，从北面向莫斯科前进。但希特勒没有同意。

战前的苏联最高统帅斯大林未及时重视德军的动向，并认为德军进攻苏联尚需些时间，以至于麻痹大意，未做充分的准备。而战前苏联在国内"大清洗"政治运动以及"农业集体化"经济运动中产生了较严重的内耗，没有集中精力对付德军。仅仅在开战前一天，苏联最高统帅部才知道德军的具体进攻时间，但为时已晚。

1941年6月22日，希特勒单方面撕毁《苏德互不侵犯条约》，德军的飞机坦克伴随着隆隆的噪音如虎狼般扑向苏联大地，苏德战争全面爆发。

在德军的全面攻击下，快速推进的"空地一体化"作战使得仓促应战的苏军猝不及防。在短短10天之内，德军便突进苏联国土600公里的纵深。第一天的战斗，苏联红军损失1200架飞机，其中800架还未起飞就被炸毁。

7月9日，苏军共有28个师被歼灭，70个师的人员和武装损失过半。北方集团军群攻占了普斯科夫，直逼列宁格勒。中路的中央集团军群攻占了明斯克。由伦德施泰特指挥的南方集团军群攻占日托米尔，基辅就在眼前。

7月16日，中央集团军群古德里安的第2装甲集团攻占了斯摩棱斯克，莫斯科大门洞开。这时希特勒与中央集团军群总司令博克发生分歧。博克认为应该集中力量攻取莫斯科。但是，希特勒却暂时放弃了进攻莫斯科。而把战略目标定在伦德施泰特所在的南路的基辅，他认为德国需要获得乌克兰的粮食以及高加索的油田，才能与莫斯科的劲敌战斗，而盘踞在乌克兰首府基辅的苏联红军必须先被歼灭掉。

伦德施泰特与希特勒的思想不谋而合，他认为"要想占领莫斯科，须击败苏军西南方面军司令布琼尼，而且越快越好"。

伦德施泰特的南方集团军群和苏军的西南方面军已经交手。西南方面军共有44个师，伦德施泰特则有40个师，实力较均衡。但是，慢慢站稳脚跟的苏军开始顽强反抗和反突击，使得南方集团军群进展不畅。

德军统帅部不得不从中央集团军群调来第2集团军和古德里安的第2装甲兵团。形势向希特勒和伦德施泰特的期望发展。

由于基辅的重要性，伦德施泰特深知苏联第5集团军为了保卫基辅，必将与德军对抗到底。伦德施泰特认为必须进行一场大规模的围歼战，彻底消灭西南方面军。

8月底，苏军失去第聂伯河西岸的第聂伯罗彼得罗夫斯克等三个立足点。

9月1日，德第17集团军建立了稳固的桥头阵地。伦德施泰特指出：南方集团军群的作战意图之一，是把较强的敌军牢牢地牵制在杰斯纳河下游。

▲ 伦德施泰特正在查看作战地图。

德军中央集团军群的主力南调使得陆军统帅部担心进攻莫斯科的计划流产。伦德施泰特再次指出：如果不将东乌克兰境内的敌人歼灭，则无论是南方集团军群还是中央集团军群都将无法顺利地实施作战……南方集团军群业已开始作战，中央集团军群南翼与此有关的行动也取得了相当进展，此时再改变而进行莫斯科作战，似乎为时已晚。

伦德施泰特的报告统一了陆军统帅部的思想。德中央集团军群正式协助南方集团军群合围基辅。

德军围歼基辅的意图暴露无遗，苏西南方面军要求主动撤退，但是斯大林却命令布琼尼死守阵地。

此时，伦德施泰特已做好口袋，斯大林又将大批部队调往基辅，正中伦德施泰特"下怀"。伦德施泰特抓住战机，令第17集团军越出桥头堡进攻，第1装甲集团军急速向北推进。基辅围歼战役正式拉开。

9月10日，德军攻占罗姆尼，布琼尼发现德军已到其背后，再次要求撤退。但还是遭到斯大林的拒绝，并解除了布琼尼的职务，由铁木辛哥接替。

9月16日，苏第5、第21集团军被分割，第37集团军三面被围，第26集团军腹背受敌，第38集团军被分割包围，损失惨重。

19日，苏军放弃基辅，开始突围。

26日，基辅会战结束。苏军西南方面军被彻底消灭，布良斯克方面军和南方方面军受到重创，65万人被俘。希特勒将这次围歼战称为"史上最大的围歼战"。

基辅会战是第二次世界大战中最大的围歼战，被军事史认为是"一个空前的杰作"。但是，基辅会战也埋下了隐患，苏军得以在莫斯科充分调配，对莫斯科会战的胜利奠定了基础。

经过此战，伦德施泰特的军旅生涯又获得了一个新的高度。

No.5　罗斯托夫的失利

基辅会战的胜利使伦德施泰特的南方集团军群声名大振，希特勒和陆军统帅部希望伦德施泰特加紧备战，以夺取通往高加索的罗斯托夫。南方集团军群上下也士气如虹，准备迎接又一场胜利。

但是，伦德施泰特却没有如此乐观。他知道，苏联战略纵深广，拥有高效率的铁路运输与后勤网络。

▶ 伦德施泰特在法国卢浮宫。

1941 年 10 月 27 日，伦德施泰特发现部队虽然取胜，但是极其疲惫，所以夺取罗斯托夫是仓促之举。

11 月 3 日，伦德施泰特又向希特勒建议把进攻时间推迟到来年春天，但希特勒没有同意。

基辅会战胜利后，南方集团军群部分主力被调至中央集团军群，伦德施泰特手里只剩下 40 个德国师。

伦德施泰特的对手是苏军南方面军，下辖第 12 集团军、第 18 集团军、第 9 集团军、第 37 集团军以及独立第 56 集团军。苏军统帅部下定决心，要在罗斯托夫遏制德军攻势，并粉碎敌军突前部队。

苏军人数与德军相等，在主要突击方向上，炮兵几乎比德军多两倍，航空兵多一半。但德军的坦克比苏军多一倍。

在 11 月前，德第 1 装甲集团军夺取了顿巴斯南部，并前出至罗斯托夫，企图用一部分兵力围歼罗斯托夫的苏军。

伦德施泰特力图避免在罗斯托夫进行持久战斗。11 月 5 日，第 1 装甲集团军向罗斯托夫以北和东北方向实施深远迂回，计划围歼苏军第 9 集团军和独立第 56 集团军。第 17 集团军一部和意大利军队向伏罗希洛夫实施辅助进攻，以钳制苏联南方方面军的其余兵力和保障第 1 装甲集团军战果。

德第 1 装甲集团军进展不快，苏第 9 集团军牢牢占据了反坦克支撑点，顺利击退德军坦克冲击。

11 月 6 日~7 日，在苏联空军掩护下，苏第 9 集团军实施反冲击，不断对德军造成干扰。至 11 月 11 日，德军楔入第 9 集团军 30 公里，但损失惨重。

伦德施泰特不得已放弃围歼计划，由北面实施进攻。德军推进至格涅拉利斯科耶普加乔夫一线。但苏联南方面军很快发起反攻，致使德军回到起点。

11 月 17 日，德军变更部署，再度向罗斯托夫方向进攻。同日，苏军开始反攻。由于天气问题，苏军反攻成果不大。凭借坦克优势，11 月 21 日，德军夺取罗斯托夫。驻扎在城内的苏军独立第 56 集团军被迫退至顿河对岸和罗斯托夫以东。

但苏军顽强反击，不断对德军侧翼和后方造成威胁。德第 1 坦克集团军停止进攻，并将一部分兵力调动以应付袭扰。

11 月 27 日，苏南方面军突击集团和独立第 56 集团军从西北和南向发动反攻。德第 1 装甲集团军存在被合围的威胁，形势非常不利。德军开始将其军队撤出罗斯托夫。

面临被苏军合围的威胁之时，伦德施泰特却由于积劳过度，在指挥部因心脏病突发而昏倒，后经抢救才脱离了危险。起初，伦德施泰特还想向罗斯托夫增兵。但由于严冬已经来临，他意识到德军进攻罗斯托夫将使部队过于突前，后勤补给由于补给线过长一定会受到干扰，而缺乏冬装的德军难以在当地长期固守。这将加重德军作战的不利因素。

情况紧急下，伦德施泰特立即向德军统帅部建议将部队后撤 100 公里。这一决定立即得到陆军司令部的批准。

11 月 28 日，德军撤离罗斯托夫。德第 1 装甲集团军开始后撤。

11 月 29 日，苏军第 56、第 9 集团军部队在罗斯托夫民兵和游击队配合下，肃清了市内的德军。

但是，希特勒很快反悔了。11 月 30 日夜，希特勒突然下达一道命令：留驻原地，勿再后撤。

伦德施泰特接到命令后，极其不满，他立即回电："要想坚守，简直是发疯。首先，部队固守不住，其次，若不撤退，将被歼灭。我再次请求撤销这项命令，否则请另派人来接替。"

伦德施泰特原以为希特勒会接受他的意见，但希特勒丝毫不让。他很快答复道："我批准你的请求，请你马上交出指挥权。"

伦德施泰特把指挥权交给了德国陆军元帅赖歇瑙，但防线还是没有守住。赖歇瑙不得不向希特勒要求再度后撤。希特勒只能批准。

12月2日，南方集团军群退至米乌斯河。对此，陆军总参谋长哈尔德失望地说："这样我们就到达了我们早就已到达的地方。可是我们损耗了精力和时间，也失去了伦德施泰特。"

伦德施泰特离开战场后，面对隆冬的到来，他的心情十分复杂，他说："同样是严寒，却对斯拉夫人不起作用。"他的话似乎预示着德军的进攻企图将被天气所阻。

在罗斯托夫战役中，苏军共毙伤德军2万余人，击毁和缴获德军坦克275辆、火炮470门，迫使德军西撤60~80公里，最终以苏军的胜利告终。

罗斯托夫战役是德军自第二次世界大战开始以来所经历的第一次失利，这挫伤了德军的士气。而苏联得以遏止德军在南线的进攻，稳定了南线局势，获得了第一场胜利，鼓舞了全军上下。

No.6 诺曼底的溃败

1942年3月15日，希特勒再次起用伦德施泰特，命他接替患病的维茨勒本元帅为西线总司令，并同时兼任D集团军总司令。显然，希特勒离不开这位在军中德高望重、经验丰富的老帅。

1942年和1943年两年间，西线比较平静。但盟军很有可能在法国西岸登陆，希特勒为防备盟军在法国西海岸登陆，计划构筑"大西洋壁垒"防线。

1942年7月20日，希特勒下令从挪威北部至西班牙海岸构筑由1.5万个坚固支撑点组成的防线。

伦德施泰特轻蔑地认为，这只不过是"一种幻想，一种欺骗德国民众和盟国军队的宣传而已"。

伦德施泰特似乎觉察到了德国的危机，因为在苏德战场上德军已经陷入持久战，德军"闪电战"已告失败，而持久战必将严重消耗德国。希特勒察觉到他的消极情绪，认为他的情绪可能为构筑防御工事不利，因而处处削弱他的指挥权限。

▲ 伦德施泰特在观察地图。

1942年11月7日，盟军在北非登陆，北非大门洞开。11月11日，德军认为德法停战条款已经不起作用，于是占领了法国南部并解除了残余法军的武装。

伦德施泰特在这段时期的任务主要是和法国维希政府的贝当元帅保持接触，以借助法国人安抚其他法国人，稳定法国局势。由于德国占领法国南部，伦德施泰特尤其担心贝当会辞职，这将给德军带去不少的麻烦和干扰。

伦德施泰特亲自与贝当会晤数次，获得了贝当和法国高级军官的信任，稳定了德国统治下的法国的局势。

1943年9月3日，意大利向盟军投降。伦德施泰特又负责接管意大利部队撤离后的地区。伦德施泰特以他温和的性格和人道的措施，协调了德国西线统治区的内部矛盾，稳固了德国的统治。

1943年11月，隆美尔元帅从北意大利调到法国担任B集团军总司令，负责指挥沿海要塞工事的构筑。他视察了整个海岸线后命令设置纵深地雷地带、水中障碍物以及木桩尖端系有地雷的新式反空降障碍系统。

1944年初，希特勒在谈到德国前途问题的时候，说道："如果能将西方的入侵打退，那么，我们便可将后备力量调至意大利和东方使用，到那时，东方战场便至少可以得到稳定。如果不能在西线击退盟军，便意味着最后失败。"

在西线战场的防务问题上，伦德施泰特和隆美尔有不同的意见。

伦德施泰特认为西线的决战应该在远离海岸的后方，等敌人进入后方立足未稳时实施运动战；所有装甲部队和战术后备兵力必须放在法国，进行纵深防御。

但是，隆美尔却认为阻止敌人最好的地段就是法国西岸的海滩，盟军不熟悉地形，难以利用重武器，德军应该将主力布置在海岸边，这样可以更轻松地抵御敌人。

希特勒采取了折中的方案：将隆美尔的装甲部队全部调往法国，但部署的位置与海岸较近；并将全部装甲师划分为三个司令部，伦德施泰特和隆美尔各掌握一个司令部，剩下一个由希特勒本人遥控指挥。

在对敌防御的兵力部署基本完毕后，德军开始研究盟军的登陆地点。德军认为，盟军最可能实施登陆的地点是多佛对面的加莱海峡。从加莱海峡可以长驱直入德国工业中心鲁尔区，而且距离英国最近。同时，盟军煞费苦心，利用各种手段迷惑德军，使得德军认为盟军肯定会在加莱登陆。所以，德国将防御重心放在了加莱海峡，导致诺曼底防御较为空虚。

1944年6月6日，代号"霸王行动"的诺曼底登陆战在全世界反法西斯同盟的期待下正式打响。盟军的大批轰炸机和战舰把难以计算的炸弹投向诺曼底，各种各样的船只载着几十万盟军士兵参与诺曼底登陆作战，同时，大批运输机和滑翔机向诺曼底后方空投了多个伞兵师。6 日晚，盟军将近有 10 个师及其装备已经成功上岸。

巨大的火力使得"大西洋壁垒"很快崩溃，盟军的关键决战使得艾森豪威尔称这一天为"历史上最长的一天"。但是，德军对于盟军的作战时间以及危急的形势却一无所知。

就在盟军登陆的前一天，隆美尔竟然回家给妻子过生日了。而在 6 月 6 日当天，德第 7 集团军司令竟然下令暂时解除戒备状态。当德海军通过雷达发现疑似大批军队从英国向法国西岸进发的信号时，德军参谋部却认为这是因天气缘故而导致观察结果错误。

伦德施泰特得知盟军的登陆和盟军伞兵的空降后，立即认识到了事态发展的严重性，他立即敦促后备装甲师加紧赶赴诺曼底。

在德军的疏忽以及德国空军的懈怠下，盟军空军很快夺取了制空权，而盟军伞兵在德军后方有力阻止了更多德军赶赴诺曼底作战。

伦德施泰特和隆美尔的判断都失误了，当他们联名向希特勒发出紧急请求：将防御重心立即转移至诺曼底。但是，希特勒和他的参谋部却还是认为诺曼底登陆只是盟军的一次佯攻。这一举动气得老迈的伦德施泰特怒不可遏，不停地咒骂希特勒是"波西米亚下士"。

6 月 9 日，盟军已经建立起 50 多公里长的登陆场，德军被打了个措手不及，沿岸的防御工事几乎全被摧毁。

等到德军统帅部意识到盟军的主力在诺曼底时，已是 6 月 17 日，希特勒急忙与隆美尔和伦德施泰特会面。

而在短短的 7 天内，登陆法国的盟军已达 30 个师。不到 10 天，便有 100 万人和 50 万吨的物资登陆。

在与希特勒的会面中，伦德施泰特克制住了愤怒的脾气。但隆美尔却非常生气，直言不讳。不过，希特勒毫无愧疚之意，甚至还指责他们的无能。事实上，双方都有可以指摘的错误。

接着隆美尔向希特勒建议："盟军占有海陆空的压倒性优势，与之作战是无望的。机会只有一个：放弃寸土必争的自杀性政策，让德军立即撤退，将所有装甲部队重新整编，在敌海军的炮火射程外进行决战。"

隆美尔还指出：在塞纳河沿岸打一场后卫战，将法国南部的部队撤回，并沿塞纳河建立一条一直通往瑞士的战线。

但是，对于隆美尔的建议，希特勒丝毫不为所动。希特勒似乎信心满满，因为他认为德

▲伦德施泰特（左一）与希特勒在一起。

▲ 衰老的伦德施泰特

国新研制的"火箭炮"可以使得英国本土受到重创，从而促使英国求和。更让隆美尔及伦德施泰特失望的是他们要求将这种新式武器用于抵抗盟军的登陆，但希特勒还是没有同意。

第二天，伦德施泰特给希特勒打了一个电话："德军的反攻遭到惨败，美军已经突破了防线，正横跨科唐坦半岛向前推进。德军必须紧急从瑟堡撤退，否则便有被切断的危险。"

在希特勒看来，此时的伦德施泰特是一个悲观的"失败主义者"。

可是，在伦德施泰特的指挥室的作战地图上可以清楚地看到盟军已经建立长达80公里的战线。

伦德施泰特和隆美尔与希特勒的争论，演变成了德军的内耗，严重干扰了统一指挥，使盟军"渔翁得利"。

6月29日，伦德施泰特向德国陆军元帅凯特尔又一次表达了他的悲观情绪，说："除了结束战争，还能做什么？"同时他直言"德国将可能失败"。但凯特尔则把他的话告诉了希特勒。

7月初，希特勒给伦德施泰特写了一封还算客气的信，信里说：在目前的情况下只有更换总司令为最好的途径。7月6日，伦德施泰特离开西线战场。这是伦德施泰特第三次被希特勒免职。

8月25日，盟军解放巴黎，诺曼底登陆以盟军的全胜告终。德军从此陷入两线作战，加速了纳粹德国的灭亡。

No.7 永久退役

除了盟军在诺曼底登陆，苏联红军也攻入了波兰，剑指柏林。

1944年7月20日，纳粹德国内部出现了企图推翻希特勒统治的"女武神"的行动计划，但未成功。

希特勒随即展开血腥的报复，他任命伦德施泰特为军事荣誉法庭执行法官，数千人因此丧命，隆美尔也在这一政治风波中自杀身亡。通过这一事件，伦德施泰特又取得了希特勒的信任。

1944年8月底，西线的德军已损失50万人和几乎全部坦克、重炮、载重汽车，齐格菲防线实际已无人防守。

9月4日，希特勒万般无奈，又重新起用伦德施泰特为西线德军总司令。一是为了应付西线战事；二是因为德高望重的伦德施泰特可以安抚军心；三是由于伦德施泰特在盟军看来是较遵守"战争规则"的职业军人，希特勒认为以此可以迷惑盟军。伦德施泰特无法回避，他早已认为德军必败无疑，但身为德国军人，只能责无旁贷。

伦德施泰特接管西线军队后发现前线只有100多辆可以参战的坦克，而盟军则有8000辆坦克。德军的不堪境况令伦德施泰特感慨万千，此时的他患有风湿病，但还是每个星期都驱车至前线鼓舞士气，以延缓德国的失败。

伦德施泰特在西线就任时，德军在法国的战线已于8月底溃败，德军从法国撤退，场面一度混乱，部队急需整顿。

伦德施泰特的第一个任务是组织盟军继续推进，守住荷兰。但盟军到达荷兰边界，主动停止前进，这无疑是伦德施泰特的幸运。

更幸运的是，英军有一份涉及盟军战役计划的命令落到了德军手中，德军从而能够得知盟军的行动，并成功阻止其继续推进。在他的指挥下，德军还向盟军实施了顽强的反冲击。

在盟军的"市场花园行动"中，德军把英军的空降师分割成三部分，分而歼之，盟军因此付出惨重的代价，蒙哥马利要越过莱茵河进行闪电性进攻的计划也被粉碎。此役，德军仅伤亡3300人，而盟军则损失1.7万多人。

在近几个月连遭失利后，取得了这样的战斗结局，伦德施泰特给德军带来了难得的鼓舞。

9月25日，希特勒召开了一次关于西线战事的高级别会议，会议绝对保密。但伦德施泰特没有被邀参加会议。

10月，伦德施泰特才得知希特勒的西线反攻计划。希特勒决心在美军薄弱防线上的阿登地区发起大规模反攻，企图重占比利时的列日和安特卫普，切断美、英军补给线，围歼其主力，从而迫使英美与德国单独议和。该计划代号"守望莱茵河"。这几乎就是1940年曼斯坦因计划的小型翻版。

伦德施泰特和西线高级军官对于希特勒的计划都不赞同，伦德施泰特原则上不反对反攻，但他认为根据现有兵力和军队的实际能力，应该把战役限制在更小的范围。伦德施泰特建议先在亚琛地区对美军实施一次有限度的攻击，然后再攻击布鲁塞尔和安特卫普。但是，该建议却被希特勒否决了。

关于阿登反击战，其中每一个细节都是希特勒亲自计划的。此次战役的计划是在极度秘密、无线电几乎完全静默的情况下完成的。

为了实现这一计划，10月18日，纳粹德国应征了大量新兵，年龄从16岁到60岁的人都是入伍的对象，甚至以前征兵检查不合格的以及刚出狱的犯人都被接收了。这批新兵共组建了近 20 个师，经过短暂的训练，就加入了前线。而德国工业生产线又日夜不停地赶制出数千的坦克飞机。

11 月 3 日，"守望莱茵河"的详细计划被交到伦德施泰特手里，上面有希特勒的亲笔警告：不得更改。

总攻开始前，德军还实施了两个特别行动以配合正面进攻。一是代号"鹰"的空降作战行动，目标占领美军后方的公路交通枢纽；另一代号"格里芬"行动则由德军特种部队——第 150 装甲旅执行。他们装扮成美军，在德国大部队到来之前潜入盟军阵地，尽可能地制造混乱和破坏，占领战略要地。

1944 年 12 月 16 日拂晓，在密集炮火准备后，60 多万名德军兵分三路发动突袭。

17 日，美军第 106 师的两个团 7000 多人被德军包围后投降，成为美军在欧洲战场上遭到的最严重失败。至 20 日，德军已撕开美军防线，形成一个宽约 100 公里、纵深 30 公里至50 公里的突出部。

22 日，德军交给坚守巴斯通的美军第 101 空降师一封劝降信。在信中，希特勒狂妄道：要么投降，要么歼灭！美第 101 空降师代理师长麦考利夫在给希特勒的回信中只回答了一个单词："Nuts（神经病）！"这把希特勒气疯了。

但德军的优势很快被遏制。12 月 25 日，即西方圣诞节，德军第 2 装甲师与美军第 2 装甲师在塞勒斯展开激战。德军阵亡 2500 人，被俘 1050 人，所有坦克损失殆尽。

12 月 26 日，美军第 4 装甲师先头部队终于杀开一条血路，冲进了巴斯通，加强了巴斯通的防御力量。

盟军空军也开始支援地面作战，德军第 5 装甲集团军遭到阻滞，强渡马斯河的希望落空。

但希特勒誓不罢休。1945 年 1 月 1 日德军出动 1000 多架飞机，对法国、比利时和荷兰境内的盟军机场进行空袭，炸毁盟军飞机 260 架。

1 月 3 日，盟军发起大规模反攻，巴顿的第 3 集团军和坚守阿登地区的美第 1 集团军同时出击。经过了整整 5 天血战，德军损失惨重，被迫撤退。

1 月 6 日，为了支援西线盟友，苏联红军比原定日期提前 8 天于 1945 年 1 月 12 日在东线发起了维斯瓦河－奥得河战役。德军被迫把准备派往阿登地区的后备兵力 6 个装甲兵师调往东线。

1945 年 1 月 28 日，在盟军的一路追杀下，德军被全部赶回了阿登战役发起前的位置。至此，整个阿登战役结束。

3月7日，美军进攻至莱茵河雷马根大桥，美军坦克第9师在集团军最右翼向雷马根进攻，并夺占了雷马根大桥，使美军获得了横渡莱茵河的通道。

这座大桥的失守让希特勒失望到了极点，他开始以临时军事法庭和死刑威胁伦德施泰特等高级将领。而伦德施泰特等人，又将罪责全推到了下属身上，导致许多军官被枪决，使西线德军内部人人自危。

盟军的猛烈进攻，使得德军的西方壁垒越来越难坚守，伦德施泰特几次三番请求撤退，并不断指责希特勒。3月10日，希特勒见西线战况愈加不利，怒而将伦德施泰特免职。从此，宣告了伦德施泰特的永久退役。

两个月后，纳粹德国战败投降。

No.8　最后的日子

纵观伦德施泰特的军事生涯，从"不热心纳粹事业"而主动离职，到因与希特勒意见不合愤而离职，再经因指责希特勒被无情免职，最后是因战况失利永久退役。"四进四退"，这是其他纳粹将领少有遭遇的，这似乎某种程度使得伦德施泰特具有一些特别之处。

伦德施泰特的军事生涯同希特勒有争吵，也有亲近。在与希特勒的争吵中，他有捍卫军队荣誉和军人自尊的勇敢；在与希特勒共事中，他也有政治上对希特勒的懦弱。

西方军事研究者李德尔·哈特等人认为伦德施泰特是第二次世界大战中德军最具代表性的人物。他的话似乎在说多数纳粹德国将领在"国家"和"元首希特勒"之间所表现的某种"摇摆状态"，而伦德施泰特就是这种"摇摆状态"的突出人物。

在军事思想上，伦德施泰特的基本观念比较稳健，他既不勇于创新，也不保守旧习。他坚持主张步兵为主要兵种，又主张部队技术装备的更新，尤其是装甲兵部队的发展，同时对新战术的运用也很到位。

德国战败后，伦德施泰特在他休养地巴特特尔茨被英国占领军抓获，继而遭到囚禁。

1947年4月，在德国调查的盟军战争罪行调查组建议对伦德施泰特免予起诉。但是，美国反对。不过，英国公众认为把身体情况糟糕的伦德施泰特逮捕审判是不适宜的。英国医生提交的关于伦德施泰特的身体检查报告中也认为伦德施泰特不适宜受审。

同时，由于"冷战"的影响，美国人指控伦德施泰特的罪行发生在苏联和波兰境内，但苏联拒绝配合调查，使得关于伦德施泰特的调查受阻。

因此，伦德施泰特幸运地未受审判，之后他被关押在明斯特的监狱。1948 年，伦德施泰特的独子汉斯因病去世，他毕生都没有从这个打击中恢复过来。

经过四年的羁押，英国人释放了伦德施泰特，伦德施泰特恢复了自由身。

但是，这并未使他的生活变得更好。他当时已经 73 岁了，身体虚弱，疾病缠身。他在卡塞尔的家被美国人征用，房产也被没收。他没有了家，只能暂时寄宿在汉诺威的医院里。

而他的妻子住在美军管辖区，他也无法前往探视。因为美国人对英国释放了他感到十分恼火，不允许他进入美军管辖区。后来，他年迈的妻子不得不离开美国管辖区，来到他所在的英国管辖区。他和妻子被暂时安置在策勒的养老院。

由于他的战犯身份，临时政府拒绝为他发放养老金。

伦德施泰特在给友人的信中说到："对于我和我可怜的妻子来说，这真是一个可怕的局面，我想尽早结束这样的生活。"

1949 年，在汉堡审判伦德施泰特昔日的参谋长曼施坦因元帅的时候，伦德施泰特请求准许同他的朋友站在一起接受审判，并承担主要罪责。但英国人拒绝了这一请求。

直到 1951 年 8 月，新的德国联邦政府终于授予了他军事养老金。他的儿媳终于在汉诺威为他租到一间公寓。这是他的最后一个住处。

在伦德施泰特的最后几年时间里，由于人们对他的兴趣增加，他的家里引来了大批作家和历史学家的采访，他因此收获了一小笔资金。他的前参谋长君特·布鲁门体特也经常去看望他，并为他写了一部富有同情态度的传记。

1951 年，美国 20 世纪福克斯公司拍摄了记录纳粹将领隆美尔的电影《沙漠之狐》，伦德施泰特亲自提供了回忆资料，为此 20 世纪福克斯公司支付了他 3000 马克。

1952 年，伦德施泰特的妻子因中风半身瘫痪，而他也已经几乎不能走路。他的前下属布鲁门体特和他的英国友人利德尔·哈特为他筹集资金，提供了护理和照顾。

1953 年 2 月 24 日，伦德施泰特因心脏衰竭在家中去世。

▲ 德军士兵在前线作战。

第十章

"战争赌徒"山本五十六

　　山本五十六，是日本"海军之花"，被日本人认为是"二战"中最卓越的海军将领，而在同盟国眼中他则是不折不扣的一个"赌徒"。他一手导演了"珍珠港事件"，把美日拖向了战争的深渊，最终命丧所罗门群岛。山本五十六的一生毁誉参半，但是不可否定的是，他的"赌博"让美国最终决定了对法西斯宣战……

No.1　武士的榜样

　　山本五十六于 1884 年 4 月 4 日生于新潟县长冈市，原姓高野。他的父亲高野贞吉是一个破落的士族。山本五十六是第六个儿子，此时他的父亲正值 56 岁，因而得名五十六。1916 年，山本五十六继嗣长冈藩的名门山本家，才改姓为山本。

　　高野家的祖先世世代代为长冈藩的儒官，兼枪术教师，深得藩主信赖。高野家出现转折是由于 1868 年发生在日本的明治维新运动。长冈藩与政府军发生战争，高野家两人战死三人负伤。明治维新运动导致旧的武士阶层瓦解，高野家因此变得十分清贫。也由于这一段历史，山本五十六从小就受到武士道精神的熏陶。

　　山本五十六的童年是十分艰苦的。夏天他要照看菜园，冬天要清除积雪，整年都要去捕鱼。山本五十六唯一的乐趣是看看祭祀神社的舞蹈，每当有客人到家里来，父亲总要他给客人表演舞蹈，以取乐客人。破落而艰苦的童年使山本五十六养成了沉默寡言的性格。

　　1890 年，山本五十六开始他的小学生活。他听话而寡言，聪明的他一心扑在学习上，以消解日常生活的艰辛。他的学习成绩一直很好，在同级生中经常是数一数二的。

　　1896 年，山本五十六升入长冈中学。长冈中学对山本五十六的影响是很深刻的。这所学校是由几名旧长冈藩士成立的，建校的宗旨是改变长冈藩的屈辱地位，振兴长冈。所以，这里的老师的工资是非常高的。

　　山本五十六早年受家庭的武士道文化影响，此时身处在有着深厚的武士道文化背景的中学里，可想而知，他所受的武士道教育是多么深刻。

　　由于山本五十六的优异成绩，学校对他进行了资助，这使得山本五十六非常感恩学校，也更加信任学校所教导的内容。

　　学校有一个学生组织叫和同会，取名于论语里的"和而不同"。和同会倡导的精神极具封建色彩，中心思想是发扬长冈藩传统和武士道精神。特征为纪律、团结、刚强、朴素、务实。日后他常对人提到："真正培育我的乃是和同会的伟大精神。"

　　进入中学后，山本五十六也变得更加开放。他的一个侄子因为身体问题早逝，这给了他一定的刺激，他开始坚持身体锻炼，并关心外界事物。这极大地开拓了他的眼界。在军国主义思想的熏陶下，他选择了自己的人生目标，即当一名拓展日本帝国疆土的海军军官。

　　1901 年，山本五十六中学毕业。个子矮小瘦削、寡言朴素的山本五十六，最后成绩在全班 40 名学生中名列第五。值得注意的是，考察他的武士道精神的品行课的成绩是 96 分，为全部最高成绩，可见他对武士道精神的崇拜。

▶ 中学时的山本五十六

1901 年 11 月，山本五十六考进了江田岛的日本海军兵学校。日本海军兵学校是日本军国主义培养海军军官的摇篮，学校以"忠义""勇敢""服从"的武士道精神为指导，规定军人应具备尽忠节、正礼仪、尚武勇、重信义和崇俭朴的道德品质。

一名英国人在谈到他对日本海军兵学校的印象时写道："在日本的青年中选择那些出类拔萃者，在这里接受世界上严酷无比的艰苦训练，他们的身心在经过只有十分顽强的人才能经受住的锻炼后，被培养成具备古代武士道德的现代海军军官。因此，从海军兵学校毕业的年轻人，既有一副能经受一切艰难困苦的身体，也有一种不屈不挠的精神。为了天皇和祖国，他们可以不惜一死。"

山本五十六入校的成绩，在同年入校的 300 多名新生中名列第二。至三年级时，他已经是第 9 分队的队长，在学校进行的黄海海战和攻占旅顺的各次模拟训练中，均获得优异成绩。山本五十六以其刻苦、严肃获得了一定声誉，被人称为"顽强的五十六"。

由于山本五十六寡言少语，拥有长冈武士朴素、实干的精神，乐于助人、待人诚恳，因此被称为"长冈武士的榜样"。在海军兵学校的 3 年，军国主义的武士道精神在山本五十六身上打上了深深的烙印。

1904 年 11 月 4 日，山本五十六自江田岛海军兵学校毕业，其毕业成绩在全体毕业生中名列第七位。

◀ 年轻时的山本五十六

No.2　日俄战争

　　早在山本五十六上中学期间，日本与俄国围绕着侵略中国和朝鲜的矛盾就日益尖锐。中日甲午战争时，俄国甚至干涉日本，从而迫使日本把从中国割让的辽东半岛还给了中国。

　　日本当时就下定决心，等待时机和俄国算总账。因此，在山本五十六上中学时期，整个日本国内都充斥着扩军备战的狂热气氛。

　　在日本海军兵学校里，曾经为消灭旅顺的俄国军舰沉船而身死的军官广濑武夫，被捧为"军神"，全校师生都摩拳擦掌，要报复俄国。

　　1904 年，山本五十六毕业，此时日俄战争爆发。整个海军兵学校立即被狂热的战争气氛包围，学员们纷纷要求参加对俄作战，为天皇征战建立功勋。山本五十六也不例外。

　　山本五十六十分"幸运"，他参加了日俄战争。

　　日俄战争是一场帝国主义列强为了争取远东霸权而进行的战争。经过 10 年时间的扩军备战，日本联合舰队实现了"六六舰队"的目标，即以 6 艘战列舰和 6 艘装甲巡洋舰为主力的舰队，在远东和太平洋地区建立了与俄国太平洋舰队相抗衡的实力。

1904年1月，日本联合舰队集结6艘战列舰、10艘巡洋舰、7艘炮艇、19艘驱逐舰、30艘鱼雷艇，以被日本称为"圣将""军神"的东乡平八郎为司令，向俄国太平洋舰队驶去。

2月5日，日本宣布与俄国断绝外交，同时秘密向联合舰队下达出击命令。

日本联合舰队的目的是，在战争一开始就给予俄国太平洋舰队以毁灭性的打击，使其处于彻底的瘫痪状态，从而保证日本军队的行动和运输自由，然后再截击从俄国本土开来的其他部队，并将其各个击破。

1904年2月9日夜，东乡平八郎突袭停泊在旅顺口的俄国舰队，俄国的两艘铁甲舰、一艘巡洋舰同时被击毁。同一天，俄国军舰"瓦利雅格"号和"柯列茨"号，在朝鲜仁川港也遭攻击。日俄海战正式打响。

战斗到第二天，日本舰船又使措手不及的俄国太平洋舰队损失数艘军舰。俄国太平洋舰队司令被日军水雷击中身亡，俄军上下大惊。很快，联合舰队夺得了制海权。俄国开始严格遵循防御性策略，避港不战。

4月30日，俄军决定派遣欧洲的波罗的海舰队增援远东战场，与日本一决死战。日本极其不安。两支俄国舰队，将使其实力远远强于联合舰队。

联合舰队眼前的旅顺港，经俄国十年经营，固若金汤，有"东方第一要塞"之称。日本为攻下旅顺口，开始实行"肉弹攻击"，疯狂地组织敢死队，发动第一次、第二次、第三次总攻击，累计使用兵力13万人，以死伤6万之众、历时155天的代价拿下了旅顺口，俄国太平洋舰队终于全军覆没。

山本五十六在此时还没有加入战斗。1905年1月，年仅20岁的他被编入"日进"号巡洋舰。他给其父母寄了一张照片，在照片的背后写着："生死有命不足论，唯有鞠躬报至尊"。

1905年5月14日，俄国波罗的海舰队从欧洲正跋涉而来，即将抵达俄海军基地海参崴。日本联合舰队必须拦截而歼灭之，俄国波罗的海舰队抵达海参崴有3条路线可供选择，日本联合舰队为此大费脑筋。

27日，"对马海峡发现敌舰队！"日本联合舰队司令部终于收到了侦察船的电报。东乡平八郎立即下令所有军舰倾巢而出，准备在对马海峡全歼俄国波罗的海舰队。

山本五十六所在的"日进"号是海军中将三须宗大郎的旗舰，任第1战队，山本五十六任舰长的传令兵。对此，山本五十六颇为自豪。全舰士兵三呼天皇万岁，做好为天皇献身的准备，即开赴战场。从拿破仑战争到第一次世界大战期间世界海战史上最大的一次海战——日本海大海战就这样爆发。

◀ 日海军旗舰上的山本五十六

　　经过 30 分钟激战，波罗的海舰队多艘舰队相继着火。傍晚时分，山本五十六站在舰桥上记录时，"日进"号被俄舰船重炮击中，山本五十六被击中的舰桥碎片打伤了左腿，并失去了左手的两根手指。

　　到日暮时，俄国舰队的主力舰几乎被日本联合舰队全部击沉或重创。28 日，日本联合舰队乘胜追击，全部歼灭俄国波罗的海舰队。在太平洋以逸待劳的日本联合舰队以绝对优势消灭了这支远道而来的俄国舰队。至此，日本联合舰队在太平洋除了英国以外彻底称霸。

　　1906 年 4 月，为表彰山本五十六作战勇敢，日本天皇授予他六等功勋旭日章，并颁发奖金 350 日元。

　　这场海战是山本五十六第一次参加的实战，具有重要意义。日本的胜利以及为日本天皇负伤的"荣誉感"，使得他更狂热地走上了日本争霸世界的军国主义道路。

No.3 改姓"山本"

日俄战争后两年，山本五十六升任中尉，又过了两年，升任大尉，成为训练舰队宗谷分队的指导官，负责来舰上进行远洋实习的少尉候补生的业务指导工作。

山本五十六随舰远航到中国的珠江口和广州湾一带，并到过北美、澳大利亚。"宗谷"舰舰长是铃木贯太郎，和山本五十六一样，也毕业于日本海军兵学校。据他的回忆，此时的山本五十六具有一种深思熟虑而果敢行动的性格。他平常沉默寡言，认真指导候补生。在指导官开会时很少发言，但一旦开口，即观点明确，并坚持己见，会议大多采用他的意见。

1914 年，山本五十六来到海军大学进修，这是一所主要培养日本将校级军官的高等学校。他在这里学习修舰炮、水雷、航海等高等学科知识，并在 1915 年被授予四等瑞宝勋章，晋升海军少佐，奠定了他在日本海军发展的基础。

年轻有为的山本五十六在日本海军中的良好发展，引起了故乡长冈人的注意。长冈人从山本五十六身上看到了振兴长岗藩的希望。于是，他们便策划了山本五十六改姓的活动，使"高野五十六"改名为"山本五十六"。

山本家族是历代任长岗冈藩的家老，是长岗武士的总头领。高野家虽然只是长冈藩的小家族，但长期以来，这两个家族交往颇深。高野家的儒官身份受山本家倚重。

明治维新时期，山本家带来长冈武士与政府军对抗，藩主山本带刀战死。山本家名被废。山本家有一女儿，无子嗣。

明治政府虽然推行改革，但本身还是保留了浓烈的封建成分。为稳定统治，很快又恢复了山本家名。尽管如此，在实行长子继承制的日本，山本家族仍然是后继无人。

为了发扬长岗藩风，使得长冈名门后继有人，长冈旧武士很早就在长冈武士的后人中寻找能够继承山本家姓的人，但一直未果。

从海军大学毕业的山本五十六也就得到了他们的注意。除了山本五十六本人具有远大的前途之外，长冈人还看中了山本家和高野家的世代之交的友谊。

所以，长冈藩藩主牧野忠笃领头亲自恩请山本五十六再兴山本家，他还动员了与高野家关系较好的其他长冈人。此时的山本家没有庞大的家产可以继承，山本五十六可以继承的就是一套褪色的武士礼服和山本家的荒凉已久的墓地。

但是，山本五十六是一个热爱家乡的人，并深受家乡文化影响，而且得到了家乡人的资助，对家乡十分认同和感恩。同时，他满脑子充斥着武士道思想，当他得知自己将继承山本遗魂的时候，他感到的先是震惊，继而是沉重的责任感，最后是喜悦。他早前就认为继承长冈第

◀ 山本五十六和他的夫人

　　一名门是长冈藩士的天命所在，而且，高野家也非常支持他。所以，山本很快答应了家乡人的请求。

　　山本五十六的更名事件对他来说是意义非凡的，他得到了家乡人的支持和认可，并且使自己成为一个更负天命的"武士"，使他更相信为军国主义奋斗的使命。

　　1916 年 5 月 19 日，经过精心的准备，在长冈藩最著名的长冈城，举行了"高野五十六"改姓山本的仪式。在山本五十六的哥哥主持下，"高野五十六"作为山本家的后嗣，改名为"山本五十六"。

　　在长冈旧武士倡导的极具军国主义色彩的"长冈精神""常在战场"的遗训下，山本五十六为了不辱山本名门，只能更加勤学苦练，竭尽全力，为自己的理想奋斗。

1918 年，35 岁的山本五十六与三桥礼子结婚。

三桥礼子也出生于一个士族家庭，但她的家庭在明治维新后专营畜牧业，只是一个普通的家庭。

山本五十六虽然经过了明治维新，但思想还非常保守，在婚姻上坚持传统道德，只希望找一个持家的能手。

三桥礼子出生在会津若松，高中毕业后一直帮助家里照料生意，她的特点是身体健康，吃苦耐劳，是一个传统的女子。

山本五十六能够注意三桥礼子，是由于长冈藩的牧野家给他提过亲，加上海军的同事时常唠叨他早日结婚，而他对三桥礼子又基本满意，更重要的是，他虽然继承了山本家，但却没有家产，因此他也不敢有过高要求，而三桥家的经济优势可以弥补他经济上的劣势。

令山本五十六下定决心的关键一个原因是：明治维新时期，长冈藩与政府军发生战争时，山本五十六继承衣钵的山本家的武士正是在三桥礼子的家乡会津若松战死的。所以，山本五十六莫名对此地产生了好感。

不得不说，山本五十六在婚姻的选择上也坚持了武士道精神。这也是他在成为山本家一员后做的第一件为山本家招魂的事情。

No.4 海外的学习

此时的山本五十六意气风发，从海军大学深造毕业，之后在海军省军务局就职，步步高升指日可待，而山本五十六继承山本家衣钵，又娶了妻子，家庭稳定了下来。

1919 年，山本五十六被派往美国留学进一步深造。山本此行的任务是学习英语，研究美国国情，目的地是波士顿市。

在漫长的海上，船上乘客自发地组织联合会。每当这样的场合，日本人很少主动表演，比较内向，令外国人很轻蔑。但这次，山本却偏偏在一群外国人面前明确献出了自己的"技艺"。他先做了一个精彩的倒立，然后拿起空盘子，一手一只，跳起了幼时喜欢的舞蹈，赢得了乘客们的阵阵掌声。乘客们看到了一个具有强烈民族自尊心的山本五十六。

山本到了美国后，进入美国的哈佛大学学习。山本从小就学习优异，加上异常用功，应付新的学习自然也毫不在话下。但山本需要突破自己，就像突破日本人的内向性格一样，他不能只是在学习成绩上是优秀的，换言之，他要更优秀。山本的姓时刻激励着他的自尊心。

▲ 山本五十六（中间）合影

　　山本此行的任务是研究美国国情，除了学习书上的知识，更重要的还是到美国社会中学习。他开始广交好友，并且利用空余的时间与美国各个阶层的人士接触交流，并经常和美国人结伴外出旅游，以更深入了解美国人的思想。

　　美国在"一战"后快速发展，不仅在经济上是佼佼者，而且还成为世界瞩目的新兴的政治军事大国。山本在美国的生活使得他认识到了日本和美国的巨大差距。

　　值得特别注意的是美国的工业成就：当时美国的工业品产量在世界上所占的比重远远超过其他国家，汽车产量占全世界的85%，石油产量占66%。山本清楚地知道，日本要在军事上继续壮大，工业发展是最关键的。但日本是一个资源十分缺乏的岛国。

　　山本开始着重考察美国的石油工业。在美期间，他实地考察了美国大部分的油田和炼油厂，写了大量的意见报告，并查遍了美国所有有关石油的文献著作，山本每天阅读40几种美国的新闻杂志，每天的睡眠时间平均才3小时。

除了深入了解美国的石油工业，他还去了墨西哥。但山本没有申请到经费，他只能依靠自己省吃俭用的一些钱，每日只靠面包和墨西哥最便宜的香蕉充饥，以至于墨西哥警方怀疑这个日本海军中佐是一个日本逃犯。

1920年，山本五十六被奉召为日本驻美大使的助手，协助日本大使就将召开的华盛顿会议做准备工作。

华盛顿会议是美国与英国、日本等国讨论限制军备以及远东太平洋问题的会议。会议最后的谈判结果是英美日三国主力舰吨位为：英美各50万吨，日本30万吨，即5：5：3的比例，以及保持太平洋军事现状。

山本五十六没有参加具体的谈判，但是，他做了很多准备工作，经常是通宵达旦地工作。尤其是最后撰写报告书的时候，山本连续三天三夜没有睡觉。山本的充沛精力以及完善的准备工作让其他国家的谈判代表团成员非常吃惊，美国副国务卿称赞他是一个"了不起的家伙"。

山本五十六向日本大使提出了很多中肯的意见，一定程度上使自己的意见在谈判中表达了出来，日本大使也称赞他是"一个不可思议的人"。

山本五十六对于对日本军事发展有着巨大影响的华盛顿会议决议是肯定的。因为当时各国的军备竞赛已经让各国的财政预算难以负担，尤其是日本的财政预算，仅仅花费在海军上就用了三分之一。

既然无法在军备上获得更大的优势，山本开始另辟蹊径以弥补日本海军与其他海军尤其是美国海军的实力差距。

山本五十六进修回国之后，从几次到美国以及欧洲各国参观考察中，极大地开拓了眼界。西方国家的科技发展引起了他的极大关注。而这也是日本海军突围的办法，即从世界军事技术的发展中寻找弥补日本海军实力的办法。

飞机就是山本五十六的实践的开始。飞机在1903年由美国莱特兄弟发明，1911年，意大利军方用于战场，开创飞机用于实战的序幕。第一次世界大战后，飞机被广泛应用。1918年，英国海军建造了世界上第一艘真正的航空母舰，但航空母舰未受重视，只是作为辅助兵力。同时，各国就空军的作用也展开了激烈的讨论，使世界空军的发展一度停滞。

在争论中，日本第一次走在世界的前列，1923年，日本建造成世界上第一艘正式的航空母舰"凤翔"号，能装载21架飞机。日本成为一个优先发展航空母舰和海军航空兵的国家，而事实证明航空母舰和飞机将在第二次世界大战的海战中成为主角。山本五十六就是推动者之一。

▲ 山本五十六的书法

山本五十六看中了海军航空兵的发展前景，这是所有人都意料不到的。他可以有更好的、更舒适的选择，但他选择了这一从未涉足的领域。

这是他赌徒性格的正式崭露。

No.5 赌徒山本

1924 年 9 月 1 日，山本五十六被调往霞浦海军航空兵任职。12 月 1 日，山本五十六就任霞浦海军航空队副队长兼教育长，开始为日本海军航空兵的事业奋斗。

关于山本五十六的赌徒性格，其实一直是显而易见的。早在青年时期，山本五十六就酷爱日本的将棋；在海军大学学习期间，山本就经常和人"搏杀"。

山本五十六的内向性格使得他在下棋时显得非同一般。他看起来阴沉、严肃，但眼疾手快，头脑冷静，果敢凶狠，只要选定了目标，就毫无畏惧，简直就是一个赌徒。

留学美国期间，山本五十六还在学校留下不少轶事趣闻。

其中最著名的当属他和同班同学小熊信一郎的 75 盘棋的比赛。山本五十六和同在哈佛留学的小熊同居一所，因此常常对弈拼杀，就胜负而言，是不相上下的。

有一天，小熊以 2 比 3 输了，小熊不甘，随口说道："下五六盘棋很难说明真正的水平。"山本听后，相当认真，问："那么你说几盘能分出胜负？"小熊不甘示弱，就说："当下到筋疲力尽、手不能动弹为止。"于是，两个人约定改日以下到谁先躺下后再定胜负。

几天后，山本五十六正式向小熊发出战书，预定比赛在小熊房间进行，自下周日晚9点开始，在比出胜负之前，除了大小便以外不能离席，吃饭则事先准备好面包。

山本五十六的宣战在日本留学生中迅速传开了，大家都兴致勃勃，要亲眼看一下这两个"嗜赌"的人，所以，大家都各自带着三明治等食物汇集到了小熊的房间里。

山本五十六带着准备好的水果和面包，以及一张没有带任何表情的冷静面孔，然后从包里取出了经过精心制作的成绩记录表。这张表大约能记录100盘，一盘以30分钟计算，100盘要足足两整天才能赛完。

晚9点，这次倍受关注的比赛开始了，最初时，人们还是颇有兴致的谈论棋局，但随着时间推移，一个个都打哈欠了，最后现场只剩下了山本五十六和小熊二人。直到第二天中午11点，整整下了26小时75盘棋，小熊落败，推盘认输。

从此，山本五十六"善赌"的消息就声名在外了。山本五十六不仅仅下棋，他还不断学习新的赌博方法，比如桥牌、扑克、围棋等方面，他都成了响当当的专业选手。一次有个美国人问他打桥牌为什么学得这么快，他回答说："5000个汉字我都能记住，还愁记不住52张牌！"

有一次，一个美国人和山本五十六约定通过国际象棋决胜负，输者在波士顿第一流的大饭店请客。当时，山本五十六对国际象棋还只是初学，而且对手还是领山本入"国际象棋"门的人。"徒弟"对弈"师傅"，胜负当然没有悬念。但山本五十六并不担心，他调查了对方的棋力和习惯，找出了应对之策。到了比赛那天，山本五十六大获全胜。对方不得不失败请客。

山本五十六在赌博上最值得"自豪"的资本当属于他在赌城的经历。据说他是自美国蒙特·卡尔罗赌场开设以来第二个因赌技高超而被拒绝入场的人。

一次，山本五十六去欧洲考察，特意到赌城摩纳哥去了一趟，一试身手。在大赌院里，山本五十六旁若无人从这一桌到那一桌，几乎每战必胜，令赌院老板大为惊慌，不得不禁止他入内了。

一向谨慎的山本五十六对于自己赌博的才能显示出带点狂热的自信，他曾经夸口说："如果给我两年的时间游遍欧洲各地，我能赚到建造一艘战舰的费用。"

山本五十六与赌博的这种密切关系，超越了一般的关系。他对于赌博有一套明确理论：不为物质利益赌博以及胜负不能只靠幸运，还需要进行严格的科学计算。

"赌徒山本"是山本五十六显著的特质之一，赌博对他的思维和行为产生了深刻的影响，

◀ 山本五十六参拜橿原神。

他常说："战争就是赌博。"事实证明，山本五十六在战争中充分地表现了这一点。

山本五十六自担任霞浦海军航空队副队长兼教育长后，他严肃整顿军纪，并抓紧一切机会学习有关航空的知识，阅读了大量的有关书籍，每天挤时间坚持接受几小时的飞行训练。终于在 40 岁时，山本五十六达到了单飞教练机的程度。

同时，五十六一直关注海外航空科技的发展，并为日本海军引进了先进的导航仪器等。

山本五十六的严酷训练使在训练中发生事故而死亡的事件大幅度增加，他为此发起创建了霞浦神社，以祭奠因训练失去的日本海军航空兵，包括激发新学员的战斗意志。

一名当时的同事形容山本五十六时说："他寡言少语，不轻易发表意见，但他对他的下属却有着一种不可思议的魅力。"

1925 年 12 月，山本五十六离开霞浦航空队时，由于他的努力，日本海军航空兵真正走上了独立发展的道路。

赌徒山本一旦抓住目标，就会拼尽全力夺取成功。

No.6 "日本之鹜"

1927 年，日本内阁召开了臭名昭著的"东方会议"，会议制订了"把'满洲'从中国分离"的侵华计划。不久，日本内阁又通过臭名昭著的《田中奏折》，这份奏折中称："如欲征服中国，必先征服'满蒙'；如要征服世界，必先征服中国。"这显示了日本军国主义疯狂的侵略欲望。

日本国内的军国主义势力的扩大，激起了日本军令部对于 1922 年华盛顿会议规定的造舰比例的强烈不满。

1929 年 11 月，山本五十六作为日本代表团的随员参加伦敦海军裁军会议。山本五十六基于日本国力的考虑并不反对 1922 年华盛顿会议，被称为"条约派"。但是，日本右翼的势力远远强于"条约派"关于军舰吨位，，山本五十六得到的命令是对美 7 比 10 的比例。

1930 年，会议召开。在日本代表团提出自己的要求后，英美强烈反对。日本拒不相让，使得会议几乎濒于崩溃。

为了使会议不破裂，日美进行了一系列幕后交易，达成一个妥协方案。不过，日本代表团回国后，立即遭到了日本军令部的攻击，并导致首相被杀。

四年之后，山本五十六再赴伦敦参加谈判。此时的日本国内法西斯力量猖獗，在日本"九一八事变"的成功的刺激下，日本军令部更为疯狂。山本五十六被任命为日本方面的海军首席代表，被要求放弃"比例主义"，主张军舰总吨位一律平等。

尽管这是山本五十六第一次站在国际舞台上挑大梁，但是，好斗善赌的山本五十六极善于观察对手，在谈判中很快就令对手感到头痛。

英美代表提出了一个个尖刻的问题，山本五十六始终满脸笑容地予以回击和化解。山本五十六的出色发挥使得伦敦的新闻界把他说话面带的笑容称为"钢铁微笑"。英国前首相在私下见了山本五十六，更不得不惊叹地佩服说"你是一只伦敦之鹜！"

但是，英美始终无法同意日本的狮子大开口。1936 年，伦敦谈判失败，日本退出裁军会议，世界海军由此进入了无限制的造舰竞赛时期。

尽管山本五十六是"条约派"，但是，山本五十六在会议谈判中表现的强硬作风还是赢得了日本国内法西斯势力和军令部的欢迎。

日本国内的疯狂并没有让山本五十六失去信心。一方面，他听命于日本天皇和政府的决定；另一方面他不断地促进日本海军航空兵和日本飞机制造业的发展，以弥补由军令部捅下的篓子。

1933年，山本五十六设想的远程大型飞机研制成功。1936年，改进后的飞机投入批量生产。此时，日本国内依然还弥漫着航空母舰与飞机作为辅助工具作战的思想，山本五十六坚强地与之斗争。尽管山本五十六已升任为海军省次长，但他的计划还是面临着重重阻力。

1935年12月，山本五十六被任命为海军航空本部部长，国内的法西斯势力还是一贯在冒险，并通过暗杀等手段很快控制了政府。此时，日本侵华战争面临着"扩大化"的可能，他只能在职权范围内想方设法地加强海军航空兵的战斗力以及飞机的研制和改进。

随着日本全面侵华战争的爆发以及德意日法西斯同盟的建立，日本的国际环境很快进一步恶化。山本五十六所在的海军一直反对以陆军主导的军令部执行的"冒进"政策，但一直没有效果。山本五十六把美国作为对手，但他清楚地知道过早地与美国宣战有弊无利，而加入法西斯同盟，即相当于与美国交恶。美国等西方国家将立即对日本实行经济制裁和军事禁运。

山本五十六一贯反对军令部的各项政策，一直为日本极右翼视为"眼中钉"，活在被暗杀的阴影中，为了保证安全，山本五十六不得不躲避各种可能的袭击。

日本民众和海军上下对山本五十六充满好感。所以，有人就准备策划曝光山本五十六的婚外情，以此搞臭他。但山本五十六依然不为所动。

1939年8月30日，正值56岁的山本五十六担任联合舰队司令的职务，登上了日本海军的最高顶点。此时，与他的父亲生他的那一年同岁。

山本五十六作为日本军部的"少数派"在实行稳健务实政策的日本海军部中成功地开拓了自己的事业，尽管他对日本国内诸多事物不满，并遭到了强烈的威胁，但他还是下定决心：为军国主义效力，为国效力，为天皇效力。

No.7　偷袭珍珠港的狂想

1939年，德国挑起第二次世界大战，并在欧洲获得了极大的成功。日本军部垂涎欲滴，磨刀霍霍。同时，他们意识到英、法、荷三国在亚洲的殖民地，成了"没人领的孤儿"。

正为战略物资在侵华战场大量消耗而没有补充的日本，眼睛一下子就盯上了长期渴望得到的东南亚丰富的战略物资和大量的油田。

日本想要南下，美国太平洋舰队是交战难以避免的军事力量。山本五十六没有选择，国内的形势已经无法逆转，他只能加紧海军的训练，以准备与美国的战斗，他本人也做好了为天皇殉命的准备。

尽管对美作战已成定局，山本五十六没有办法再去拖延。但是，在对美作战上，山本五十六有指挥权。日本军部还奉行着传统的海军战略，即通过"大炮巨舰"的决战，分出胜负。山本五十六无疑是这种过时战略的坚决反对者。

3月，山本五十六为了检验海军航空兵的攻击能力，安排了一次代号为"123号作业"的演习。演习重点是利用夜间对舰队实施轰炸。

演戏非常成功。山本五十六对他的参谋长无意中说道：

"照这个水平，难道还不能攻击珍珠港吗？"

1940年3月，山本五十六观看航空部队在统一指挥下进行白天鱼雷攻击演习。

成群飞机，越过战舰的密集炮火，向舰腹俯冲。

山本五十六看到这一情景，情不自禁地向站在身旁的参谋长问道："参谋长，能不能用飞机攻进夏威夷？"

夏威夷距离日本有3000海里，若要击溃夏威夷的美国太平洋舰队，就得牺牲大量的机动舰队，在袭击之前，如被对方巡逻机发现，反有被歼灭的危险。让仅有的航空母舰冒险，是一次赌博。

两个月后，在东太平洋举行大规模演习的美国太平洋舰队，没有像往年那样演习后返回西海岸，而是接到了就地停泊于珍珠港的命令。山本五十六看到了机会。

1940年11月，山本五十六晋升为海军大将，海军军阶达到顶点。11月下旬，山本五十六把已经构思已久的攻击珍珠港的方案告诉了海军大臣。

1941年，较成熟的方案呼之欲出。山本五十六用了整整9页海军格纸写了《关于战备的意见》，交给海军大臣。这是山本五十六第一次正式提出了自己内心酝酿已久的关于夏威夷战役的设想。

意见指出："开战之初，就猛攻并击沉敌人主力舰队，挫伤美国海军及美国国民的士气，使之达到无可挽救的程度。"

山本五十六已经选择了这条道路，接下来就是不顾一切地去实现它了。偷袭珍珠港的计划正式开始起步。

海军少将大西泷治郎是山本五十六找的计划制订者。两人进行了秘密的谈话。会谈过后，

▲ 山本五十六半身像

大西泷治郎据鱼雷攻击问题与享有空投鱼雷战专家之称的高级参谋对话，二人总结出：由于珍珠港美军基地水太浅，鱼雷攻击难以实现。同时，两人一致认为空袭珍珠港风险过大。

　　大西泷治郎又找了源田实中佐，他是一名擅长冒险的王牌战斗机飞行员，源田认为"这计划虽然困难，但也不是不可能的。"随后，他开始埋头苦干，并很快完成了第一个草案。源田提出了"不用单程攻击，而进行轮番攻击"的方案，并强烈要求使用全部的航空母舰，这些是山本五十六也没有想到的险招。草案已经完成，并很快提交海军军令部审议。

　　不久，山本五十六召开了就珍珠港作战的讨论会。

　　反对理由集中为：海军应把全部力量投入进攻东南亚，而不是节外生枝与美国战斗。但山本五十六认为如果不解决美国在太平洋地区的军事存在，那么进攻东南亚是不可能的。山本五十六笃定了非打珍珠港不可。

随着，山本五十六找了黑岛作为首席参谋，负责计划的战略战术执行。黑岛是一个怪人，被人称为"黑岛怪参谋"，他和山本五十六一样是为实现目的而誓不罢休的人。

4月中旬，日本海军形成了一个拥有巨大潜力的空中打击力量的核心，它可以对指定目标一下子派出200多架飞机。

4月末，黑岛接受山本五十六的命令，去东京向军令部解释关于袭击珍珠港的战略策略。除了之前的"日本海军不能分散兵力"的反对意见之外，军令部还有一个理由，那就是这个方案具有赌博性。

事实上正是如此，方案成功与否基于不少的假设，比如：在奇袭时，美国太平洋舰队正停泊在珍珠港内；一支大型的航空母舰部队能安全地渡过半个太平洋而不被美国发现等。

黑岛当然不甘心，他打算用一场演习来证明方案的可行性。为了准备演习，山本五十六的联合舰队在整个夏天都在埋头进行紧张的训练，并不断克服各种技术难题。

8月7日，黑岛再次前往东京，参加讨论，结果还是没有通过。这次讨论集中了技术性的一些难题，比如，海上加油技术，以及之前提及的对鱼雷攻击缺少把握。黑岛一再强调，"战争总是包含着冒险，害怕冒险就谈不上战争"。

与此同时，西方国家对日本的军事禁运已经构成致命威胁。这促使日本军令部必须尽快地作出决定。9月11日，偷袭珍珠港的演戏开始，但结果是两败俱伤。

9月24日，军令部再次召开会议讨论珍珠港计划，会议依然没有结果。山本五十六不得不下军令状：我将对自己的计划负全责，否则我宁愿辞职！同时，他坚决要求军令部把所有航空母舰投入珍珠港作战。军令部的人深知山本五十六的决策能力以及他顽固的赌徒性格，而日本的国际形势愈加不利，最后不得不同意了山本五十六的珍珠港作战计划。

No.8　碟中谍

珍珠港计划的通过，很大程度上是由于山本五十六的顽固。但是，计划通过并不意味着计划实施的成功。

首先，山本五十六要解决的问题就是确定作为攻击目标的美国太平洋舰队的主力在日本发起攻击时，是否确实停泊在珍珠港。

在此之前，日本已经有一个间谍小组在夏威夷活动。间谍组的成员包括一个穷困潦倒的德国人，一个日本和尚，还有两个日本血统的美国人。但这支间谍小组提供的情报远远不能

▲ 身着海军大将正装的山本五十六

满足山本五十六的要求。山本五十六不但要知道每一艘美国舰艇的准确的停泊地点，而且还要知道有关美国在珍珠港空中巡逻以及飞机部署方面的无数问题。

于是，山本五十六决定另派一名间谍，这就是日本海军最高级的秘密间谍，叫吉川猛夫。

1941年3月，吉川以森村正的化名前往檀香山，向日本领事馆报告。吉川是一个身材瘦细、中等个子的29岁小伙子。他的左手食指短一节，这是一种很容易被识别的记号特征。

但是，吉川作为间谍有几个优点：他看起来并不像老练的间谍，不易引起人们的注意；他本人是一个"美国通"；美国情报机构没有注意到他。吉川的特点是他从不依靠外人，所得的情报一定是他亲耳听到的，亲眼看到的，是他通过个人分析判断得出的。

很快，吉川开始了行动了。他穿着标准的夏威夷风格的衣服帽子，经常雇一辆汽车，像其他游客一样到处观光，借此熟悉岛上的地形。岛上除了珍珠港之外有许多军事基地，有的正在扩建，有的已经建成。它们的现状以及兵力部署等情况都要摸清楚。

当时美军在珍珠港的常规兵力中，海军拥有：战列舰8艘、重型巡洋舰10艘、轻型巡洋舰12艘、航空母舰3艘，再加上其他舰艇，共约100艘；陆军拥有：1个师；空军拥有：飞机约300架；设施有船坞、修理工厂和地下油库等。

吉川白天在领事馆做秘书工作，负责为在夏威夷的日本人做一些简单的工作。在夏威夷的日本人很多，但对于吉川都毫无用处，他们要么亲美，要么无知，对吉川毫无用处。夜间他则专门到一些繁华的街区，和游玩的美国海军水兵们套近乎，但是与美国水手的闲聊也没有用处。

最令吉川兴奋的是，他找到了一个酒馆，叫春潮楼，这是一个寻花问柳之地。而在酒馆二楼上可以观察珍珠港和希卡姆机场，而且此地还配有望远镜。吉川总是一边假装和艺妓们鬼混，一边小心翼翼地观察着珍珠港和希卡姆机场。

吉川四天一次，从珍珠港路过，并细致地纪录观察岛的舰船类型和数量。5月21日，吉川发出来到夏威夷的第一封电报，介绍了珍珠港内美军船舰的情况。

但是珍珠港的船艇是处于不断变化的，有时候甚至没有船舰。那么，美国舰队究竟在什么地方？执行何行动？什么时候进港？什么时候出港？该舰队活动时所采取的阵形、速度和编制又是怎样？吉川要刺探的问题还有很多。

到夏威夷旅游的人不少，日本船会进入港口，吉川总是利用机会去港口实地观察。有一次，他带着艺妓乘着出租车到希卡姆机场观看飞行表演，吉川得以默记飞机库和飞机的数量以及两条跑道的长度等情况。

慢慢地，吉川发现每到星期六和星期日总有一大批军舰停在港口，以及在岛的北方，美国人全然不派巡逻飞机。由于气象条件为军事机密，吉川从一个天文学家嘴里套出了"夏威夷一向无暴风雨"的关键气象信息。

10月23日，日本船只"龙田丸"号驶抵檀香山码头。船上的人都是日本情报部门的人，来的目的是带给吉川更详细的指令以及更全面地接收吉川的情报。

日本情报部门给吉川带来一根用日本纸捻成的纸捻儿，共向吉川提出了97项要回答的问题，期限是7天。

吉川在岛上待了7个月，他用了一个通宵对97个问题作出了答复。其中有："你推断停泊舰艇最多的是星期几？答：星期日。是否有大型飞机在拂晓和黄昏时巡逻？答：有，拂晓和黄昏均为10架……"

但是，吉川还有一些问题不知道，比如港口有无防潜网。为此，吉川只能冒险偷偷潜入珍珠港。他化装成一个菲律宾人，白天躲进港口附近的丛林里，等到天黑后，轻轻潜下水进入航道，亲自确定港口并没有防潜网。

吉川顺利完整地完成了预定目标。不过，棋差一招。由于考虑到日美开战后，总领事官的日本人将会被逮捕，而日本情报部门则希望有一个间谍呆在夏威夷岛。他们便找了一个原德国间谍、后脱离纳粹党的德国人，利用金钱令其为日本卖命。只是德国人早已是美国情报机构的监控对象，日本人只能竹篮打水一场空。

当然，德国人的问题暂不重要，间谍计划既已完成，山本五十六的赌博已经可以付诸实践。日本联合舰队的作战详细计划很快就出炉了。

No.9 虎！虎！虎！

1941年12月7日星期天上午7时多，珍珠港比平常还要宁静一些，天上没有一片浮云。由于是周末，在港的美国官兵大部分都没起床，广播电台播放着轻音乐，显得慵懒而惬意。当然，等待他们的是一场噩梦。

事实上，日美关系早已破裂，华盛顿方面已经警告过所有美国军事单位，日美战争无可避免，只是个时间问题。港内除9艘战列舰外，还有巡洋舰、驱逐舰、水上飞机母舰等大小共96艘。这给官兵们带去了不小的安全感。

而日本联合舰队在前几天已经集结完毕，此时，渊田中佐率领的354架飞机分成第一攻

▶ 在旗舰的作战室研究作战
计划的山本五十六

击波和第二攻击波已经朝珍珠港飞去，日本海军引以为荣的三菱"零"式战斗机就在其中。

他接到的命令是：对夏威夷实施投弹攻击的时间在日本驻华盛顿的外交使节把日本对美国的最后通牒亲自递交给美国政府官员手中 30 分钟之后，也就是华盛顿时间 7 日下午 1 时 30 分，一秒也不准提前。

山本五十六的幸运也许还在于美国海军的一系列疏忽。在这天凌晨时分，华盛顿负责破译日本外交电报的通信谍报处，已经破译了日本要在"下午 1 时整递交最后通牒"的电文。

但是，美国情报科的人打电话给陆军参谋总长马歇尔和美国海军作战部长报告消息的时候，这两位高级官员却不在。

当马歇尔得知后，他立即向全军发出紧急戒备的指令。此时恰是华盛顿时间上午 11 时 25 分，在珍珠港以北的海面上，偷袭的日军机群正从航空母舰上起飞。不过，由于通信故障问题，当电报送达各部时，珍珠港早已陷入一片火海。

珍珠港时间清晨 6 点 30 分，美国海军执行巡逻任务的"沃德"号发现一艘奇怪潜艇的指挥塔。这艘潜艇是联合舰队派出的计划潜入珍珠港的 5 艘袖珍潜艇之一。

▲ 1941 年时的山本五十六

6点40分，"沃德"号舰长发布战斗警报，随着一阵炮击，潜艇立即被击沉了。舰长马上向司令部发报，但却如同泥牛入海无消息。

7时，两个美海军新兵发现雷达屏上一堆堆闪闪发光的斑点，经过核实确认是一支庞大的机群，但消息报告上去，也没有受重视。

此时的山本五十六正在停泊于柱岛基地的联合舰队旗舰"长门"号上，他微闭双眼，指挥所内死一般的沉寂，空气紧张得让人透不过气。

渊田的第一攻击波已经展开队形，飞机在珍珠港上空绕了一圈，没有发现阻碍。电键立即敲打连续发出："脱，脱，脱"的攻击信号。

没过几分钟，联合舰队和东京收到电报："虎！虎！虎！"，意为"我偷袭成功"。4分钟之后，电波再次传来"虎！虎！虎！"的信号。

报捷的电报一份接一份地送到："我鱼雷攻击敌舰，效果甚大""我攻击希卡姆机场，效果甚大"。指挥室沸腾了起来。

夏威夷时间7日早晨7时55分，第一枚炸弹落在夏威夷岛，美海军少将却认为那是某一个飞行员的失误。在第一攻击波机群向珍珠港猛扑时，几乎每个人都认为这是某个长官下令的飞行表演。

随着一阵喧嚣打破了港湾的宁静，六七艘战舰同时中弹爆炸，到处响起刺耳的警报声。美太平洋舰队司令部才如梦惊醒，"珍珠港遭受空袭，这不是演习"的电报随即传遍美国军部。

接下来是日本鱼雷机群的战斗，一批16架，对珍珠港两侧次要舰船实施鱼雷攻击；另一批24架，超低空接近战列舰。"俄克拉荷马"号战列舰倾覆，"加利福尼亚"战列舰被两颗鱼雷击穿，"西弗吉尼亚"号战列舰着火……1200多名水手淹没在爆炸声和熊熊烈火中。

当日本接收到美国发出的大量明码电报，知道由"珍珠港事件"引起的惊慌声传遍美国时，山本五十六才露出满意的笑容。

第一波进攻结束了，珍珠港内出现了短暂的平静，只见硝烟弥漫的海面上横七竖八的船舰以及美国士兵的呻吟声。

但是，很快，第二攻击波171架飞机又飞临珍珠港上空，也在这时，从美国西海岸远程而来的12架B-17"空中堡垒"式飞机也靠近了珍珠港上空，从返航的美国航空母舰"企业"号上飞来的18架SBD"无畏"式俯冲轰炸机，也如约而止。

这些美国飞机赶到珍珠港时，看到了一片废墟的景象，正当他们惊讶和愤怒的时候，日军"零"式战斗机已经包围了他们，结果美SBD"无畏"式飞机被击落7架，B-17"空中堡垒"式飞机被击落1架。

此役，日本用了1小时45分钟的时间，取得了重大的战果：共击毁美机188架，击伤159架，击沉或重创战舰18艘，在港美太平洋舰队的主力，几乎全部被摧毁。

日本的损失则要小得多，只损失了29架飞机，55名飞行员，1艘大型潜艇和5艘微型潜艇及其艇上人员。

山本五十六看到这一战绩非常兴奋，不由地脸红了。

12月8日上午日本军部发布了大本营陆海军部公报：帝国陆海军部队于本月8日黎明在西太平洋同美英军队进入作战状态。

珍珠港惨败后，美国总统罗斯福向世界宣告："我要求国会宣布，自1941年12月7日，星期日，日本无端和儒怯地发动进攻开始，合众国与日本帝国之间就已进入战争状态。"

从此，美国正式参加了第二次世界大战。

No.10 横扫太平洋

珍珠港战役的成功只是日本海军太平洋战争的初步行动，只有南进，控制整个西太平洋，才是日本的最终目的。

山本五十六将朝着更大的目标前进：第一，摧毁美英荷在东南亚的主要根据地，占领和确保出产石油、橡胶以及各种矿石的荷属东印度等南洋地区；第二，进攻关岛、威克岛，将中部太平洋连成一线，构成一条海上军事防线，以对付来自美国的海上攻势。

横在山本五十六面前的第一道阻碍是菲律宾。菲律宾的地理位置，极大地威胁着日本称霸亚洲和西太平洋的野心。

菲律宾是美国的殖民地，驻扎在菲律宾的是美国著名的将军麦克阿瑟所指挥的强大陆军部队和空军机群。

日本需要先解决驻扎在菲律宾的美、菲军队和美亚洲舰队，为尔后在太平洋中部方向对荷属东印度和在东南方向对澳大利亚实施战斗行动创造有利条件。

日本联合舰队的计划要求，在偷袭珍珠港的同时，另一海军航空部队空袭菲律宾。

在日本偷袭珍珠港刚刚开始后，有足够的迹象表明日本将对菲律宾发动攻击。驻菲律宾的美国空军已经严阵以待，台湾岛的日本空军基地里装满了汽油和炸弹的日机就在眼前。

但老帅麦克阿瑟麻痹大意，加上华盛顿方面命令他实施战略防御，最终错失了关键时机。等到日本飞机飞至菲律宾上空时，形势已经大变，美国太平洋舰队的主力已经被消灭，菲律宾成了瓮中之鳖。整整齐齐排列在菲律宾克拉克机场跑道上美的军的 60 架轰炸机和战斗机似乎正等待着敌人的致命一击。

日本的 192 架飞机在对美两个空军基地不断轰炸和扫射近 1 个小时之后，"隆隆"地飞走了。美国 18 架"飞行堡垒"全部被炸成碎片，53 架 P-40 飞机和 30 架其他飞机也被炸得支离破碎。80 人丧生，150 人受伤，菲律宾美军彻底丧失了空中优势。

山本五十六的第二个对手是驻扎在新加坡的英国远东舰队，也叫 Z 舰队。英国远东舰队信奉的还是"大炮巨舰"主义，对空军重视不够。日本对英美宣战后，日本远东舰队又加强了实力，在丘吉尔的强烈要求下，号称"永不沉没"的最新式战舰"威尔士亲王"号和高速战列舰"反击"号被派往新加坡。

加强后的英国远东舰队实力全胜于日本联合舰队。但是，空军的威力在珍珠港战役中已见成效，再庞大的舰船都可能在空军的连番轰炸中沉没。

英国远东舰队并没有像美国军队在两次大规模战役中都处于被动。12 月 8 日，英国远东舰队得知一支日本舰队运载大量登陆部队正全速侵入暹罗湾的宋卡。司令菲利普决定主动袭击日本的运输船只，截断敌人的增援，再围宋卡而歼之。

司令菲利普亲率"威尔士亲王"号和"反击"号奔赴战场。就在途中，两军狭路相逢。但主动方仍然是日本。

11 日，日本侦察机电键启动发出呼叫："发现敌方主力舰。北纬 4 度，东经 103 度 55 分。"听到侦察机的呼叫，大批日机蜂拥扑向英国舰队。

日机轮番轰炸达两个小时，"威尔士亲王"号和"反击"号如水中靶子，毫无还击之力，先后沉没，840 名官兵命丧鱼腹，其中包括英国远东舰队司令菲利普。

山本五十六又以实战证明了他一向主张的"航空优先"的观点是正确的。

日本海军联合舰队在取得连续的两场胜利后，关于南下的大规模作战才刚刚开始。

首先是威克岛激烈的争夺战。它位居关岛与夏威夷之间，为两者海上交通线的中间站，是美太平洋舰队的海空军基地，战略地位十分重要。

12 月 8 日，日本千岁航空队"九六"式和"一"式陆上攻击机共 36 架冒着雨雹分成几个梯次向威克岛扑去。威克岛美军空中力量遭到摧毁。

12 月 10 日凌晨，一支由 3 艘轻巡洋舰、6 艘驱逐舰、2 艘巡逻艇和 2 艘运输船组成的日本舰队，载着 450 名海军陆战队员，企图趁黎明前的黑暗，一举登陆占领威克岛。但因天气恶劣，被迫实施白天登陆。

▲ 日本海军在海上炫耀武力。

待日舰离海岸 4 英里时，驻岛美军发起猛烈阻击，日军损失惨重，多辆舰艇被击中，被迫撤离。威克岛美军英勇奋战，日军不但不能顺利登陆，反而因受到猛烈的反击而陷入苦战。

日军遭到了太平洋战争的第一次失利。处在胜利喜悦中的山本五十六听到此事后勃然大怒，立即派在珍珠港战役中得胜的南云舰队部分力量增援攻岛部队。而美军也派出了增援部队驰援威克岛。

但是，日军增援部队比美军增援部队先到威克岛。12 月 23 日，大约 1000 名日本海军陆战队员又开始了新一轮的登陆，在日本轰炸机的狂轰滥炸下，岛上的 200 名美军以及近千名平民不得不投降。

威克岛的受挫并未使日本联合舰队停止前进，从 22 凌晨开始，日军多股部队已经强登菲律宾。24 日，麦克阿瑟无可奈何，被迫率领美菲军向巴丹半岛撤退。

1942 年 1 月 2 日，日军坦克开进菲律宾首都马尼拉。

随着西太平洋的驻岛美军被日军一扫而空，东印度群岛已经毫无悬念地落到日军手里。

尽管盟军多次组建部队阻击日军，但缺乏成效。2 月 15 日下午 7 时，新加坡沦陷。3 月 1 日，日军在爪哇登陆。3 月 9 日，在巴达维亚，荷兰正式放弃了东印度群岛。

爪哇的最后一个消息是一家电台广播的话："我们停止了抵抗……来日再见。女王万岁！"日军南下战略大获成功。

No.11 中途岛的失败

在 3 个月的时间里，日军强占的面积达 380 万平方公里，向东伸展到中太平洋，向南伸到澳大利亚沿岸，向西直达印度的海岸，奴役的人口多达 1.5 亿。

当然，国力弱小的日本不可能与盟军"无限作战"，就像德国企图在占领波兰、法国后与盟军讲和一样，日本此时也面临着这一选择。老谋深算的山本五十六自然清楚这一问题的艰巨性。

当然，对于气势如虹的日本来说，这一方案并不着急提出。山本五十六的赌博又开始了。

4 月 2 日，山本五十六关于"进攻中途岛和阿留申群岛彻底消灭美太平洋舰队"的作战计划送到了东京征询军令部。计划先是遭到军令部的强烈反对，但最终还是通过了，就和珍珠港计划通过的过程一样。4 月 10 日大本营正式决定了攻击中途岛的作战方案。

4 月 18 日，美国詹姆斯·杜立特尔陆军中校率 16 架 B—25 轰炸机空袭了东京、横滨和其他一些日本城市。虽然此次空袭成效不大，但足以使得日本人产生惊慌情绪。山本五十六的傲气受到了一次不小的打击。但日海军上下却还是充斥着盲目乐观的情绪。

在 5 月 8 日的珊瑚海海战中，山本五十六的联合舰队第一次受到重大挫折，尽管日军损失要小于美军，但因没有实现战略目标——攻占莫尔兹比港，使得美军第一次成功阻击了日军。

而美成功原因之一也在于几个月前美海军成功地从被击沉的日"伊–124"号潜艇中打捞到日军密码本，加上先进的破译能力，使得美军此后屡次得到日作战的重要信息。

当然，珊瑚海之战的受挫并未影响山本五十六在中途岛与美军进行最后决战的决心。作战计划下达：联合舰队的全部兵力纳入他的指挥下，执行在北方及中太平洋广大海域的大规模作战计划。

由于疏忽和盲目乐观，日本未及时更改通信密码，已经得到日军密码本的美海军太平洋舰队司令尼米兹充分利用了日军的这一弱点，并确认了日军将在下一步大规模进攻中途岛，以至于对日本的参战兵力、数量，甚至连部队单位、各舰舰长、舰只的航线都了如指掌。

中途岛位于夏威夷群岛西北，它的面积总共不过 75 公里，但战略地位却十分重要，是美国在中太平洋上的重要基地，是夏威夷的门户和前哨。

尼米兹开始在海岸滩头及周围水域布设水雷，并增加了海军陆战队的守备兵力。中途岛上飞机猛增到 120 架。迅速武装起来的中途岛，犹如一艘巨大的永不沉没的航空母舰。同时，岛周围集中了美国"大黄蜂"号、"企业"号、"约克城"号等航空母舰。

6 月 4 日中午，9 架美 B–17 式轰炸机攻击了日本运输船队。下午，日本运输队又遭到美军袭击。山本五十六已经察觉美军可能已经知道联合舰队的目标。但他并没有很担心，因为实际的开战时间可能比计划时间提前几个小时，而且可以引出更多美舰队并予以消灭。

6 月 5 日，南云忠一部队到达中途岛西北 240 海里的水域。战斗打响，第一攻击波合计 108 架飞机向中途岛扑去。

盲目自信的南云忠一部未对周边环境的侦查工作产生足够重视，而此时美国霍华德·艾迪上尉就驾驶着大型水上飞机在中途岛西北 200 海里的上空侦察飞行，他很快就发现了正往中途岛扑去的日本飞机。

霍华德·艾迪上尉一声"发现敌机"后，严阵以待的美战斗机立即出动拦截日机，直接导致日军第一攻击波部队作战失利。

而此时，南云忠一部队也已经暴露。有人主张为防备美国特混舰队，应维持现状。在这紧要关头，南云忠一部队则选择了对中途岛进行第二次攻击。

既然第一攻击波失利，按原定计划，停在飞行甲板上的第二波飞机装备的是鱼雷和轰炸军舰用的重磅炸弹，则必须更换为第一攻击波使用的 80 号炸弹，而更换再快也需要 1 小时到 1 小时 30 分钟的时间。

这无疑给了美国空军机会。先是 6 架海军鱼雷机和 4 架陆军 B–26 轰炸机向日本旗舰 "赤城" 号进攻，再是 6 架 "复仇者" 式鱼雷轰炸机也前来执行使命，但却在日本 "零" 式战斗机的阻截下，未取得明显战绩。

但是，美特混舰队以及一艘航空母舰也在火速赶来，这时的日军又不得不再度把 80 号炸弹再次换装为鱼雷和对舰炸弹，以准备对付美舰队。

一来二去，南云忠一部各舰船一片混乱，由弗莱彻和斯普鲁恩斯率领的美国第 16、17 特混舰队的机会又来了。

美军连续进行了 8 次的空袭，日 "零" 式战斗机由于性能优越，飞行员经验丰富，尚且可以抵挡一时，但很快，日 "苍龙" 号、"赤城" 号和 "加贺" 号航空母舰先后被美俯冲轰炸机击中，并失去了战斗能力。最后，"飞龙" 号也中弹起火。日军损失惨重。

晚上 23 时 55 分，山本五十六正式下达了撤出战斗的命令：停止对中途岛的进攻。中途岛之战，使山本沮丧万分，脸面丢尽。日军损失了 4 艘航空母舰、1 艘重巡洋舰、322 架飞机，并使 3500 名日军丧生。此役后，日本在太平洋战争中失去了战略主动权。

No.12　决战瓜岛

中途岛的失败，使得山本五十六所希望的短期决战、早期和谈就此破灭，日美海军实力对比发生逆转。日本只能长期作战。

日本估计美国的反攻时间在 1943 年春以后。为了在战略上争取主动以抵御即将到来的美国反攻，有必要在美国反攻之前在南太平洋地区建立连锁空军基地，加固岛屿的防御工事，形成一道抵抗盟军攻势的环形防线。

从日本海军战败后的装备看，尽管丧失了 4 艘精锐的航空母舰，但联合舰队还保持了可以与美太平洋舰队决战的实力，尤其在西太平洋相比美军还保持着强大优势。

为了防御美军的反攻，日本联合舰队就需要夺取盟军仍据守的莫尔兹比港。在珊瑚海海战中，联合舰队就在莫尔兹比港中失利。为了使这一作战顺利进行，则必须在这一攻势的侧翼修建机场，以掩护陆军的攻击行动所以，日本从 6 月始就在所罗门群岛的瓜岛修建机场。

▲ 在瓜岛海域行驶的日军"比睿"号战舰

日本海军方面为此特意组建了第 8 舰队，司令部设在腊包尔。

7 月 21 日，日本陆军第 17 军先遣队南海支队在布纳登陆，接着 28 日又攻克澳军防守的科科达，开始发起攻占莫尔兹比港的战斗。

美军在中途岛大捷后士气大振，但尼米兹还保持着谨慎和冷静。他没有选择腊包尔等日军重镇进行反攻，而是决定在所罗门群岛发起一场不大不小的战役——代号为"瞭望台"的战役，以进攻所罗门群岛中的图拉吉岛和瓜岛。而美军占领瓜岛等于是在南下攻击莫尔兹比港的日军侧腹，插上了一把尖刀。

当尼米兹得知日本已在瓜岛修建机场时，十分震惊。美军必须在日军修完机场之前夺取该地，尼米兹清楚地知道：谁在作战中首先使用这个机场，谁就能赢得胜利。

8 月 7 日，几乎动用了全部美太平洋舰队力量的美南太平洋舰队开赴瓜岛。按计划日军在瓜岛的飞机场即将修建完工，但由于日军正忙于莫尔兹比港方向的作战，未顾及瓜岛，这给了美军机会。

瓜岛共有 2500 日军士兵及工程兵，外加负责机场守备的作战部队 400 人。图拉吉岛只有 700 名士兵在防守，几乎没有重武器。

5 时 30 分，美舰载机从 3 艘航空母舰上起飞，随着惊天动地的空中轰炸和海面炮击，守岛士兵才意识到自己已经在美军的重重包围中。守岛日军开始拼死抵抗，但根本无法挡住美军潮水般的冲击。

经过一天的激战，美军便占领了图拉吉全岛，并夺取了瓜岛即将竣工的飞机场，并将其命名为"亨德森"机场。

8 日上午 9 时半，日军立即出动第 11 航空舰队。而 8 日午后，美军以飞机损失和燃料不足为由，将航空母舰特混舰队撤出了瓜岛水域。

9 日凌晨 1 时 43 分，美驱逐舰才发现日军舰队。但为时已经太晚，日本侦察机凌空投下照明弹，把美舰"芝加哥"号和澳舰"堪培拉"号的舰身照得一清二楚。

霎时间，日本舰队 10 门主炮同时开火。慌乱中的"堪培拉"号在 9 日 8 时沉入了大海。"芝加哥"号被鱼雷击中，只好脱离编队撤出战斗。不久，日军击沉巡洋舰"文森斯"号与"昆西"号，"阿斯托里亚"号受重伤后于 9 日中午沉没。

日美在瓜岛的第一次海战就这样结束了，日军取得了压倒性的胜利。但山本五十六知道，美航空母舰特混舰队不会善罢甘休，他认为所罗门海域正是他报"中途岛败仗"一箭之仇的机会，他决定孤注一掷，派出全部主力，以争取全歼美太平洋舰队。

不过，日军海军上下却还是弥漫着轻慢的风气。他们认为驻守瓜岛的美军只有数千人，根本无需大动干戈，而并不知道此时登陆瓜岛的美军是一支装备了各式重武器，共拥有 1.6 万人的大部队。

同时，日本海军对瓜岛也没有足够的重视。山本五十六只是想要报一箭之仇，而美军夺取瓜岛的目的是：作为对日本进行反攻的关键战略基地。

8 月 21 日，日军 500 名士兵向瓜岛发起冲击，但很快败退。不久后，日军又发起第二攻击波，仍然失败。

消息传到腊包尔，日军才大吃一惊。1500 名援兵又准备登陆瓜岛，恰好赶到的联合舰队伺机与美航空母舰特混舰队进行决战。当然，山本的一举一动，并没有逃出美军侦察机和澳大利亚海岸观察哨的眼睛。

No.13 命丧所罗门群岛

8 月 24 日上午，大雾天，日舰队在雾气中时隐时现。山本五十六用精心设计的"诱饵"——"龙骧"号轻型航空母舰成功牵制了美国战斗机。同时，日军出动了几十架战斗机扑向预定目标——美国"企业"号航空母舰。

处于劣势的"企业"号被 3 颗炸弹击中，顿时陷入一片烈焰之中。美军只有撤退，只留下了"企业"号无依无靠。但幸运的是，日本战斗机过早改变航向，并没有发现被"抛弃"的"企业"号。

8 月 25 日上午，山本五十六取消了航空母舰的作战行动。但因为日军低级的失误并没有达到目标，即消灭"企业"号航空母舰。而这批"得胜归来"的日本飞行员甚至夸大了战绩，使山本五十六误认为日机击毁了两艘航空母舰。因此，日军还是了放松警惕。

而此时，山本五十六终于认识到瓜岛的重要价值，并停止了在莫尔兹比港方面的作战，集中力量对付瓜岛。

9 月 12 日，日军集结的 3100 名士兵已经潜入了瓜岛的热带雨林，准备给驻岛美军以突袭。随着一声"万岁"，日军几千名士兵便冲向了美军阵地。但是，当美军的摧毁性炮火一齐轰鸣时，日本兵只能被炸得晕头转向。这一股日军只能被迫撤退。作战的山岭上尸横遍野，血流成河，此后美军就将这座山岭称为"血岭"。

而被美军封锁的这剩余的千余名士兵只能忍饥挨饿，以挖草根、剥苔藓、掐树芽和饮海水充饥，瓜岛因此成为日军的"绞肉机""死亡岛"。

随后，美军继续向瓜岛增援部队，至二三万人之多。而日军则再次集结了2.5万人。

10月24日夜，日军又开始了登岛作战，但美军猛烈的火力很快打垮了日军的第一个攻击波，不过，日军仍然一批接着一批继续向美军阵地逼进。当时下着滂沱大雨，日军队形变得混乱，大片大片地被美军炮火击中倒毙，战事异常胶着。

与此同时，日美舰队也在紧张地搜索对方的行踪，只要先于对方发现目标，哪怕是一点点地领先，都有可能占得先机。

10月26日6时50分，16架携有500磅炸弹的美军"无畏"式俯冲轰炸机发现了南云忠一的航母舰队，随即扔下的两颗炸弹击中了日舰"瑞风"号。南太平洋海战开始了。

在重型航空母舰"翔鹤"号上的南云忠一也很快收到了他的侦察机发回的报告，65架飞机立即出击美"大黄蜂"号航空母舰。美"大黄蜂"号躲闪不及，并被连续击中，立即变成了一座燃烧的地狱。

同时，南云忠一的"翔鹤"号也面临着生死考验，来自美"大黄蜂"号的52架飞机，使得"翔鹤"号从船头到船尾都被吞没在熊熊烈火之中。

日本继而发动第二、第三攻击波。美"企业"号多次死里逃生，成功逃出了战斗。

下午1时刚过，日军第四攻击波出发。美"大黄蜂"号被日机击沉。

此次大海战是太平洋战争开始以来，日本联合舰队同美太平洋舰队之间第4次大规模的决战，结果是两败俱伤。

但是，由于日美工业生产能力的悬殊，日本根本占不到任何便宜。在随后展开的几次较大规模的海战中，日军均失利。

随着日本海空控制权的丧失，瓜岛的日军供给成了一个无法解决的问题。瓜岛上的2.5万人的供给只能通过日军潜艇小心翼翼、多次少量的方式送达。

至12月，瓜岛日军部队的饥饿状态越来越严重。日本大本营经过激烈的争论，最终决定停止瓜岛作战，撤回瓜岛士兵。

1943年4月，山本五十六又策划了"伊号行动"。该行动计划用200多架飞机轰炸瓜岛，开始自珍珠港事件以来最大的空袭行动。

为了鼓舞士气，山本五十六将于4月18日去靠近瓜岛前线的肖特兰等所罗门岛屿的各基地视察。当然，这一消息立即被美军截获了，美军计划了"复仇行动"以偷袭山本五十六。

▲ 山本五十六隆重的 "国葬"

4月18日，6架"零"式战斗机以三三编队的队形分成两队，分别在山本五十六的座机的左右两侧护卫飞行，担任保卫的还有两架轰炸机。而美16架编队严密的P–38"闪电"式战斗机也同时起飞。

上午9时34分，美机发现了日机。美编队立即率机群爬上6000米的高空以引诱日本护航战斗机。日本的护航战斗机果真上当，美狙击分队——4架P–38"闪电"式战斗机立即升入山本座机的航线。

就在一瞬间，美阻击分队打掉了山本五十六的座机的右翼。山本五十六的座机立即急速向下坠亡，直到座机触到密林的树梢上，被火焰吞没。

这场战斗仅仅历时3分钟，到9点38分，周围又恢复了原来的寂静。而此时，其他日机还以为是美机坠亡了。

下午2时30分，一封写着"山本五十六座机被美军击中"的电报直发东京，震惊了全部日本海军首脑。

4月19日，山本五十六的尸体被找到，只见山本坐在飞机的坐垫上，左手握军刀，套有白色手套的右手复于其上，头耷拉在军刀上方，军装左右襟悬挂着大将襟章。尸体已生蛆，气味异常难闻。

4月21日，山本等11具尸体在布因岛火化。

1943年5月21日，日本大本营正式发表山本的死讯：

联合舰队司令长官海军大将山本五十六，本年4月于前线在同敌人作战的飞机上指挥全面作战中，不幸壮烈牺牲。

日本联合舰队的山本五十六时代已经过去。两年后的1945年8月15日，裕仁天皇向盟军投降。盟军成功战胜了日本。